金剛經宗通

——第七輯

——平實導師　述

ISBN:978-986-6431-50-0

執著離念靈知心爲實相心而不肯捨棄者，即是畏懼解脫境界者，即是畏懼無我境界者，即是凡夫之人。謂離念靈知心正是意識心故，若離**俱有依**（意根、法塵、五色根），即不能現起故；若離**因緣**（如來藏所執持之覺知心種子），即不能現起故；復於眠熟位、滅盡定位、無想定位（含無想天中）、正死位、悶絕位等五位中，必定斷滅故。夜夜眠熟斷滅已，必須依於**因緣**、**俱有依緣**等法，方能再於次晨重新現起故；夜夜斷滅後，已無離念靈知心存在，成爲無法，無法則不能再自己現起故；由是故言**離念靈知心是緣起法**、**是生滅法**。不能現觀離念靈知心是緣起法者，即是未斷我見之凡夫；不願斷除**離念靈知心常住不壞之見解**者，即是恐懼解脫無我境界者，當知即是凡夫。

——平實導師——

一切誤計**意識心為常**者，皆是佛門中之常見外道，皆是凡夫之屬。意識心境界，依層次高低，可略分爲十：一、處於欲界中，常與五欲相觸之離念靈知；二、未到初禪地之未到地定中，暗無覺知而不與欲界五塵相觸之離念靈知，常處於不明白一切境界之暗昧狀態中之離念靈知；三、住於初禪等至定境中，不與香塵、味塵相觸之離念靈知；四、住於二禪等至定境中，不與五塵相觸之離念靈知；五、住於三禪等至定境中，不與五塵相觸之離念靈知；六、住於四禪等至定境中，不與五塵相觸之離念靈知；七、住於空無邊處等至定境中，不與五塵相觸之離念靈知；八、住於識無邊處等至定境中，不與五塵相觸之離念靈知；九、住於無所有處等至定境中，不與五塵相觸之離念靈知；十、住於非想非非想處等至定境中，不與五塵相觸之離念靈知。如是十種境界相中之覺知心，皆是意識心，計此爲常者，皆屬常見外道所知所見，名爲佛門中之常見外道，不因身現出家相、在家相而有不同。

——平實導師——

如聖教所言，成佛之道以親證阿賴耶識心體（如來藏）爲因，《華嚴經》亦說**證得阿賴耶識者獲得本覺智**，則可證實：證得阿賴耶識者方是大乘宗門之開悟者，方是大乘佛菩提之眞見道者。經中、論中又說：證得阿賴耶識而轉依**識上所顯眞實性**、**如如性**，能安忍而不退失者即是**證眞如**、即是大乘賢聖，在二乘法解脫道中至少爲初果聖人。由此聖教，當知親證阿賴耶識而確認不疑時即是開悟眞見道也；除此以外，別無大乘宗門之眞見道。若別以他法作爲大乘見道者，或堅執**離念靈知**亦是實相心者（堅持意識覺知心離念時亦可作爲明心見道者），則成爲實相般若之見道內涵有多種，則成爲實相有多種，則違實相絕待之聖教也！故知宗門之悟唯有一種：親證第八識如來藏而轉依如來藏所顯眞如性，除此別無悟處。此理正眞，放諸往世、後世亦皆準，無人能否定之，則堅持離念靈知意識心是眞心者，其言誠屬妄語也。——**平實導師**——

目次

第二輯：

第三輯：

第七輯：

第八輯：

第九輯：

自　序

《金剛經》原名爲《金剛般若波羅蜜經》，意爲證得金剛不壞心而產生了實相智慧，由此智慧而到達無生無死彼岸底經典。本經是中國大乘佛法地區佛教徒中，家喻戶曉之大乘經典，在家居士及出家諸僧，多有人以本經作爲日課而持誦不斷者。本經是將大品般若及小品般若的實相教理，濃縮成爲一部文字較少而簡要的般若經典；若再將此經加以濃縮，則成爲二百餘字的極精簡經典，即是大眾耳熟能詳的《心經》，如是亦可證知本經所說的內涵是金剛心，並非解說一切法空。以此金剛心如來藏的實證，能使人看見本來就無生無死的解脫彼岸，由此實證而發起本來自性清淨涅槃的智慧。有了這個無生無死的本來自性清淨涅槃的現觀，知道阿羅漢們捨壽入了無餘涅槃中的境界以後，再現觀此時猶未捨壽之際，自己與眾生的金剛心如來藏，依舊不改其本來自性清淨涅槃的境界，那麼死後入無餘涅槃或不入無餘涅槃，就無所差別了。菩薩因爲如是實證、如是現觀，因此發起大悲心，願意盡未來際不入無餘涅槃，願意盡未來際利樂眾生永無窮盡，不辭勞苦。

然而《金剛經》之宗義，漸至末法時期，由於六識論的凡夫臆想中觀流行於世，同將本經解釋爲一切法空之說，致使本經中所說的第八識金剛心密意全面失傳；縱使有善知識繼出於人間，欲將本經之眞實義廣爲弘傳，亦屬難以達成之目標。由是緣故，必須先將禪宗之開悟實證法門推廣，眾皆信有開悟之事，亦信自身可能有緣開悟，然後教以禪宗之開悟即是親證第八識如來藏妙心之眞義，最後方得以本經之宗義如實闡揚，令大眾周知本經中所說「此經」者，實即第八識金剛心如來藏。然後依金剛心如來藏之清淨自性、離世間相自性、離出世間相自性、離三界六道自性……等，一一鋪陳敷演，得令已證金剛心之大眾隨聞入觀，一一現前證實 佛之所說誠屬眞實語；亦令未證金剛心之大眾歡喜信受，願意盡形壽求證之，以期得入大乘見道位中，眞成實義菩薩。以是緣故，應當講授本經，如實顯示本經之眞實義。

又，《金剛經》屬於破相顯宗之經典，是故講解本經時，除了顯宗以外，亦應同時摧破各種邪見相，令今世後世一切眞正學佛之人，讀後快速遠離各種外道常見、斷見相，亦得同時遠離各種佛門凡夫相。以是緣故，講解本經時，必須於顯示大乘自宗勝法時，同時破斥各種外道相及凡夫相，方能使聞此經典眞實義者同獲大利；由此顯宗同時破相之故，永離無因唯緣論的緣起性空、一切法空邪見，則此一世實證大乘般若實智即有可能。

又，若能如實理解本經中之眞實義，則能深入證實「宗、教不離」之正理，由是得以藉教驗宗、藉宗通教，漸次成就宗通與說通之自利利他功德，非唯自通得以自利而已。從此以後即能爲人解說宗門與教門非一非異之理，則人間有緣眾生即得大利，不久即得因如是善知識之弘化而得實證大乘般若，是故應當講授本經，並應於顯宗之際同時破相，令末法時代佛門四眾同得法利。

又因本經所說皆是直指金剛心之本來涅槃境界，然而未證金剛心之凡夫位菩薩，雖讀而不能現觀金剛心之本來解脫境界，於是不免臆想分別而產生偏差，終究無法如實理解本經中的 世尊意旨。爲救此弊，乃出之以宗通之方式而爲大眾講授，是故名之爲《金剛經宗通》；即以各段經文中與中國禪宗互有關聯之公案等，附於每一段經文解說之後說之，藉以引生讀者未來見道而實證《金剛經》宗義之因緣，是故即以宗通方式而作講授。復次，以《金剛經宗通》爲名而講授本經者，亦因鑑於明朝曾鳳儀居士所講《金剛經宗通》並不符實，顯違佛門宗通之智慧，後人讀之難免爲其所誤，以是緣故，亦應於經文中與其有關之處加以拈提，條分縷析而令佛門四眾了知其錯謬所在，不復以其錯謬之宗通註解作爲依止，後日參究眞如本心時，庶能遠離偏斜，則親證本經宗旨即有可能，是故即採宗通方式講授之。今者《金剛經宗通》之錄音已整理成文字，並已略加潤色，刪除口語中重複之贅言，總共達到一百三十餘萬言；今已將之編輯成書，總有九冊，仍以成本價流通之，以利當代學人；即以如是感言及緣起之說明，以爲序言。

佛子 **平實** 謹序

公元二〇一一年初冬 於竹桂山居

第七輯：

《金剛般若波羅蜜經》

〈所說非說分〉第二十一（上承第六輯〈所說非說分〉未完內容）

然而垂鉤四海只釣獰龍，應該要怎麼釣？要用「格外玄機」來釣，所以禪師們都不是用一般的方式來釣獰龍。我大部分時間都是用一般的方式，就是不斷地把妙法鋪陳出來，這一邊鋪一點，那一邊鋪一點；不斷地鋪著、鋪著，現在鋪了一大片又一大片，幾乎把整個台灣都鋪滿了，竟然不是人人都想要。可是話說回來，凡是用開示所說出來的，像這樣子鋪陳出來底，都是有個格局；我用這種格局大量鋪陳出來，花了很多的筆墨，想要讓大家去看到天上那個明月。可是禪師們想度的只是獰龍，不是像我三根普被。他們不需要用很多證悟的人，所以用的是「格外玄機」；而我需要很多人手來復興即將壞滅的中國了義正法，只好三根普被了。

格，這個字很重要，你們得要去瞭解它。人有人格，神有神格，狗有狗格，各有各的格。所以你們看有些神龕的左右兩面有副對聯，橫批往往刻著「神之格思」四個字。換句話說，神祇的思惟總是有他們的格存在，是依神格來作思惟而利樂人類。人類呢？則是用人的格來作思惟、來作各種事情。假使一個人說出來的話不符合人類的格，人家就罵：「這個人沒有人格。」因爲他講出來的話、作出來的事情都是畜生的格局，那就說這個人沒有人格。凡是講話或作事時失去了他應該有的人類的格，就說他沒有人格。所以當人家的父母親，要有父母親的格；當子女的人，也要有子女的格。如果沒有合乎那個格，人家就會說閒話，就說他是失格。譬如一條狗，主人養了牠，那條狗卻一天到晚往外跑；看到陌生人進來屋裡搬東西出去，牠既不叫，也不咬，那牠就是失掉了狗格；當牠失了狗格，主人就不要養牠了，就會把牠載到遠遠的地方去，把牠給丟棄了，都因爲牠失掉牠應有的格。如果一條狗，譬如昨天看見電視新聞報導說，有一條臘腸狗咬了小主人；那牠可就眞的命在旦夕，也是因爲牠失了狗格。

這意思就是說，學佛法的人若有一個凡夫的格在那邊，就被那格局所限制了。當他都在世間情解的格局裡面去學習，都落在語言文字上面或者落入以定爲禪之中，在那邊努力去用功，就是一般學佛人的格。一般學佛人的格，無法與禪師相應，因爲不具有證悟禪師的格。禪師度人時全都不在這些格裡面，也就是不落在一般學佛人的框框裡面。禪師不跟你講經說法，都是用「**格外玄機**」接人。格外的機鋒，若是弄不清楚時，就成爲玄機。玄就是烏漆墨黑弄不清楚，看不清楚他到底在幹什麼。所以徒弟來依止師父，今天早晨上得方丈室來，和尚就說：「**田裡該鋤草了。**」「**好！**」就去田裡除草了。除了兩三天，除完了草，第四天上得方丈室來說：「**師父啊！田裡的草都除完了。**」師父就說：「**那邊竹子枯掉了一大片，去砍一砍。**」這樣整整一年半，因爲已經度過兩個夏天了，竟然沒有聽到禪師一句法語開示。這弟子眞的受不了，因爲他是爲法而來的，所以有一天告辭說：「**師父啊！我要出去行腳了。我來依止您兩個夏天了，您都不跟我開示佛法。**」沒想到師父竟破口大罵：「**你每天早晨上來，我什麼時候不曾跟你開示？什麼時候辜負了你？**」破口大罵。你看，每天幫他作事還要挨罵，可沒聽他解說過一句佛法，可是有智慧的弟子就會繼續作。廣欽老和尚也是很古錐（台語）呵：「**多作事啊！多作**

事就會開悟啊！」所以我們也常常說：「多作義工啊！多作義工會開悟啊！」但是，你去台灣四大山頭多作義工，永遠不會開悟的，這倒是可以跟你保證；因為想會得「格外玄機」的人，必須長期跟在師父身邊學習正知正見；若沒有學到正知正見，對於師父所施給的「格外玄機」，就無法體會出來，想要開悟是沒機會的。跟在凡夫大師身邊，學的都是常見法，為他作了再多的義工，得到的禪法還是「要專心作義工、專心吃飯」，都是世俗人的格內之法，但宗門下事的所悟卻是在人格、天格之外，他們怎能悟得「格外玄機」呢？

這就是說，想要開悟的人，得要向師父學習格外之法，才能有機會、有智力悟得宗門下事，也就是悟得格外的玄機。禪師用這種「格外玄機」釣到的人，才真的是一條獰龍；用他的智慧威力加上正法，這條獰龍以後就真的所向無敵，正法就不虞失傳，不用害怕宗門正法會中斷。禪師們使用「格外玄機」，目的就是為了要找到一個知己——證悟底徒弟。我當年剛出來弘法時就是找不到知己，本來是想幫助某些法師、居士，希望他們如果悟了以後，也可以當我的知己，好好弘揚「此經」妙法，我就可以退隱山林或者回去故鄉建個農舍隱居，我早就回故鄉把地買好了；但那時因為我沒有名聲，結果沒有一個人願意當我的知己，都是對我不屑一顧，甚至有人還對我嗤之以鼻。有時候我還親自送上門去，想要說服對方修學「此經」（當然對方也不是什麼大居士），但是有用嗎？依舊沒有用，根本就不信我，沒有人想要得我的如來藏妙法。那就是說，信力不夠的人，你即使度了來，未來也作不了什麼用。信力若具足了，你度了來，他悟後才會對正法的久住有所作用。

可是有一個現象：信力具足了，慧力若是不夠，「格外玄機」依舊會不得。但正覺同修會把你們度了來還是有用，若是別的地方度了去可就沒用處。我們度了來，是因爲我們有很多工作要你們作；正覺百貨公司每一樣產品陳列出來，都要有很多人通力合作才能流行天下；因爲要你們作事，當然得要幫你們建立正知見與參禪功夫，然後再辦禪三幫你們悟得「格外玄機」。看看我們現在將要出版的第一期學報，那是多少人開過多少會，努力作了多久？整整一年！因爲我們是第一次辦學報，以前沒經驗，只好自己摸索，所以需要很多的人，什麼樣的人才都要。可是，禪師們不是像我這樣的看法，禪師講的是：**「我不想像你們正覺開什麼佛法百貨公司，我只要有一樣東西，一生只賣這一樣就夠了。」**好像有人開一家飲食店，他就是專賣滷肉飯和魚丸湯，沒有別的，但就是很好吃；他這一家店，專賣這一湯一飯就夠了，就這樣子賣一輩子。古時的禪師們大多是這樣，不想多度人；因爲度的人越多，事情就越多；所以他們對徒弟要求很高，證悟的弟子數量不要多，只求品質好。在這個前提下，這樣子「**格外玄機**」弄出去了，目的只是爲了尋一、二個知己；只要有一、二個徒弟能繼承他的法，能把正法血脈傳下去，他就覺得足夠了，他可不想那麼辛苦度很多人。

現在回到「此經」的宗門裡來，克勤圓悟大師開示說：「**雪竇是個出陰界底人，豈作這般見解？**」所以雪竇重顯禪師早就是可以出離五陰十八界的人，怎麼可能像那一些錯悟者講什麼「**金烏是左眼，玉兔是右眼**」，全都沒這回事。「**所以雪竇禪師輕輕去敲關擊節的地方，略爲顯露些子讓你去看見，所以就下個註腳說：『善應何曾有輕觸？』**」好多人寫公案註解的書，也有圖畫公案的；但他們都是在不重要的地方，專從邊邊敲啊敲地；至於關節在什麼地方，他們全都弄不懂，老是在牆壁到處敲而找不到門。應該敲的地方他們不敲，關門的鍵節在何處，他們都把握不了，根本就不知道在哪裡，總是在城牆的磚壁上作文章，要等到何時才能入得城裡？可是禪師們的「**格外玄**

機」裡面一定都有個關節，你只要把它找出來——找到了機關在那裡，只要輕輕一按、一扭，整個黃金寶殿的大門就爲你打開了。他們卻不是這樣，都不知道要去找關節，只在城牆的厚壁上面廣作文章，指著城牆說：「你看這面牆壁，這其實就是大殿，陳設有多麼莊嚴。」眞是閒扯淡，那城牆厚壁怎麼會是大殿？有什麼莊嚴可說？

如果他們有正知見，懂得如何順著城牆厚壁摸過去，只要找到城門的機關，稍微這麼一扭，牆壁上的關門就爲他打開了，黃金寶殿就在那裡。但他們不這樣子作，偏偏在牆壁上作文章。雪竇禪師有意爲人，於是輕輕地在應該「敲關擊節」的地方，稍微弄一些子註腳，讓大家知道機關在這裡；也就是明著告訴大家說：「機關在這裡。」要大家看見，所以才會下個註腳說：「善應何曾有輕觸？」雪竇禪師說：「金烏急，玉兔速。」是善應於你，不是在觸忤你，也不是在嘲笑你。往往有些人不懂，就輕嫌說：「禪師都看不起人，對人說話都好輕蔑呵！每一次去問如何是佛法大意，都只跟你講一些不相干的話：什麼綠瓦、什麼露柱，又講什麼乾屎橛，好瞧不起人呵！」有些人就是這樣想，甚至於在嘴裡講出來。但其實不是這樣子，禪師的一言一語，其中都有文章；雪竇就告訴你：「這是善應於你呵！」應該讓你知道的，他已經讓你知道了，是善於回應你的；他對你，不曾有一些些輕視你、觸忤你。所以雪竇就告訴你說，這是禪師為你之處，不要認為他是瞧不起你。所以雪竇特地點出來：「善應何曾有輕觸？」

克勤大師又開示說：「就好像洞山答覆那僧『麻三斤』，他眞的不是輕酬這僧。」不是隨隨便便輕易就應酬了這個僧人的所問，他眞的已經告訴那僧人所問底佛法大意。「當洞山在回答『麻三斤』的時候，其實『如鐘在扣，如谷受響』；眞的是『大小隨應』，洞山老人可從來不敢輕觸任何人。」所以，洞山禪師這句「麻三斤」可不是開玩笑話，也不是看不起人家而隨便答一答。有個大法師在禪坐會上開示，他的書中也這麼寫過：「禪師最好當，人家問如何是禪的時候，看見有什麼東西就拿什麼東西隨便答。」可是你看，雪竇不是這樣想，也不是這樣講的，雪竇愼重地說：「我說的『金烏急，玉兔速』，是『善應何曾有輕觸？』」克勤大師也說：「洞山不輕酬這僧，如鐘在扣，如谷受響；大小隨應，不敢輕觸。」所以洞山的「麻三斤」，同樣是很愼重地把法送給這僧了。克勤大師接著又說：「雪竇一時突出心肝五臟，呈似爾諸人了也。」你看，克勤大師說的：「雪竇就這麼清清楚楚指示『金烏急，玉兔速』，就已經告訴你如來藏的妙意了。又恐怕你誤解而認爲只是隨口答一下，所以特別告訴你說：『善應何曾有輕觸？』不是隨口而答，而是指示了佛法大意。」

克勤大師接著就是敘述洞山守初禪師當初是怎麼悟的故事。沒有悟以前眞的叫作吳下阿蒙。吳下阿蒙的故事知道嗎？不知道啊？是呂蒙的故事，他早年在東吳時人家都叫他阿蒙，不是恭敬的稱呼；可是他後來在東吳當了大將官，再也沒有人敢叫他阿蒙了，所以已不是吳下阿蒙了。言歸正傳，洞山守初在開悟了以後，辭別了他的師父雲巖曇晟禪師。克勤大師說洞山：「他當時悟處直下穎脫，豈同小見？後來出世應機『麻三斤』語，諸方只作答佛話會。」說洞山悟得確實很俐落，但是後來他出世度人的時候，隨應眾生的根基就答覆說「麻三斤」；然而他這句話，諸方修禪的人都把它當作是禪門裡面講的佛法話語。「麻三斤」只是佛法禪門中的佛話嗎？其實不是，他是在直指密意。雖然洞山不輕酬這僧，愼重地指示說：「麻三斤。」然而雪竇禪師這句「展事投機見洞山」，可眞是老婆心切，所以克勤圓悟大師說：「雪竇一時突出心肝五臟，呈似爾諸人了也。」說雪竇禪師這句話，簡直是把心肝五臟都從身體裡面向外突出來給大家看了。可惜的是讀了他這句開示的人依舊是「跛鱉、盲龜入空谷」。

話說洞山守初禪師在他師父雲巖曇晟座下「開悟」後，過了一段時間，因爲他師父那裡地方很小，沒有可供他安身的住處，於是不久就告辭離去；雲巖問他：「什麼處去？」洞山回答說：「雖然暫時離開和尚，但也還不知道要定居在何處。」雲巖又問他：「莫非要前往湖南？」洞山說：「不是去湖南。」雲巖又問：「莫非是想要歸鄉去？」洞山回答說：「也不是。」雲巖又問：「什麼時候會回來我這裡？」洞山回說：「等和尚您這裡有住處時我就會回來。」雲巖卻說：「自從這一回離去以後，咱們師徒可就難得再相見了。」因爲洞山當時自以爲悟，應該會出去弘法，再回來同住的機會不大。沒想到洞山竟然回答說：「難得不相見。」他認爲已經繼承到雲巖禪師的妙法了，所以這麼說，接著就問：「和尚您百年之後，假使忽有人問我說：『還能描摹出師父的眞面貌嗎？』那我要如何回答他？」雲巖禪師就開示說：「你只要向他這麼說：『這個就是。』」這時候，換洞山禪師沈默好久，說不出話來，因爲他聽不懂師父這樣講的意思。這時雲巖禪師就吩咐說：「當你承當這件開悟底大事時，得要大大地審查詳細才行啊。」這時候，洞山禪師還住在疑情中，弄不懂雲巖這話裡的「格外玄機」。後來因爲有一次踏著石頭走過河川，看見了水面反映出自己的身影時，才由其中豁然大悟雲巖禪師最後所說的話，這時才是眞的開悟了，因此就寫了一首偈來紀念這個開悟的事：

切忌從他覓，迢迢與我疏；我今獨自往，處處得逢渠。
渠今正是我，我今不是渠；應須恁麼會，方得契如如。

後來在洞山開山弘法，他的師父雲巖禪師已經過世了；有一天因爲是雲巖禪師的忌日，就在雲巖禪師的寫眞之前設食供養。那時有一個僧人就問他說：「師父！您的先師開示說『只這個就是』，莫非這個就是嗎？」洞山禪師回答說：「是。」那個僧人又問說：「那麼先師的意旨究竟是說什麼呢？」洞山禪師就說：「我當時幾乎錯會了先師開示的言語。」所以洞山自以爲悟的時候，雲巖並沒有直接戳破他；等到他自以爲悟而正式告辭離去時，才又設了許多方便開導他，用的也都是「格外玄機」；而且還特地吩咐他：「當你承當這件開悟底大事時，得要大大地審查詳細才行啊。」也就是正式指示他：

「你這個悟還不正確。」好在後來涉過溪水而從水面看見自己的身影時，才終於眞的悟入，才會得雲巖說的「祇這是」的意思。

因此，開悟的事情，自古以來就一直都有人錯會而自以爲悟，若是不肯聽從眞善知識的指示，往往犯下大妄語業了，自己都還不知道呢！洞山當時也是自以爲悟，好在他的師父雲巖曇晟有含蓄地告訴他所悟非眞，而洞山也願意接受雲巖的指示，才會有後來過水得悟的事情，所以 克勤大師說：「他當時悟處直下穎脫，豈同小見？」但他的師父雲巖給他的機鋒很平淡，不像是禪門的機鋒，只像是平常說話而已；也因此，洞山出世應對諸方有機緣的老參時，總是開示「麻三斤」，不用更明白的機鋒。但也因爲他的「格外玄機」太平淡，根本就不像是禪門的機鋒，於是諸方參禪人，不論是新參或老參，總是把他的言語機鋒當作是一般佛法的應答來體會，當然悟不出個所以然來。

禪師善用種種現象界的東西來顯示那個格外的東西，譬如雲門的胡餅、花藥欄、露柱、綠瓦等，又如洞山的麻三斤，趙州的鎭州出大蘿蔔頭，趙州的一領布衫重七斤，都屬於很平淡的「格外玄機」。我師父會說這是「格外玄機」，是因爲禪師們借事開示時所顯示的那個不是東西的東西，並不在三界萬物的「格」內，所以禪師寫的頌、偈，都是意在言外。那些不肯歸依三寶的儒家、文學家們，或者儒家的官兒們，讀了都好欣賞，說是意境深遠，全都是因爲他們不懂「格外玄機」。因爲不懂，就覺得意境很深遠；有一天眞的進入佛門歸依而又證悟了，當他懂的時候就不叫作深遠了，就叫作如在目前。當你把法界實相看得很清楚而如在目前時，就沒有門外漢想像中的深遠意境，而是超過意識的境界了。所以你悟了以後說：「啊！原來是這樣，那沒什麼玄呀！這法界底實相是很清楚很分明的事呀！」可是等到你講出來的時候，換別人覺得你的意境很深遠了。諸方老宿都是如此，就因爲不懂其中的內容，所以他們講什麼意境深遠；我可不跟他們講意境，我說是「超意境」；因爲這不是意識思惟所能夠想像出來的，這是遠在意境之上的法界實相。

接著，克勤大師就自己主動爲大眾解釋了。每當有人問禪師：「如何是佛？」禪師說：「杖林山下竹筋鞭，丙丁童子來求火。」參禪者聽不懂，於是「只管於佛上作道理」。這是說有人來問：「如何是佛？」風穴延沼就回答說：「杖林山下竹筋鞭。」竹筋鞭，知道嗎？有一種竹子，它細細的，有很多節，每一節都靠得很近，但是又夠軟而不容易折斷，把它砍下來以後可以拿來禪門中打人，那叫作竹筋鞭。參禪人來問：「如何是佛？」禪師答覆說：「杖林山下竹筋鞭。」有人來問：「如何是佛？」禪師答覆說：「丙丁童子來求火。」就這樣子接引獰龍。可是諸方參禪的人，只管在佛語上面、佛話上面作道理說：「杖林山下，那就是說你走到那邊應該要慢慢參，一面走要一面參。竹筋鞭就是讓你拿來放著，等將來悟了可以用來打人的用物。」這麼說，根本就與禪門開悟沒有交涉嘛！全都把禪師說的話，當作是在佛門裡面講的話，不是當作宗門裡的說話。又像「丙丁童子來求火」的公案一樣，那些錯會者總是說：「甲乙丙丁戊己庚辛，分屬五行；這丙丁屬火，丙丁童子就是火。這童子本身就是火，他又來求火，那就是罵你多此一舉。」都是這個言語上面作道理，都把它當作是禪門裡面講的佛門中的話。其實禪師講這個話，他是在指示你去悟如來藏，不是什麼佛門裡面的話。

接著 克勤大師又以白話解釋雪竇禪師的頌：「如果是這樣子簡單地當作展事與投機來體會的話，那就好像是跛了腳的鼈，或者盲了眼睛的烏龜一樣亂闖而進入空谷中，要等到哪一年、哪一月、哪一日，才能夠找得到出路而離開空無一物底山谷呢？」如果 克勤大師還示現在這裡的話，也還是會再出來罵一罵的。現在的佛教界不正是如此嗎？連台灣佛教這麼興盛都已經如此普遍錯會了，何況是文革大破壞後的大陸佛教呢！所以禪宗意旨眞的很難會。

克勤大師接著開示說：【雪竇在頌中說的「花簇簇，錦簇簇」，這是由於有一個僧人問智門和尚說：「洞山說『麻三斤』，他的意思是什麼呢？」智門和尚就答覆他說：「花簇簇，錦簇簇。會麼？」】因爲這是閩南話，「簇簇」的意思，你們知道嗎？這是因爲很耀眼，就覺得這些花不夠沉穩、不夠調和。「花簇簇，錦簇簇」，這句話的表面意思，是說那些花很耀眼，而錦緞也很耀眼。智門禪師答覆那參禪僧人說：「洞山的『麻三斤』就是『花簇簇，錦簇簇』。」隨即就問那僧人說：「會麼？」一般人就在那邊說：「那花太多了，顏色太漂亮了，所以有些刺眼。」干禪什麼事！克勤大師又提示說：「那個僧人答覆說：『不會。』智門和尚就給他下個註腳說：『南地竹兮北地木。』」這句竹與木，其實和「麻三斤」、「花簇簇、錦簇簇」是一樣的。智門和尙最後指示說「嶺南的竹子、嶺北的樹木」，其實跟「花簇簇、錦簇簇」也是一樣的，正是洞山的「麻三斤」，也是雪竇的「金烏急，玉兔速」，全都一般沒有兩樣。只是難會。

這個參禪僧不會，向智門和尚答個「不會」，回到洞山守初禪師那邊去，就把這個現成公案的內容向洞山禪師報告，然後又問：「這又是什麼意思？他怎麼回答我說『花簇簇，錦簇簇』？我向他問師父您的『麻三斤』是什麼意思，他竟然告訴我『花簇簇，錦簇簇』；我說我不會，他就指示說『南地竹兮北地木』，這到底是什麼意思？」他報告完了，結果洞山禪師說：「我不要單單爲你一個人說，我要爲大眾說。」所以他就上堂集眾，開示說：「言無展事，語不投機。承言者喪，滯句者迷。」洞山這樣子講，就是在摧破參禪人底葛藤。因爲一般人都在禪師開示的言語葛藤上面著眼，以世俗情況來解釋禪師講的話，雖然講了一大堆，可是講出來的都不是禪師本意。禪師根本不是在講「花簇簇，錦簇簇」，也不是在講「南地竹兮北地木」，洞山的「麻三斤」也不是在講「麻三斤」。那些人都在那邊扯葛藤，越扯葛藤越多。我看，如果想要脫離自己扯的葛藤，大概要去學一種武俠小說裡講的武功，叫作「天蠶變」，才能脫離一層又一層的天蠶絲的纏縛；否則一定被禪師說的語言蠶絲等葛藤纏死了，早就給綁得緊緊的。洞山禪師上堂爲大眾講了這四句，無非就是去粘解縛；因爲他看見眾人都被禪師的語句給粘住了，全都死於句下。

「言無展事」，其實禪師說的那些話，並不是在告訴你話中所說的那些事情，而是有「格外玄機」的；可是參禪人不懂「格外玄機」，於是禪師所講的話就跟當事人的根機不相投，這就是「語不投機」。如果領受了禪師所說的語句，在那些語言上面去作文章，不管作了多少文章，一定把自己的法身慧命給喪失了，一定是要喪命的。可是，如果一天到晚就在那邊分析禪師講的那句話是什麼意思，這個人會永遠的迷惑下去，所以千萬不要在禪師講的話裡面去思惟、去作文章，否則你就上了當。禪師這些開示底言語，全都是閑機境；可是他們明明以言語這樣告訴大眾，那麼他們的「格外玄機」又在哪裡？這就是大家來正覺同修會修學的目的，就是要弄清楚格外玄機何在？禪師們的語句表示出來的，當然不是那些句子的字面意思，而是在字面之外別有指示，這叫「格外玄機」。

克勤大師又說：「雪竇為了破斥大眾們落入情解思惟的錯誤見解，所以就故意把這幾個公案引來弄成一串，把它頌出來；沒想到後來的人讀了他的頌以後，一而再、再而三，不斷地輾轉出生了更多的情見，結果就在那邊解釋：『麻是孝服，竹子是孝杖。所以才會這麼說：南地竹兮北地木。而智門和尚說底「花簇簇，錦簇簇」，講的只是棺材頭邊畫底花草。』」哎呀！眞的是扯遠了，換一句現在年輕人講的說：「什麼跟什麼嘛！」落入閑機境的錯悟者就是這樣講的，而且不是今人才如此，是古時就已經如此了啊！

北方的古人在先人的棺頭畫些花草來莊嚴，現代閩南人都是在棺頭寫個福字；如果是有錢人家，他們用特別好的木材製成特別大副的棺木，福字旁邊還要畫四隻蝙蝠，然後再加上一些花花草草，畫得很漂亮。那些錯會智門和尚開示的禪者，就解釋說「花簇簇，錦簇簇」講的是棺材頭邊畫的那些花草。克勤大師這麼舉了，顯示古時候就有人這麼亂講了，他才會這麼說。他這麼舉出來了就問當代自稱開悟底禪師們說：「還識羞麼？」問他們：「你們還知不知道羞恥啊？」可是古時候那些錯悟者並不害羞，現代這些錯悟底大師們也都不害羞呀！他們公開否定了如來藏，還敢出來說他們開悟了禪宗祖師所悟的眞心，都不害羞呀！並且有的大師否定了如來藏還公開說他開悟，而且我每一輯《公案拈提》的書都有寄給他，其他的書也都有寄給他；可是他們全都一個樣：臉不紅，耳朵不熱，口也不乾，舌也不燥。而且全都不肯改變，全都在繼續誤導眾生，能耐他何！

克勤大師又說：「殊不知『南地竹兮北地木』與『麻三斤』，只是阿爺與阿爹相似，古人答一轉語，決是意不恁麼。」就是說，智門和尚答的「南地竹兮北地木」，跟洞山守初禪師答的「麻三斤」，就好像稱阿爹或者稱阿爺是一樣的；阿爹就是爸爸，爸爸就是阿爺，本來就是同一個人，只是不同人家換個不同名稱來喚請而已，「所以古人答覆學人的請問，給他一轉語，決定不是他們所解釋的那一種意思。這就好像是雪竇說的『金烏急，玉兔速』，自是一般寬曠，只是金鍮難辨，魚魯參差。」這就是說，雪竇講「金烏急，玉兔速」，其實同樣是那麼的寬曠，並沒有一絲一毫遮瞞著誰，問題只是金和鍮（鍮就是黃銅）很難分辨。也就是說，一根針，黃金做的針——金針（金針知道嗎？所謂「金針度穴」，學針灸的人就懂，我是大約五十年前學的。我們那時候是用銀針，那時候還沒有用不鏽鋼針，是跟老師借來練功夫的。用銀針得要靠功夫，最後練到用銀針把一本書捻透過去；這要靠功夫，因爲銀針很軟。後來我們也用不鏽鋼針，只有三稜針才用銀針。現在都是用不鏽鋼針，而且那些醫師們連捻都不捻了，他們就用個塑膠筒子套著針，這麼一彈就把針扎進去穴道內了；現在針灸醫師都不必練功夫了，很奇怪，所以他們對穴道裡的氣感一定不會很敏銳。）如果把金針以及擦亮的黃銅針或鐵針鍍了金，一起放在那邊，你粗看起來都是一樣的，似乎是一模一樣；但其實還是有些不一樣的，內行人一見就分清楚了，只是一般人難以分辨，所以說「金鍮難辨」。

「魚魯參差」，魚跟魯就像亥與豕一樣，一般人總是稍不留神就分不清楚。我的《公案拈提》裡往往寫了「魯魚亥豕」四字，用來表示當代大師們對公案中的眞正意涵是弄不懂的。以前有人校對的時候還把我亂改，因爲沒讀過這個說法。古時參禪人常常這樣魯魚亥豕分不清楚，魯跟魚看起來蠻相似，亥與豕其實一樣，然而字卻是不同的。亥就是豕，豕就是亥，只是寫的字不一樣而已。可是魯魚亥豕，其實還是有這麼一點點的出入，雖然亥與豕同樣講的是豬，但是字上面還是有一點點差別，你要怎麼樣去分辨它？只是不容易分辨。就像一句成語說「錯把馮京當馬涼」，也是一樣的意思。魯魚亥豕其實有一點類似魚目混珠而一般人分不清楚的意思。

克勤大師開示說：「雪竇禪師老婆心切，只想要破掉別人的疑情；沒想到他想要破人家的疑情，卻又引出了一個死漢來。」眞的無可奈何！正因爲這個緣故，想要幫助人家，沒想到讓人家扯了更多的葛藤；當大眾打了更多的葛藤時，全都把自己給綁死了，豈不是死漢？眞沒想到是這個樣子。「雪竇重顯禪師講一大堆開示，目的是要幫人家開悟，也幫人家去粘解縛，沒想到反而引來更多人弄出更多葛藤，讓大眾各自把自己綁得更死，綁得更緊。雪竇看到這樣子，正當無可奈何底時候，他就想起長慶那裡有個陸大夫；這個陸大夫是南泉普願禪師的入室弟子，雪竇這時不禁想起長慶陸大夫懂得該笑不該哭底道理。如果要論到雪竇重顯禪師這個頌，其實剛開頭那三句就已經把密意給頌完了。」

眞的如此啊！雪竇一開始說的「金烏急，玉兔速，善應何曾有輕觸？」早已把密意給洩漏了，只要這三句就夠了！克勤大師說：但他太過老婆，於是又講了一大堆，反而又引生了更多的葛藤，學人反而因此無可奈何。於是雪竇這時候就想起來南泉座下那個陸大夫，眞是懂得「合笑不合哭」。所以，克勤大師接著就提出來問聽他開示的徒眾們：「我暫且問你們：總的來說，就只是個『麻三斤』，雪竇為何卻有許多的葛藤？」都盧，知道嗎？就是攏攏總總。「攏總全部合起來，總共就只是個麻三斤；麻三斤不過是三個字，能弄得了多少葛藤？沒想到雪竇卻弄出這麼多的葛藤來，其實他只是因為太過慈悲，所以才會這樣。」諸位看看，克勤大師這一段開示才多長？我們講了一個多鐘頭；看來是 克勤大師的葛藤比雪竇長，而我的葛藤又比 克勤大師還要多，這是為什麼？也是因為忒老婆。

克勤大師又開示說：「陸亘大夫，他作宣州觀察使。」觀察使，這個官可不小。「他作宣州觀察使的時候去參訪南泉禪師，後來就悟了，成為南泉的入室弟子。有一天南泉普願禪師遷化入滅了，陸亘大夫接到喪事的訃聞，所以就入了寺，準備了一些供品來下祭。」下祭的時候，一般來說，他的師父死了，他準備供品來禮拜時就應該要哭：「師父啊！您怎麼把我丟了、走了，我怎麼辦啊？」依世俗法本就應該大哭呵！沒想到這傢伙竟然沒哭欸！他反而呵呵大笑起來。說眞的，現在四大山頭假使有一天有某大師往生了，也許你們有人以前曾經在那些山頭學過法，心想：「我來到正覺學會佛法了，眞的開悟了；」然後又想：「他畢竟是幫我剃度的師父，也是我這一世回歸佛門的三歸依師父，也曾經是我學法的法主；如今他走了，我得去向他祭拜。」當你知道陸亘大夫的公案時，自然知道他爲何不哭卻反而呵呵大笑；可是當你去祭拜以前跟隨的大山頭和尚的時候，你可別笑喔！否則後果嚴重，因爲沒有人會接受你。

然而陸亘可就不理會這些世俗禮數，他祭拜南泉時竟然當場呵呵大笑，院主就責備說：「先師跟大夫你有師資的情義在，這種師徒之情的義理，你不能不論，爲什麼你來祭拜時竟然不哭？」這是責備他。沒想到陸亘大夫笑完了，就問院主說：「你如果講得出來，我就哭。」要他離開語言文字而講得出來眞正佛法，他才要改笑爲哭；院主若是講不出個所以然來，陸亘還眞的不肯哭。當時院主講不出來，沒辦法答話，沒想到陸亘自己卻爲院主不會而大哭了起來：「蒼天啊！蒼天啊！先師眞的去世很久了。」就當場大哭起來了！然而先師南泉才剛去世，他卻說是去世很久了。

後來這個當代公案傳到長慶慧稜禪師那裡去了，長慶聽了就說：「大夫應當要笑，不應當哭。」「合」就是應當，就是應該的意思，是說陸大夫該笑而不該哭。雪竇禪師的意思是說，陸亘其實是懂得當時該笑不該哭的，並不是不懂；但雪竇卻是藉陸亘大夫的公案大意反過來說：「你如果是像這樣理解以後，其實你正好應該要笑，可別哭。」也就是讚歎長慶慧稜禪師懂得說「陸亘該笑不該哭」，是讚歎長慶慧稜拈得好。

克勤大師這樣講解及讚歎雪竇禪師的頌，接著又說：「雪竇禪師藉這個公案密意作爲大綱，告訴大眾說：『你們如果正好像我所說的表面意思去理解，不能眞正懂得我雪竇拈提的眞意時，那你們也正好應該要笑起來才是，你們可別哭。』這話看來好像是正確的，然而雪竇在末後還有一個字，不妨有些聱訛，他又突然說出一個字來：『咦！』可是從我克勤圓悟看來，如今你雪竇還洗得脫麼？」我告訴諸位，雪竇他眞的洗不脫了。不但他洗不脫，如今咱家也洗不脫，到如今都還隨著 克勤大師住在這個「咦！」字裡面。然而雪竇突然來了一個「咦」字，究竟是什麼意？可要仔細！

這段經文的宗說第一個部分已經解說完了，咱們再來談一談宗說的第二個部分。眞法非法，眞正的法，你不能夠說祂是法，因爲萬法從祂出生。萬法是法，全屬三界法，它就不叫「法」——不是佛法般若中說的眞實法。眞法非法，眞法不是三界萬法中的法，這才是眞正的佛法。你不能夠用三界中任何一個法來規範祂，因爲三界萬法的任何一切法，都從祂而出，也都以祂爲本，所以不能用任何一個法來規範祂；因此，你若說祂是三界法中的法，就已經不許了，最多只能夠方便說祂是實相法。但，說個法、說個實相都已經不是了，已是名言了，所以眞法非法，才是佛法。

如果是落在眾生相裡面的人，一定沒有辦法對「此經」出生信心。凡是落在眾生相中的人，縱使知道密意了，智慧與信力都還不是決定不移，也就是對眞實法還沒有心得決定——還沒有定心所，他遲早會退轉；我們弘法將近二十年來，已經屢試不爽了。我們弘法以來的三次法難，他們所有人不都是掉回離念靈知心嗎？這就是落在眾生相裡面，所以當他們號稱說：「我們證量比蕭平實更高，你蕭老師現在不算是我們的老師了，我們現在不依止你了，我們現在是以佛爲師，不以你爲師了。」好啊！恭喜啊！卻是恭喜他們落回離念靈知去，下墮爲常見外道了。前後三次法難，有哪一個人不是這樣？這就是說，他們都落在眾生相裡面，都是因爲當初明心之前，我沒有先把他們殺掉我見。如果當初把心一橫，先把他們殺盡，他們就不會退轉回到離念靈知之中，就不會再落回眾生相裡面去了。所以如果有人說眞正有一個常住不斷底意識心，他就已經成就了我見，那已經不是佛法了，那是外道的常見。可是如果有人說，一切都是緣起性空，連意識都是虛妄的，沒有一個我存在，死後成爲空無，空無就是眞如，那他就成爲斷見外道，不眞也不如；因爲都是在眾生相的範圍裡面，全都落入意識思惟中，其實沒有眞的離開意識，當然也沒有離開過五蘊、十二處、十八界，全都落在這裡面。

所以從這裡來看，反而是落到我見裡面的人，將來比較可能有佛法上的實證；因爲落到我見裡面的人，不會落在斷滅空裡面去否定眞我金剛心的存在。落到我見裡的人，最多只是悟錯了，最多只是把意識心的某一個變相，錯認爲常住的眞如心。如果像印順法師那樣落到斷滅空裡面去呢，就無可救藥。所以凡是把本際否定掉，再來說諸法緣起性空，是先把如來藏否定而說緣起性空，一定會在斷與常兩邊來來去去，眞的無可救藥，印順法師就是如此。佛說過：「寧可執取我見如須彌山那麼大，不樂於看見有人落到斷見裡面；雖然那個斷見已經不斷地把它細分再細分，只剩下一毛髮的十六分之一的斷見都不應該有；乃至說那個斷見小到像芥子那麼小，也都不應該有。」

所以落在我見的人是遠比印順法師他們落入斷見要好很多的，因為至少將來還有機會可以證悟般若；可是一旦落到他們應成派中觀的斷見裡面去，就沒有機會證悟；因為他們已經把如來藏否定掉了，怎麼有可能再產生一個動機去證如來藏呢？落到斷見的六識論者一定是如此。落到我見、常見的人還有可能去找到如來藏，因為他不斷地找眞我時，善知識長期為他排除錯誤的部分，那麼他一直找，也一直排除錯的部分，找到老死之前都還是有機會的。

佛門裡面固然是這麼說，可是如果從宗門來講，就像前面公案中講的，落到我見或者落到斷見裡面的人，都應貶向二鐵圍山，因為跟宗門永遠都不相應。往往有人說：「佛也是無，法也是無，僧也是無；一切都無，所以也沒有佛法，般若諸經就是這麼說。」我們倒要問他：「世尊來人間說法四十九年，祂說的又是什麼？難道是來人間傳授斷見外道的知見嗎？」所以他們自以為懂佛法，然後把聲聞羅漢的解脫道當作是大乘菩薩所修般若諸經中的眞義，當他們拿著般若經文說：「佛說祂沒有說法，所以沒有佛法可說。」當人家一問：「佛陀來人間說法四十九年，說的是什麼？難道是斷見嗎？」這時候就答不出來了，這時才知道佛法不是阿羅漢法：佛法是佛法，羅漢法是羅漢法。南傳佛法弘揚的都是羅漢法，可憐的是，他們還把羅漢法給弄錯了，怪不得都斷不了我見、證不了初果。

南傳佛法，都是從以前的聲聞部派佛教傳過去的。可是佛法不同羅漢法，佛法往北傳，傳到西域再轉進中國來，中國的菩薩們所傳底佛法，打從佛世一開始就與部派佛教的聲聞法同時並存，不是屬於部派佛教的聲聞法。部派佛教是傳到南邊去的，然而那是羅漢法；佛法是往北傳的，是與南傳的羅漢法同時存在的，一個在北方，一個在南方，怎麼可以用部派佛教的聲聞法來含攝北傳的大乘佛法呢？所以我說印順法師眞是老糊塗。其實應該還不只是老糊塗，還是少年糊塗呢！因爲他打從年輕時一開始就弄錯了，到老還繼續糊塗。所以要知道，佛法具足一切法，並不排斥世間法存在的現象；但是卻函蓋實相法界，也函蓋了現象界一切三界世間法；當然也函蓋了解脫道羅漢法，卻有不共二乘及外道的佛菩提道，這才是眞正的佛法。所以佛法跟羅漢法本就有所區分，羅漢法往往被稱爲出世間法，佛法卻稱爲世出世間法，因爲函蓋了世間法及出世間法。關於這個部分的教義，有一個公案出於《五燈全書》卷九十三：

【江寧李遠可居士，一日過棲霞，謁竺庵成，值成垂問曰：「山僧有一蝦蟆，大眾見麼？」士曰：「鷂子過新羅。」成曰：「文殊、普賢，起佛見法見，被世尊貶向二鐵圍山。你作麼生會？」士掀倒禪床，一喝便出。成隨贈一偈曰：「虛空撲碎死泥團，既得翻身仔細看；觸處生涯隨分足，倚天長劍逼人寒。」】

這個李遠可居士，他如果活在現在，也會倒楣；因爲他這一招若是來到正覺倒是可以用，但是依舊不免要挨我一棍。如果他去到四大山頭這麼一搞，人家一定會告他毀損、公然侮辱；所以他若生在現代也就倒楣，好在他不生在這個年代。李居士有一天前往竺庵成禪師那裡晉謁，剛好竺庵禪師正在開示，同時就問大眾說：「山僧我有一隻癩蝦蟆，大眾看見了沒有？」這個李居士就回答說：「鷂子過新羅。」新羅是朝鮮，就是韓國。李遠可說的鷂子其實是指鳶，鳶知道嗎？有一種鷹，牠飛得非常快，鳥類飛得最快的就是牠；除了金翅鳥以外，人間的鳥，牠飛得最快，據說時速可以高達一百里，不曉得是公里還是海里。「鷂子過新羅」就是說這一隻鷹飛得很快，早就已經從中國超過韓國去了，已經不在韓國了，意思是說早就看不見了。

李居士的意思就是說，如果是還沒有開眼的人早就看不見了；因爲當竺庵禪師說「山僧有一蝦蟆」之前，大眾就應該看見了；可是大眾竟然沒有看見，竺庵禪師說了大家依舊沒看見，他就說「鷂子過新羅」。既然有人出頭答話，成禪師當然就要問：「文殊、普賢起了佛見與法見，就被世尊貶向二鐵圍山外去了，你是怎麼樣體會的？」沒想到這李居士不講話，卻把他的禪床給掀倒，隨即大喝一聲就快走出去了。這事如果出現在台灣四大山頭，他一定會被罵說：「不曉得哪來的瘋子！」也許還會被毆打，說他是來胡鬧的呢！對呀！就是這樣啊！因爲咱家也曾被罵過，而且還不是去人家的道場踢館，只是在外面度人。

結果成禪師就補送給他一偈：「虛空撲碎死泥團，」說虛空竟然能夠把死泥團給撲碎，諸位想想人間有沒有這回事？人間當然沒有，那麼到天上看看有沒有？也不可能有。他說虛空撲碎了死泥團；死就是堅固的意思，已經乾掉硬掉了。「虛空撲碎了死泥團，既然能夠翻身的話，你就該仔細看看他的翻身處，」最難的就是翻不了身，如果翻得了身，那麼從此所見就不一樣。可是現在到處山頭去看看，一條條都是鹹魚，找不到一條活魚，因爲那邊都是死水，沒有活水，所以現在活魚都游到正覺來。「這一翻身所見就不一樣了，可是既然你已經翻身了，你就得要仔細看看了，」因爲世間人看不見、嗅不著、觸不到，你既然翻過身來看見了祂，原來祂早在你背後，你都不知道；這一翻身找到了，可得要好好去看一看。

然後這一會兒看過了，可就「觸處生涯隨分足」。因爲你已經找到祂了，一把抓住祂了，從此以後佛門生涯隨處都圓滿具足，沒有不圓滿具足的。因爲你如果肯仔細去看祂，一切法都在祂裡面；全都是因爲不肯去好好地瞧一瞧祂，看看祂跟諸法有什麼關係，沒弄清楚所以才會退轉、才會心外求法。如果這一翻身，一把抓住祂了，就得好好瞧一瞧祂，看看諸法是怎麼從祂來的。這一弄清楚了，最後會發覺：原來學佛生涯都要靠祂，學佛生涯只要靠祂就能成佛。這就是「觸處生涯隨分足」，就看你有沒有那個能力一把抓住祂。

到這個時候，誰人能正眼瞧你？當你證悟之後，那些大師們聽到徒眾傳話說：「某甲來拜訪，這某甲是證悟的人。」他就不敢光明正大地正眼瞧你了，只能低下頭來見你，或者乾脆推說不在寺裡而不見你了。這時候你其實就是倚天劍，沒有人敢正眼瞧你。你要不信的話，哪天悟了，好好把祂瞧一瞧；然後你瞧清楚了，原來諸法都在這裡面。當你全都通了以後，不論去拜訪哪位師父，包上一千塊錢紅包就夠了，不必更多，因爲他們沒那麼大的福德可以受你供養更多。你包上一千元紅包供養，隨即告訴他：「我在正覺學法，我被印證開悟三年了，今天專程來請教師父佛法。」我告訴你，他跟你講話時嘴角都會抖。爲什麼會這樣？因爲摸不著你的底，可是他的底細都在你眼前看得清清楚楚：原來你家裡就是銅板三個、剪刀一把。你都看清楚了，可是你有什麼東西，他完全不知道；他既不知道，要怎麼跟你講話？最怕的是你當眾突然弄個公案考他，或是突然跟他來個機鋒，他就嚇死了：「怎麼辦？」這就是說，你以那個智慧使他們不敢正眼瞧你，他們表面會裝得一點都不在乎，可是實際上不然，因爲你已經有了倚天長劍逼人的寒氣。

如同前面說的：「若是有佛見、法見生起了，連等覺菩薩都要被貶向鐵圍山外。」咱們可以這麼作個偈說：「堅固是鐵圍，遍處無非是；硬過百鍊鋼，撞破是好漢。」然而，你喚什麼作鐵圍山？大家聽好了，咱家下個註腳說：「忽然撞落虛空一片，鐵圍山中力士親見。」

〈無法可得分〉第二十二

【須菩提白佛言：「世尊！佛得阿耨多羅三藐三菩提，為無所得耶？」「如是！如是！須菩提！我於阿耨多羅三藐三菩提，乃至無有少法可得，是名阿耨多羅三藐三菩提。」】

講記：須菩提稟白　佛陀說：「世尊！佛陀證得無上正等正覺，是無所得的嗎？」「就像你所說的這樣！就像你所說的這樣！須菩提啊！我在無上正等正覺之中，連一點點很小的法都不曾獲得，這樣才是我所說的無上正等正覺。」

我們上週最後說：「忽然撞落虛空一片，鐵圍山中力士親見。」不曉得你們見到了力士沒有？眞正的大道場，大在何處？就是一言一語都有為人處，這才叫作大道場。上週你們回去，有沒有人把虛空撞一片下來？若是已經撞下一片了，就已看見金剛力士正在鐵圍山中。上一週剛好把〈所說非說分〉講完，今天要從〈無法可得分〉第二十二品開始。

〈無法可得分〉是在點醒某一些人，不該一直追求三界有。其實佛法中說白一點純粹是智慧，根本就無一法可得；佛法中的修行只是要大家生起智慧，不論大乘法、二乘法都是如此，差別只是在於三乘智慧的不同。外道那一些神神鬼鬼的境界都是有爲法，都不能出離生死，遠不如慧解脫阿羅漢什麼神通都沒有，卻能夠出離三界生死；更何況阿羅漢所不知道的大乘菩提，只有菩薩才能實證，那也是純屬智慧境界，只不過菩薩與阿羅漢這兩種智慧有差異。差異是說，佛菩提的智慧函蓋了解脫道的智慧，但是解脫道的智慧卻無法瞭解佛菩提的智慧。這個最大的差異點，是在於解脫道羅漢法的智慧完全是在現象界裡面觀行，所觀行的對象是現象界裡的法，與各種法界的實相無關。可是佛菩提的智慧，是探討生命的本源；也就是探討生從何來、死往何處，並且還探討到宇宙萬有之所從來，這就是法界的實相，而不像羅漢法解脫道單是在蘊處界的虛妄上面來作觀行；所以這兩個法不一樣，但純粹都是智慧。

三地菩薩滿心時，必須要證得四禪八定、四無量心、五神通，乃至五地還要圓滿辦事靜慮等等法；而那一些有爲法也是拿來增長實相智慧用的，那些法本身並不是佛法中所要修學的目標，而只是修證那些法以後，把那一些世間的三界有爲法拿來作爲工具；所以修學那些三界有爲法的目的，是爲了要圓成無生法忍一切種智；因此，追根究柢，或者說歸根結蒂，其實三乘菩提全都是智慧。因此菩薩的法道，到了一個階段以後一樣是可以神神鬼鬼的，並且是鬼神們所作不到的更勝妙境界。但是菩薩才剛明心不久，也能神神鬼鬼的，讓所有鬼神都摸不著邊，這就是菩薩的般若智慧。所以鬼神如果化現來請問菩薩，而這個菩薩是沒有神通的人——也就是說他根本就沒有五神通，可是當鬼神前來問如何是佛法大意時，菩薩戳著鬼神的鼻子罵說：「你這神鬼！」這鬼神弄不懂，心想：「我來請問佛法大意，爲什麼菩薩戳著我的鼻子罵我是神鬼？」他卻不知道菩薩早就把佛法大意告訴他了。那你說，這剛悟不久的菩薩，不也是能夠神神鬼鬼嗎？一樣讓鬼神也摸不著邊，這就是智慧。

可是智慧是有所得的法嗎？沒有！因爲智慧所證的內涵都是你自家心裡面的東西。所以證得無上正等正覺時，並沒有臉上寫著「無上正等正覺」，也並沒有掛一個牌子說「我是報身佛、化身佛」。眞正的法，沒有世俗產品的名牌可說，只有世俗法才有名牌。所以有智慧的人要追求「法」，不追求名牌。正覺同修會越來越有名，快要變成佛教界的名牌了，但是來學法者卻不許求名牌，仍然是要求法，這才是大道場。可是大道場之所以大，是大於法上，不是大於名聲、人氣、建築或者徒眾，這樣才能稱之爲大。大是有體的，無體的就不能稱爲大。爲什麼說那些大山頭們無體呢？他們的道場那麼大、徒眾那麼多、名聲那麼大，我竟然說他們無體；因爲那都是無常敗壞之法，無常敗壞之法當然不能說它有眞實體。可是大法之所以爲大，是因爲有體常住不壞，並且可以現前觀察證實：祂確實是宇宙萬有的本源，是一切眾生的來處。一切眾生之所以能生，是從祂而生；死後歸到哪裡去？還是歸向祂，所以說祂是實相。因爲是實相，所以法大，名牌道場都沒得比。

但是眞正要論究到最後來看，譬如說證得如來藏了，其中的一切種子也已經具足圓滿親證了，沒有一個種子你不曾親證，這樣說之爲成佛；可是，這個成佛究竟得了什麼呢？也沒有所得，因爲本來全部就是自家的。打個比方，譬如說你如果在外面運氣好，讓你挖到了寶藏；旁邊看見的人就說：「見

自心中物，不是外法，以這樣來說無所得；有三乘菩提的智慧生起了，然後來說無所得，才是佛教中眞正的無所得法。有的人沒智慧去判別，每天供養時都要跟師父開口抱怨說：「您都沒有傳我什麼法。」師父說：「佛法本來就無所得，你要跟我得什麼？」說的也是！所以他就渾渾噩噩過一生，努力供養師父就好了。這好像也對呀！可還眞的有人願意接受，就這樣子過完渾沌的一生。我們說了很多法，他其實不懂，卻又不服氣，就來抗聲說：「一切都無所得，你講那麼多佛法幹什麼？」所以，到底有沒有法可得？這是學佛人一定要探究的。

可是眞實的佛法，你要從現象上面以及從法界上面都來探討；否則的話，法一定會誤會。從法界來說，當然都無所得；乃至成佛了，證得所有的佛法，也是自己如來藏心中的法，何曾有一法從外來？那當然還是無所得。可是事相上，你的意識一定有所得，你的意根也一定跟著轉變，所以從事相上看來還是有所得。如果事相上也是一樣都無所得，那好了，我現在可以下法座，換你們隨便哪一個人上來法座，可以跟我一樣講深妙佛法了，可是在事相上眞的不一樣。這就是說，要自問：你的智慧生起了沒有？智慧在你悟後一定會生起，可是智慧的生起之所依，還是你如來藏中一切的種子，還是得從如來藏自體的心性上面來生起。所以從法界實相的如來藏來說，根本沒有一法可得；因爲一切法都是從如來藏生，都是自家裡的法；可是從意識層面來說，智慧畢竟生起了，所以說起法來如雲如雨，可以不斷地一直講下去，也可以不斷地衍生出各種佛法來說；所以意識的層面在現象界來講，還是有所得——得到法界實相的智慧。當你這樣子具足了無所得以及有所得，才能夠是《金剛經》所說的「無法可得」。懂得這個道理，接著再來講經文就容易了。

須菩提向　佛稟白說：「世尊！佛證得無上正等正覺是無所得嗎？是沒有一法可得嗎？」佛陀答覆說：「就像是你所說的這樣子！須菩提！我在無上正等正覺這個法上面，雖然說是已經證得了，事實上是沒有證得；乃至連一點點的法都沒有獲得，這樣就叫作無上正等正覺。」

這意思是在提點大眾，不要像世俗人那樣求有所得法。在佛法的修行上面，或者羅漢法的解脫道上面修行，都是不斷地拋棄，而不是不斷地獲得。也許有人不太服氣，心想：「明明人家得初果，有人得二果，也有人得阿羅漢果，你怎麼說沒有得？」那麼我們且來探討看看好了，先來看看羅漢法。羅漢法的證果，總共有四果。初果是斷了三縛結，這三個結叫作我見、疑見、戒禁取見；當這三個結斷除了，就說他證得初果。可是這三個結斷了，本質又是什麼呢？只是把自我給推翻掉，這哪裡是得？得初果，只是一個名詞，反而是在見解上面，把五蘊十二處十八界捨了——是在見解上捨了，叫作得初果。其實只是捨了，哪裡有所得呢？全都沒有啊！二果人是薄貪瞋癡，那是進一步在事相上修行，譬如面對好吃的食物，不要貪吃啦！夠維持色身就好了。在二果以前的初果位中，覺得很好吃時，會因為好吃而又多吃一個。那麼請問：二果人的自我是不是又少了一些？又丟了一些？是把貪心又丟棄了一些。

初果的時候脾氣還是很大，到了即將進入二果時心想：「**我已經斷三縛結那麼久了，都沒有努力在修行，老是這樣混日子，難道我真的要喝七喜汽水嗎？**」（編案：七喜汽水的標誌是7up。）因為要歷經七次的人天往返，得要七上七下。所以他想一想：「**我應該精進一點。**」因此他就開始不再老是生氣了，因此他的瞋心減少了，這時又失掉了一些瞋心。本來瞋心很多，貪心也很多，現在貪也失掉一些，瞋也失掉一些，叫作薄貪瞋癡；是因爲他在解脫道上的無明又斷了一些，所以貪瞋癡淡薄時，就叫作薄地，這是二果人。所以他也是捨而不是得，多捨了一分三界愛，就給他個名稱叫作二果薄地。所以二果是個名稱而已，他其實是捨，並沒有得。

所以二果人不像初果人，初果人的貪瞋癡是跟凡夫一樣的，只是有解脫的見地而已；二果人貪瞋癡就淡薄了，那是又捨掉自己一分了，這是在我所上面捨，當然也是捨。三果人，是離開了欲界愛，把二果人尚未斷盡的欲界貪愛捨了，那還是捨，然後得到一個空無所有的名字叫作三果。就只是兩個字，連一張紙頭來寫「三果」都沒有，就只有別人在口頭上偶爾說他是三果。四果呢，是把自己全部給捨了，捨報就入無餘涅槃去了！連自己都捨掉，你說他哪有得？都沒有所得，這才是二乘菩提的修行啊！一樣是無所得法。

就好像你想要去太空（無餘涅槃就譬喻爲太空），太空中還有微塵等物，其實不是眞空；但無餘涅槃眞的可以叫作太空，因爲什麼都沒有，蘊處界都完全空掉，所以無餘涅槃也可以叫作太空。譬如說你在人間，想要到太空去，搭乘的火箭一節又一節；最早期的火箭通常是三節，從地面先發射上升一會兒，就捨掉第一節；若不捨掉就不能繼續上升前進，這被最快捨掉的第一節火箭就譬如欲界愛；接著再往上飛，飛到某一個地步時又要再捨一節，這個第二節就叫作色界愛；然後剩下第三節火箭繼續往上飛，這第三節就叫作無色界愛；飛到最後，第三節火箭還是要捨棄，就是捨了無色界愛；這時就到了太空，那時只剩下太空船、太空艙；那時的環境就叫作太空。無餘涅槃的取證，出離三界生死痛苦，其實也就是捨，本來就不是得。

所以說，如果進了正法之中來學法了，還想要在正法道場中取得世間法的利益，那就是腦筋壞掉了。那個腦筋應該要修理，若不修理就沒有辦法再前進了。也許有人想說：「**你講的那個是出世間法，如果是講世間禪定，那全都是有所得，怎麼能叫作捨？**」但是我說，這個實際上還是捨。譬如你修禪定（在一般道場裡，如果有人能證欲界定就算很不錯了，但是也找不到幾個，因爲我弘法以來還沒有看過誰描述過欲界定；但是我都體驗過了，我是一步一步走過來，才能爲大眾說明），這個欲界定境界且不談它，等以後正覺寺蓋好了，慢慢再來聊。得欲界定是什麼境界？是住於五塵中不亂攀緣，那時有個持身法，讓你不必用力就能穩定地坐著不動，心中一念不生，那就叫作欲界定。

也許有人想說：「我知道了，西藏喇嘛修的雙身法，那就是欲界定。」但我告訴你，那個不是欲界定；喇嘛那個淫樂中的一念不生境界，我如果給他安立個正確的名稱，就叫作下墜「定」，因爲死後一定會下墜三惡道。

如果有一天他們很努力修定，爲了達成修定的目標，所以把欲界的貪愛給忘了；當他們眞的忘了欲界愛，就會進入未到地定去了。這表示說，當他們把欲界愛放在一邊，沒有時間去管欲界愛了；可是他只是把欲界愛放在一邊，他還不肯把它全部丟掉，因此他的初禪就起不來，初禪無法發起。最後終於想一想說：「不行啦！還是要把它丟掉，我這個修定還是比較重要。」終於下定決心把它丟了，丟了以後心漸漸習慣於離欲的境界了，於是不想要有欲界的貪愛，對欲界的五塵都無所執著，於是初禪終於現起。這表示說，他是把欲界的五塵貪愛等法捨了，不是得了。所以還是捨了，捨了欲界愛才能得初禪。所以，回頭來問諸位：證得初禪時有所得嗎？也沒有。

也許有人心想：「有啊！因爲初禪有身樂。」可是這個身樂是從哪裡來的？那是因爲把欲界愛丟了，生起初禪境界胸腔裡的快樂，那可是捨了欲界愛而交換來的。可是這個樂不像欲界愛那個樂那麼強烈，它是比較微細的。

這樣看來還是一樣啊！結果還是捨。那麼比方說修二禪，其實是把初禪樂也給捨了，才能得二禪，意識只住於一處法中才能得二禪，不住於五塵處了。換句話說，是把初禪的身樂也要捨掉，就像火箭一樣，一節一節拋掉，是把初禪樂捨掉才能得二禪；有二禪以後，要把二禪的樂也捨掉才能得三禪，就這樣一直捨，才能繼續往上升。你渾身揹那麼重，如何能飛？當然沒辦法再往上飛。所以你若是眞的想要去太空，你就得要使自己沒有重量，就這樣一直捨、不斷地捨；每往上升一級就捨一個部分，最後終於到了非想非非想定；這時連自己是否存在都不管了，這樣對世間人來講是捨到最徹底了；連自己在或不在他都不關心了，那就是非想非非想定，只剩下最後一分我執還在，結果禪定的修證顯然也還是捨，怎能說是有所得呢？

所以，世間禪定是如此，佛法中更是如此。也許聽到我這麼一講，心想：「**我得要重新考慮要不要在正法中修學佛法，因爲正覺的佛法就是叫我一直丟棄啊！**」想得好像有道理！可是其實沒道理。如果你有這個念頭，我們不妨來談一談佛法，佛法是可以給你得的——讓你感覺到你得了，雖然還是自家的東西。譬如說，祖先留給你一個大宅子，他曾經在大宅子裡到處埋藏寶貝。祖先死前也告訴你說：「我們宅子不能隨便賣掉，因爲有一些地方，我埋了寶貝；你如果沒錢用，就去把它挖出來用。」可是你始終沒找到，就不會覺得有所得；但是有一天終於沒辦法再苦撐下去了，只好努力去挖。東邊挖、挖、挖，挖到一甕的金塊出來，哇！好高興。你總不會說挖到那一甕金塊的時候，愁眉苦臉地說：「我爲什麼要挖到這一甕？」一定不會嘛！一定很快樂；因爲你以前就知道家裡有這個東西，可是你本來沒有受用它，現在拿到它可以受用了，當然快樂；而我們大乘佛法就像這樣，得到自家裡本有的法就有智慧了，這不是從外得的，所以也說是無所得。

二乘法中都是教你一直捨，捨了以後要去太空；然而大乘法可不是，你可以捨那一些，但你可以得更多實相智慧；得了更多，你就受用無窮，雖然得的都是自家本來具足的東西。大乘法就像這樣，雖然那些東西都是你家裡的東西，本來就是你所有的；可是你若是沒有學，你就得不到；你若是來學了，就好像有個專家告訴你說：「你家有金塊藏在這個地方。」他告訴你，等你自己去挖；挖了好幾天，終於挖到了，你就開始受用了！一面受用，一面又想：「我受用這些還覺得不夠，雖然現在蓋了個大別墅，可是我覺得還不夠好，我還想要更多。」於是又找了專家來，專家探測以後又說：「你在另外這個地方還有，你可以再挖。」大乘法就像是這樣。然而二乘法就只告訴你說：「你這個宅子要施出去，你不要再住這個宅子，最後當你走到哪裡該捨壽時，死在那裡就是了。」這就是二乘法。大乘法卻不是，反而告訴你說：「你這個宅子無妨留著，這個宅子是常住不壞的，山崩地裂都影響不了你，並且裡面有很多的寶物。」那你要選哪一個？當然要選大乘法。所以聽到我這樣一講，又不必打退堂鼓了。

大乘法就是這個樣子，因爲在大乘法中實證以後發覺，他們阿羅漢把五陰宅子給捨了——把名色捨了，結果他們捨了以後還是在另一個宅子裡面，因爲那個本際宅子他們捨不掉；他們把五陰宅子捨了，死了跑到另一個宅子，只是他們不能自知。而大乘法中的證悟菩薩們不需要把五陰宅子捨棄，就已經住在另一個常住而堅固不壞的宅子中享受法樂。大乘法就像這樣，那個宅子是常住的，那個宅子叫什麼？（有人答：如來藏。）好！諸位都很有智慧，這就是大乘法。因爲阿羅漢把如來藏捨了，入了無餘涅槃，雖然他們只知道是捨了五陰自己而不知道其實是捨了如來藏，於是他們入了無餘涅槃，但如來藏還是繼續存在，不曾滅過，永續存在。既然如此，到了太空時還是這個太空艙——我捨了五陰宅子以後的境界，還是五陰存在時就已經有的如來藏宅子；那我現在住在五陰宅子裡面就已經在太空如來藏宅子中了，因爲常住的宅子就是太空、就是無餘涅槃——如來藏就是無餘涅槃。既然這樣，我找到了如來藏，現前如來藏本身的境界就是無餘涅槃了，我何必捨了五陰自己成爲無餘涅槃？我就用這個涅槃不斷地進修，去發覺這涅槃裡面還有些什麼——這堅固不壞底宅子裡面還有些什麼，於是最後成就了佛道，也利樂了無量無邊的眾生。這樣，永劫領受無邊生死痛苦時的生命才有意義，不然一世一世來流轉，那麼辛苦、那麼累，目的是爲了什麼？總不是爲了辛苦鑽出頭來，辛苦來長大，辛苦地學習，然後辛苦地賺錢，辛苦地成家養孩子，然後就只是老了死掉，總不是這樣吧？而是應該成就最究竟的解脫，利樂無量無數眾生、永無窮盡。

所以眞正的法不是猶如斷見外道走向斷滅空。阿羅漢入涅槃雖然不是斷滅空，因爲無餘涅槃中仍然有本際如來藏常住不變；可是他們的五蘊已經不在，只剩下如來藏無形無色而無所事事（我是眞的罵：他們的如來藏無所事事）。可是他們只剩下如來藏無所事事，又不像三界裡的流浪漢，因為已經不再流浪生死了，然而那樣對眾生有沒有利益？對他們現世的生命存在有沒有意義？根本就沒有意義！所以諸佛都不會贊同阿羅漢的想法。

菩薩道就不一樣了，也許有人想說：「**行菩薩道好辛苦，三大阿僧祇劫那麼久，不但要難行能行，還要難忍能忍。**」可是其實你不用擔心，你儘管去行，儘管去忍，沒有那麼恐怖啦！因為阿羅漢們中午太陽在上面照耀著，他一直要端詳著：「**過了正午沒有？**」過了正午，他就不許再吃飯了。菩薩可不是，三更半夜照吃不誤，有什麼問題？因為吃飯也是在涅槃中吃飯，不是嗎？如來藏本來就在涅槃中，而你五蘊住在如來藏中吃飯，不就是在涅槃中吃飯嗎？好極了！以前都沒有聽過可以在涅槃中吃飯，可是等你明心了，你現前觀察看看，你的一切所作所為不都是在如來藏中嗎？如來藏本身是涅槃，那你不就是住在如來藏中？不就是住在涅槃中吃飯嗎？原來涅槃中也可以吃飯，哎呀！真是聞所未聞。但是法界的實相，本來就是如此，不論你以前曾聞或不曾聞。既然是這樣，本來就已經住在無餘涅槃中了，你還要去入無餘涅槃而把自己五蘊給滅掉，那是想要作什麼呢？所以阿羅漢該罵，世尊就把他們叫作愚人。

因此從大乘法來講，雖然說的也像二乘法一樣是無一法可得，但是你卻可以把自家的寶藏拿出來用，並且這些寶藏是生生不息，永遠不會短少。你自家裡面會短少的是什麼呢？是從這邊的垃圾掃掉一些，那邊的垃圾也掃掉一些，短少的都是垃圾，也就是貪瞋癡及無始無明。而自家寶藏既是永不短少的，難道拿出來使它生生不息，會有什麼不好？這就是大乘法。如果有阿羅漢聽了我這樣講，應該會有幾個人願意迴心轉到大乘法裡來當菩薩，因爲大乘法的實證確實是如此。可是等你把寶藏不斷地拿出來一直運用，而這些寶藏生生不息的時候，你再依如來藏自身來觀察，這些東西本來都是你自家底，從來沒有一個外法進到你自家來；所以你享用的都是你家本有的東西，結果還是無法可得。這樣子來成佛的時候，你看看成佛時，成就無上正等正覺了，到底有沒有從外面去得到無上正等正覺這個東西？沒有！所以「法」終究還是無所得的。這一品〈無法可得分〉裡講的正是這個意思。

等你到了這個階段時再來看看：那麼多人在學佛時總是學到好痛苦，或者誤把學羅漢當作學佛，所以不斷地要捨這個、要捨那個；可是心裡面又捨不下，就在那邊掙扎，心裡好痛苦呵！甚至於有人花了非常非常多的金錢去護持三寶，有的人支票一開就是一千萬元、兩千萬元、三千萬元，也有人一捐就是二十七億元台幣；就這樣努力護持三寶，結果努力學佛一輩子，還落得個「常見」的邪思，連聲聞初果的斷我見都不可得，更別說是菩薩的明心開悟智慧了。你說他們可憐不可憐？眞的可憐啦！正因爲可憐，那你要不要救他們？應該要救嘛！否則你就是麻木不仁了。如果不知道他們錯會佛法，不知道他們確實是大妄語，所以你不救他們，那情有可原；因爲你不知道他們在誤導眾生，也不曉得眾生被他們誤導，對你來說是情有可原。可是你眞正開悟了，明明知道那麼多的人被大師們誤導，明知他們死後會受大妄語的果報，你卻裝作沒看見，那就不可原諒，因爲無慈無悲。

所以你不必說我要出來當大師，不必這樣想；可是你一定要救護眾生，這是你的職責，因爲你是菩薩，菩薩從大悲中生。你已經知道眾生被大師們誤導了，知道眾生確實非常可悲，你就有義務搭救他們。把他們救了，雖然有時候免不了還會被他們反咬一口；就好像流浪狗掉落水坑裡，你要把牠拉上來，牠誤會你要傷害牠，所以牠會咬你，因爲牠沒智慧而不知道你的善心。

那也沒關係，等牠被你救上來了，但你沒有傷害牠而放牠離開了，牠終究知道感恩；雖然起初因爲誤會而咬你，被咬也就算了；因爲你被咬了，其實也沒有被咬，因爲只是你自己的內相分覺得被咬而已，也不是外法。

菩薩就這樣來行菩薩道，有時候苦中作樂一番也無妨；所以我們即使生重病，到癌症末期了，住到安養病房去了，也無妨苦中作樂，爲大家講一點佛法。所以我們會裡有一位寫了《廣論之平議》的正雄居士就是這樣子，他故意不表明自己是正覺同修會裡的實證者，免得大家不敢來聽聞他說法；他就藉機會說法，今天早上護士來了，就跟護士談一談佛法；因爲她們是在慈濟醫院任職，當然會跟佛教信仰接近，否則她們就會跑去基督教醫院服務了。就這樣談一談佛法，今天談一點，明天也談一點，後天再談一點，談的都是外面道場所不曾說過的佛法，大家都覺得很有收穫；於是這個風聲慢慢地傳開了：「**我們有一個病房，那個患者居士很懂佛法。**」過幾天又通知了幾個人一起來聽法，大家就帶筆記本來聽法和記錄了，於是病房變成法堂了；最後連醫師都來聽，也同樣都作了筆記。於是，病房中法樂無窮，這不是苦中作樂嗎？

不但如此，譬如說去遠路上課，回程需要很久，時間已經很晚了，於是路上買個點心，大家就在車上吃，這也不錯。不然就是遇到有的同修那天剛好有什麼好吃的，帶來供養大家，可以補充一點體力，把肚子騙一騙，可以支持我們回到台北家裡，不愁沒力氣。既然同樣要吃，有好吃的你就買好吃的，有難吃的就買難吃的，只要能維持體力就行了；但也不必特地去挑選那個最難吃的，都不必像阿羅漢一樣。阿羅漢們看到那些最好吃的，心裡就排斥：「不要！不要！不要！」菩薩可沒關係，難吃的、好吃的都行；最好吃的食物來了也就吃了，管它好吃、不好吃，就在辛苦的弘法過程中這樣子苦中作樂，所以菩薩道也沒有想像中那麼難混。一般人老是被阿羅漢的苦行給嚇壞了，其實菩薩道沒有那麼辛苦，因為比阿羅漢辛苦的弘法過程之中可以苦中作樂，那有什麼關係！所以雖然無法可得，無妨法樂無窮。所以菩薩上座說法，沒有人會起念說：「討厭！這個講經法會每一次都要講幾個鐘頭。」菩薩沒有這樣想的，因為菩薩有法樂自娛，可是這些法樂是從外邊來的法與樂嗎？都不是，全都是自家裡的寶貝。所以說修學了佛法以後，有法可得，智慧生起了，其實還是自家裡本有的法，所以仍然是「無法可得」。

所以佛陀才會說：「**須菩提啊！就像你講的一樣，我在無上正等正覺這個法上面，沒有法可得，甚至一點點少法都沒有得，**」因爲都是自家的東西，「**這樣才能稱爲無上正等正覺。**」如果去學了某個法，這師父印證說你開悟了，就發給你一張證書。請問：「你有沒有所得？」（有人答：無所得。）怎麼沒有？那張證書就是你的所得了。以前台灣佛教界有一位居士，還眞的發給開悟證書，那就不對了。所以我們弘法到現在印證了那麼多人，沒有發過一張證書，因爲經櫥裡面的大藏經就是你的證書。假使佛陀發給你的證書不要，要我給你的證書，可就眞是笨了。所以實際上眞正的法是無所得，沒有一法可得，所悟的、所證的全都是你自家本有的東西。因爲無法可得，轉依了正法以後就不會一心一意去籌劃說：「**我要去當開山祖師爺。**」應該不會這樣。如果悟了以後，一心一意努力去籌劃要當開山祖師爺，那表示他還是新學菩薩，還不是久學菩薩。

接著我們再來看看有關這段經文的補充資料。悟得無所得法以後應該要轉依，不要去效法俗人起貪心。眞實轉依成功的祖師都是如此，都是和尚給了禪板，他才憑那一支禪板去開山的；很少有人是自己主動努力去開山的，很少有人是一開始就想去開山的。《大慧普覺禪師語錄》卷二十三記載這一段故事：

【馬師曰：「子之所得，可謂協於心體，布於四肢。既然如是，將三條篾，束取肚皮，隨處住山去。」藥山云：「某甲又是何人？敢言住山？」馬師云：「未有長行而不住，未有長住而不行；欲益無所益，欲為無所為。宜作舟航，無久住此。」遂辭馬師去住山，此亦獲金剛心中之效驗者。】

大慧宗杲就是佩服藥山惟儼這種人，因為他自己也是這種人。這也表示藥山惟儼禪師在馬祖道一大師座下所悟的也是無所得法；如果所悟的是離念靈知，那就會一天到晚想要弄大道場，因為意識是對六塵諸法都是有所得的。如果所悟的是如來藏，如來藏對六塵諸法根本就不領受，如來藏也不想獲得財產，如來藏也不想獲得眷屬，也不想獲得名聲等等，所以悟得如來藏的人轉依如來藏以後，覺知心所住的法性是無所得法。既然轉依如來藏成功了，就不會一心想要求名求利了。如果宣稱已經轉依如來藏以後，還想要求名求利，這個人一定是有問題的。

這故事是說，馬大師有一天向藥山惟儼這個徒弟說：「**你所得到的智慧，**

可以說是跟你的心體並行在運作著，而且也可以說是遍布你全身，遍布於四肢。」這意思是說，眞悟的人一舉手一投足無非是般若妙法，所以馬祖說是遍布於四肢。「既然你有這樣的智慧，就把三條篾，」篾就是竹篾。以前我們小時候，父母親打孩子都是用竹篾，就是把竹子弄成一長條的竹片，把它弄薄一點，然後在其中一頭直向鋸幾下，然後把它剖開成三、四片，這樣裂成三、四片而連在一起，打起來會很響亮，也會很痛，可是不會傷筋動骨，只是皮肉痛，就拿這個來打孩子；那些被剖成細條的竹子就叫作竹篾；把竹篾弄成三條，就叫作三條篾；那三條竹篾因爲弄成細條也弄薄了，所以能夠彎曲起來，放在腰上當作皮帶使用。

馬祖的意思是說：「你惟儼既然在我這兒得了法，有了這樣的智慧，就去拿三條篾來，把肚皮束了，隨處看到哪個地方有好山好水，就可以住山，就開山弘法了。」要他出去弘法當開山祖師爺。馬祖這麼指示，藥山惟儼禪師就回答說：「我某甲算是什麼人呢？敢去住山當祖師爺？」他其實也沒那個意願，那麼講客氣一點就是說：「我不像馬大師您，您可以住山，我不行啦！」因爲他也沒想要開山當祖師爺。馬大師就說：「沒有人悟了以後是永遠行腳而不住下來的，也沒有人是悟了以後永遠住下來，不去外面走一走；你想要利益那些眾生得到無所益的法，你想要去造作無所爲的法，就應該要去作眾生度過生死的舟船，接引眾生度到生死的彼岸去，不要老是住在我這裡。」這師父趕人了。我以前曾經想過，我該什麼時候趕人？等到大陸可以弘法的時候就可以趕人了。台灣這麼小，我養了這麼多的龍在台灣小小的水池裡面；等到以後有大池了就可以開始趕，趕你們這些龍去許多大池裡面去。因爲大陸那麼大，以前同聚的法眷還有很多人留在大陸；如果去大陸弄出兩千個人開悟，能夠爲正法的久住而作更多事，也不算多。因爲大陸太廣大了，但是台灣就這麼小，這且不談它。馬大師這麼開示以後，明著要他出去開山利益眾生了，於是藥山惟儼就向馬大師告辭，才住到藥山去；因此才有後來藥山這個道場，他就被稱爲藥山惟儼禪師。大慧禪師引述了這件公案，意思就是說：「像他這樣，就是因爲證得金剛心，而顯示出他的無貪。」他並不想要去住山，不想去當開山祖師；只是因爲師父叫他去作，要去接引眾生，所以他才去作。

就像我，本來也沒有想要成立一個同修會，本來只是想，如果有人可以承接我所悟的佛法，我就歸隱山林去了。可惜的是：我想要把妙法送出去，竟然沒有人要。人家還不要，當作我這個法是黑鐵鍍成的假金，似乎連黃銅都算不上的樣子，根本就沒有一個人想要我這個如來藏妙法。這眞奇怪！無怪乎現代叫作末法時期。後來終於有人想要，我卻不想太容易給他們了。現在如果想要，不管他是誰，都要乖乖來上課兩年半，學完禪淨班的課程。我不管對方名氣多大，大家都一樣；這是我要求的基本條件，全都得要來禪淨班學兩年半。來禪淨班修學是表示什麼呢？是要跟我的徒弟先學兩年半。我就是這樣要求，因爲我不開禪淨班，根本沒時間再帶禪淨班；如果眞的想要證得正法，就來禪淨班好好待兩年半。看你運氣是怎麼樣，你遇到哪位老師，你就跟他學；要跟著我學，可得等到禪三精進共修時再說。

以前我是親自送上門去奉送，大家都還不要；現在大家都想要了，對不起！縱使你是大山頭的大和尚，也得要拉下臉來禪淨班裡學。老臉要是拉不下來，就沒得辦法了。所以我這一世弘揚正法時就是這樣子，想要送給人家，人家不要；我親自出去贈送，結果都被當作垃圾一般看待。沒辦法，我只好把正法繼續講下去，講著、講著，時局一直改變；變到後來，不得不成立同修會，眞是逼到我不成立也不行。好嘛！那就成立吧！就這樣一步一步被動性地被大家逼著走上來。走上來以後我說：「算了！我們台中不要去，台南也不要去，都送給法師們去弘法。」沒想到，台中要送也送不出去，台南要送也送不出去。本來台中是要送給一位比丘尼的，結果她不爭氣，沒轉依成功，還跟著反對我說的法，於是送不出去。台中送不出去時，我當時也說：「我們不踏過濁水溪，濁水溪以南全都留給法師們去弘揚。」沒想到他們也不爭氣，我們把台南講堂送給一位比丘，正在進行二年半的移交計劃，沒想到他卻出來拆自己的台，公然否定如來藏——否定阿賴耶識。我可沒辦法了，我就說：「南部就不要去了，不管他們怎麼樣胡搞，我們再也不管台南講堂的事了。」可是台南講堂的學員們不服氣，提出來抗議：「您既然招收了我們來上課，這位比丘親教師也是您派的；現在親教師出了問題，那也是您的責任，不能因此就把我們放生。」沒辦法，只好再去弄一個新的講堂，就這樣把台南講堂重新開張起來，我就是這樣被逼著一步一步去走。

這意思就是說，如果是一心一意想要當開山祖師，想要擁有大道場，還沒有開悟就已經在籌劃：「我如果在正覺悟了，我將來要這麼辦，第二步要這麼辨，第三步要這麼辨，於是我在十年後就會成爲一方大師。」這就表示他仍然是新學菩薩，因爲轉依沒有成功，不是依止如來藏的「無法可得」的眞如境界，他仍然住於覺知心的境界中，想的都是名聞、利養。所以藥山惟儼這個故事，表示他得的法眞正，也表示他的轉依是成功的；因爲無法可得，不論從事相上來看，名聲等等法是緣起性空；或者從自己所證的眞如法上面來看，這一切法全都是自心現量，沒有一法是外來的，眞的沒有一法可得，所以他轉依成功了。剩下的只是因爲師父的指示，以及他自己往世所發的悲心要救護眾生，遵循這樣的前提而去開山。錯悟、沒悟的人也跟著人家一樣開山，當起開山祖師爺來，其實是愚癡的想法與行爲。

再來說，凡夫是落入有所得法中，卻錯認爲無所得。這不就是現在北傳大乘佛教大師們的寫照嗎？北傳如此，南傳佛教亦復如是，同樣都落在意識心上廣作文章。由於這個緣故，就會在有所得法上面去用心；因爲意識不可能與無所得法相應，只有斷了我見、證得實相以後，意識才願意乖乖地跟無所得法相應，轉依才會成功。可是，那一些大師們一個個號稱證得無所得法，但他們的所說所行都在有所得法上面用心，所以道業不能成就。那麼跟著他們學的徒眾們，同樣會把有所得法的離念靈知當作是無所得法。

他們的無所得法是怎麼說的呢？譬如說：「我打坐的時候，心中都一念不生，雷聲打得再大聲，閃電距離再怎麼近，我都不管它，因爲我都是住在無所得當中。我如果出門遇見了一切的事物，我也都不去分別，所以我是證得無所得法。」當代的大師們往往是這樣講的呵！可是他們都不知道自己弄錯了。當你問他：「請問你都不分別時，出門走路怎麼不會掉到水溝裡面去？」他說：「我看見了，就了了分明啊！可是我不必去分別啊！」你看：好笑不好笑？了了分明不就是分別完成了嗎？分別完成了還說他不分別。這就是現代佛門大師們的寫照。如果誰有空的話，閒著無聊，可以仿傚《儒林外史》，或者仿傚清代的《官場現形記》，就寫一部《佛門現形記》，把你與當代大師的對話寫出書來梓行，也可以救護眾生；大家讀了以後就說：「原來佛門大師會弄成那個樣子，問題就是出在這裡。喔！那我可不要跟著落到他們所墮的意識境界去。」眞正想要學佛的眾生不就被你救了嗎？因此也可以寫一部《佛門外史》。

所以說，他們落到有所得法裡面，自己卻都不知道，然後公開宣稱是無所得法；可是內行人一聽就知道，這是將有所得誤認作無所得。因此，他們所謂的無分別是什麼呢？只要沒有語言文字去作妄想思惟，那就自認爲是無分別了，因此他們認爲說：「**我對外面六塵了了分明，而我心中都沒有語言文字妄想在作分別，那就是證得無分別了。**」他就認爲那個離念靈知是無分別心。可是問題來了，如果他們的講法正確，那麼一切種智第三轉法輪的經典就得全部改寫；而且《阿含經》也得要全面改寫，因爲《阿含經》也有講到一些心所法，那是二乘人聽聞大乘第三轉法輪的經典以後去結集出來的。那五個「別境」心所法，到底是「了別」還是不「了別」？當然還是「了別」，因爲這五個心所法全都是了別境界的法，才會被稱爲「別境」的心所法。所以請問：他們心中沒有語言文字妄想的時候，眞的沒有那五個別境心所法嗎？還是有啊！那五個別境心所法是由哪個心相應的呢？是由意識心相應，顯然了了分明的時候就是分別；所以會分別的心就是有所得的心，因爲已經取外塵了，是藉著內相分去取外塵了；既然有取了，就是分別，怎麼可以叫作沒有分別、沒有所得呢？既然取了六塵，分別了六塵，那就是有所得了。所以，當代大師落到離念靈知意識心上，必須要有人去指點他們，才能使他們一步一步去思惟、去觀察，終於才能夠離開有所得法。眞悟者爲什麼說「無所得」呢？因爲是依如來藏境界而說；如來藏連色聲香味觸法都不去領受，更不會打妄想，因爲語言之道到不了祂的境界中——言語道斷，所以祂才是眞實的無所得法。我們再來看看宗門裡怎麼說無所得，《圓悟佛果禪師語錄》卷十三：

【古人云：「百尺竿頭作伎倆，未嶮；向衲衣下不明大事、失卻人身，始是嶮。」既如是，豈可不明心達本？一切萬緣一齊放下，棄卻知見解會，令教如木石瓦礫相似；及到大安穩休歇之地，然後一波纔動萬波隨，而初無動靜等相。蓋他得底人，終日以無所得心，修無所得行；行雖與人同，而常與人異。只爲此一片田地打揲得盡淨，一切會同、脫體無礙，豈是小了底事？直須用作事始得。】

克勤大師說：【古人這麼講：「打坐坐到純清絕頂、一念不生，這算是到了百尺竿頭；可是在這種百尺竿頭的境界，就是澄澄湛湛、一念不生、純清絕頂的當中去作伎倆，自以爲很了不起，那都還不算是眞正的危險。若是出家了以後，向這一件衲衣下面去參究，結果卻不明白出家所圖的大事，不明

白佛陀受生人間示現的一大因緣，沒有辦法明心而廣受供養，以致於來世失卻了人身，這個才是眞正的大危險。」】

這好像是恐嚇呵！眞的是恐嚇。佛門裡面恐嚇的事可多了，每天上五觀堂用齋時唸「食存五觀」就是在恐嚇你。想一想，「食存五觀」那些字句，不就在恐嚇你嗎？所以你如果去打禪三過堂，早齋、午齋「食存五觀」就是恐嚇出家人，逼著出家人一定要趕快實證佛法，要努力破參呀！這也眞的沒錯，因爲若是沒有正法的實證，又沒有正法可以利樂廣大施主，當然會失掉了很多的福德，所以出家人必須要努力，因爲出家人是「全缺應供」呀！如果進了中國禪宗，禪門裡是一日不作、一日不食，所欠的都是出家大眾的供養，倒還不是很嚴重，因爲自己也在其中作了事。如果是更早，在百丈之前，那時出家人並不耕作的，完全是「全缺應供」。就像玄沙禪師恐嚇說：「父母放汝出家，知識提攜教導，結果悟不出來，眼看著你們個個黑漫漫底，墨汁相似，自救尚不得，臘月三十來了，該怎麼辦？」這也是恐嚇呀！每天作晚課，誦到最後說「如救頭燃」；道業未辦，猶如頭上有一把火正在燒著，把頭髮都給燒了，都快要燒到頭皮了，可得要趕快救。這不都是恐嚇嗎？爲什麼要這樣呢？也就是說，既然你不是念佛求生極樂，你也不是學天台宗只是研究教義，進得禪宗來，最重要的不就是開悟明心嗎？眞得要弄清楚這件僧衣下的一件大事啊！所以 克勤大師說：「既然如此，怎麼可以不明心達本呢？」所以一定要明心通達那個本源。可是想要通達根本時，要怎麼作？首先是一切萬緣一起放下。

你們如果懂得這一段文字，就知道你們來正覺同修會有多麼幸福。古時候是這樣：一切萬緣一齊放下，把所有的知見解會都給丟了，就只是每天出坡一直工作；就把疑情輕輕掛著，一直作、一直作、一直作，作到突然間有一天就開悟了，古時候大多是這樣的。像我們這樣幫人開悟的祖師很少，古時候就只有一個雪峰義存禪師肯這樣爲人，另外一個就是大慧宗杲，也肯這樣費心思爲人；其他的禪師們都是叫你一直工作、一直工作，作到後來終於瞭解說：「可能師父是要我一面工作、一面參禪，妄想都不許打，就只許參禪。」所以一面工作一面參究，就是這樣。至於什麼時候可以開悟？師父就不管了。至於師父什麼時候會來給一個機鋒？眞的很難得。除非他眞的很護念你，才會偶爾給你機鋒。所以禪宗很多禪師，一生就只留下一件公案。

有一天，保福禪師走進廚房裡面問典座：「這個鍋子，闊多少？」那典座還不曉得保福禪師這是爲他，回答說：「和尚！您量量看啊！」於是保福禪師就以手比量那個鍋子，結果典座還說：「和尚！您別騙我了。」保福卻說：「**原來是你騙我**。」有時又從泥地上撿起一塊土遞給侍僧，叫他丟到門外去；但大部分禪師們一生就只留下一件公案，大部分時間都是要徒弟們一直工作、一直工作。克勤大師手頭也儉，少給人機鋒；他只教你「**一切萬緣一齊放下，棄卻知見解會**」，還得要像「**木石瓦礫相似**」，什麼都不許想，就只是努力作事。一面作事一面去參究，其他的什麼事情都不許想；作到有一天突然間就一念相應而開悟了，可是那個突然間的一念相應，也許已經是過了十年、二十年以後的事了。古時候禪師都是這樣，特地幫助人家短時間開悟，又有很多弟子開悟的禪師確實很少，就只有大慧與雪峰那麼二個人。

所以來到正覺修學以後，我們還辦禪三，從早到晚陪著你，想辦法把你弄出來，那是只有正覺同修會才有啦！如果是那些大山頭們，而他們也正好有這個法時，我告訴你：他們手頭會很儉。如果你不是大護法，一捐就是幾千萬元，我告訴你：甭想。我們可沒有要求你：明心五百萬元，見性兩千萬元。有沒有人被要求過？都沒有嘛！我們就是看你的菩薩性夠不夠。也有人沒錢，但是努力作義工，也能開悟的。所以說，古人出家求悟就是這樣子，他們參禪就是一直工作、一直工作，師父也難得有開示。至於你的悟緣什麼時候能夠到來？不知道！就是要把你一直磨，磨到對法有具足信心了，那一些惡劣的習性也不見了，然後讓你因緣成熟時自己開悟。想一想看，跟著和尚十年、二十年，一直作事然後才悟，那個性障要是還有的話，大概也所剩無幾了。所以這樣一來，和尚也好當；因爲弟子們不會有什麼大事情，性障都磨得差不多了，悟後大家都會相安無事。

如果我們也來個禪淨加長班，一開課就是十年才結束課程，才能開悟；我想十年下來，大概知見與功夫都可以了，性障也磨得差不多了。如果是十年磨下來，才讓他去打禪三明心，我想，你要叫他退轉也難。因爲這是很不容易才得到的：「你隨便叫我把祂否定掉，我可是花了十年工夫欸！」所以說，到底來到同修會，是想要讓人家把他刁難而拖長一點？還是要自重而不必拖很久就可以悟？得要自己考量一下。短短的兩、三年悟了不會退轉，那才叫作尊骨，不然都叫作賤骨。有的人就是要這樣，你非得要把他磨很久；

並且跟著師父學禪三十年了，師父表示有開悟，其實他自己也沒悟，就籠罩著徒弟說：「**你的開悟因緣還沒到。**」就這樣子，於是徒弟不知道眞相，也就死心塌地跟下去。因爲他想：「**師父這個法一定非常深，所以大家都悟不了，只有他可以悟。**」這眞是個好方法，使徒弟們都不懷疑。

可是古人是怎麼悟的？也就這樣子去悟，眞的不容易。往往是悟後才知道自己原來的師父根本沒悟。可是像這樣的時候，他悟了以後，「**一波纔動萬波隨**」，因爲他已是經過很長時間的思惟整理，然後才終於找到；探究的過程之中，把一切的虛妄法、有爲法，都不斷地思惟整理，都去觀行過了，當然智慧就能通透，這時候就是「**大安穩休歇之地**」。如來藏的境界才是大安穩之地，才是你眞正可以永遠休歇之地；因爲除此以外都是虛妄法，沒有一個法是可以讓你究竟依止的。三界中沒有任何一法可以像祂那樣作爲你永遠的依止，盡未來際。所以說，這樣得了這個法以後，智慧就開始湧現；智慧湧現出來了，「**一波纔動萬波隨**」，不論你從哪一個法下手去講佛法，都可以函蓋整個三乘菩提，也可以函蓋世間法。這時雖然是「**一波纔動萬波隨**」，然而「**初無動靜等相**」；無妨蘊處界不斷地動個不停，也無妨有空閒的時候上了蒲團靜坐不動、一念不生，但是這個動相靜相存在的時候，無妨同時也是離動靜的，那就是轉依了如來藏。所以從轉依成功的那個時候開始，就連一點點的動靜之相都沒有，但無妨動靜之相繼續存在。所以六祖打了神會，問他說：「我打你，是痛、還是不痛？」從這裡來看，當時的神會是該打不該打，也就知道了；所以不管神會說痛、說不痛，全都不對，因此他答了話以後，還是要被六祖訓斥一頓，因爲他那個時候落在意識心上。

爲什麼能夠說「一波纔動萬波隨」，卻從一開始就沒有動靜等相呢？是因爲這個得到了正法的人，他一天到晚都是用無所得心來修無所得行，所以悟後修行就應該這樣。悟了以後，一天到晚想說「我要怎麼樣、我要怎麼樣」，與別人爭個不停，那就不對了。所以悟後是以無所得心修無所得行，雖然表面上看起來，他跟人家的身口意行似乎是一樣的，但其實本質與常人是不相同的，這就是因爲把這一片心田打掃得非常的清淨了，一切法都匯歸到這個法上來，一切法都與如來藏是同體的。因爲這個緣故，所以「脫體無礙」，不再被一切諸法所拘束了，全體不再有障礙了！這難道是小小的了掉一件事情嗎？不是的，而是了掉生死大事了。

所以說悟了這個法，必須要有作用才可以，如果所悟的法是坐在那邊一念不生，不許有種種作用的，實相般若也沒有生起來，那就不對了。所以開悟不是悟個緣起性空，那些人把羅漢道當作成佛之道，把聲聞解脫道當作成佛之道，那是不對的。蘊處界的緣起性空不是佛法，而是羅漢法。只有親證可以出生蘊處界的眞如心，才是眞正的成佛之道。雖然羅漢法也函蓋在佛法中，它其實只是佛法中的一個小部分。再來看《黃檗山斷際禪師傳心法要》，是如何說這個無所得法的：

【即此本源清淨心，與衆生諸佛、世界山河，有相無相遍十方界，一切平等無彼我相。此本源清淨心，常自圓明遍照；世人不悟，只認見聞覺知爲心，爲見聞覺知所覆，所以不睹精明本體。但直下無心，本體自現，如大日輪昇於虛空，遍照十方更無障礙。故學道人唯認見聞覺知、施爲動作，空卻見聞覺知，即心路絕、無入處，但於見聞覺知處認本心。然本心不屬見聞覺知，亦不離見聞覺知；但莫於見聞覺知上起見解，亦莫於見聞覺知上動念，亦莫離見聞覺知覓心，亦莫捨見聞覺知取法；不即不離，不住不著，縱橫自在無非道場。】

看黃檗禪師講得稀鬆平常的樣子，開悟好像沒什麼困難；可是眞想要開悟，還眞的是難。但是這一些禪師的開示，學人還是得要有所瞭解，否則就會走錯路頭。走錯了路頭還打著他師父的旗號一直走下去，哪一天遇著眞悟的師父正好相見時，劈頭就一棒打下來：「**我的路頭不是你這一條，你怎麼扛著我的旗號走這一條路？**」這就是說，萬法本源的清淨心，祂跟眾生諸佛是平等的，沒有彼我之相；因爲諸佛同樣有這樣的一個第八識心，眾生也同樣是這樣一個第八識心；而山河大地也就是這一些有情共同變現出來的。所以山河大地存在的當下，就一定有這個本源清淨心存在。如果沒有這個本源清淨心，就不會有山河大地。有相法與無相法是遍十方界的，雖然有情還住在這裡，但是這個世界漸漸快要壞了，有情的如來藏又在別的地方共同開始變現了別的世界；等到這裡壞了，就會轉生到那邊去；所以山河世界與如來藏還是平等，還是沒有彼我之相。因此說，有相無相是遍十方界的，黃檗又說：一切都是平等，沒有彼相或我相。

而這個本源清淨心是恆常的自體，對一切法「**圓明遍照**」；換句話說，每一個有情的如來藏都是遍照各自五蘊中的諸法；你五蘊上面有多少的法，祂都是如實遍照。所以這個識別性就無法像意識那樣作很微細的了別，祂的識別性就與意識的識別性不同了，可是也因爲這樣子，永遠都有祂自己常而不斷的圓滿清楚的遍照諸法的功能。這表示說，清淨心、本源心是一直都存在的，可是世間人悟不了，都是認取見聞覺知心爲自心。由此可見，落到意識心上的狀況，不是現在末法時代才有，是古時就已經如此了；都是認見聞覺知爲自心，因此就被見聞覺知心所遮覆，都落到見聞覺知心上面。一旦認取見聞覺知的自己是眞心，就不可能再去找別的心，當然不可能找到眞心如來藏。一定得要先否定見聞覺知的自己，才會有可能去尋找別的心，看看是哪一個。所以被見聞覺知所遮覆了，就無法看見那個精明的本體了。這個本源清淨心非常的精明，你想要瞞祂，還眞瞞不了；祂雖然看來笨笨的，卻遠比那些修行成仙的妖精們都要厲害，誰都瞞不了祂。因爲你根本瞞不了祂，所以叫作精明。你所有的諸法都以祂爲體，不可能離祂而存在，都從祂裡面出生，所以說祂是本體。

「但」就是只要。黃檗說，只要「直下無心」，就是說只要把覺知心給否定了，不要落在覺知心裡面，你就可以找到這個本體了。那時候就好像大日輪升到虛空中一樣，可以遍照十方都無障礙，在這裡講的「十方」就是指諸法。日輪需要依什麼而住呢？它不需要，它就自己在虛空中運行。如來藏也是一樣，祂不需要依什麼而住，反而是所有的有情要依祂而住。如果你找到了萬法的本體時，從這個本體來看諸法，那就可以「遍照十方更無障礙」；因爲你可以觀察出來，十方世界一切有情的蘊處界都從祂而來。蘊處界出現了以後，種種心所法也從祂而來，然後萬法就從祂而來。《華嚴經》不是講「三界唯心」嗎？唯識諸經裡也是講萬法唯識嗎？確實全都從祂而來。

由於這個緣故，黃檗說：學道的人，大部分人都只認見聞覺知心的種種施爲、種種動作，都是落在表相上。認見聞覺知心的人最多，就是落入離念靈知。末法時代不論去到哪個道場裡，他們所謂的開悟境界都叫作離念靈知；大師們只是一味要求你一念不生，說：「你要放下，放下了，什麼煩惱都沒有，都不起妄想，那就是開悟了。」好了，等一下兒子來了：「老爸！我今年大三了，註冊費要三萬元。」好了，這下煩惱放不下，因爲口袋裡沒錢，心想得要去銀行提錢，動了念頭就是煩惱，這時候又變成沒有悟了。剛剛還有悟，現在忽然又沒悟了。像這樣子忽然有悟，忽然沒悟，是個生滅性的法，你要那個悟幹什麼？那叫作無常的悟，所以認見聞覺知都是錯誤的。

有的人大道場逛久了，他們會學一些表相；不然就是公案讀多了，也會學一些表相。譬如某甲禪師在禪床上坐著，外面來個某乙禪師，進來大喝一聲就走出去了；等一下又進來又大喝一聲，因此禪床上的禪師就下座，那個外面來的某乙禪師就爬上去坐了。當他坐定了，某甲禪師又一把將他抓下來，兩個人拉著手又上方丈室去密談了。於是有些聰明人就想：「**我知道了，反正就是來來去去，進前三步、退後三步，或者上座、下座。**」就認定是施為動作，因此又落入五陰中了。都不知道一個個都落到色陰、落到受想行陰去了，然後就說：「**禪師們是這樣子開悟，你怎麼可以說我這樣不是開悟？**」我偏偏就說他這樣不是開悟，因為不離動靜二邊。所以可見，野狐不是現在才有，而是古時候就有了，因此黃檗禪師已經講出來了：「認見聞覺知、認施為動作都錯了。」黃檗禪師接著開示說：「**可是你若說他錯了，他就趕快把施為動作給捨了，又把見聞覺知給捨了，結果變成心路絕、無入處，又墮入斷滅空了。**」結果是找來找去以後說：「**什麼都沒有啊！你竟然說這個也不對，那個也不對；那我找來找去，剩下的就只是這個見聞覺知。**」結果又回認見聞覺知，於是抱怨說：「我不管你怎麼說，我知道禪師都是刁難人；我明明是對的，你也跟我講悟錯了。反正我不管，我就認離念靈知就對了。」就變成這樣住在意識境界去了。所以說禪這個法，難死人了。

黃檗禪師這回不免老婆一些，他就說：「但是這個本心如來藏，祂不屬於見聞覺知，因為祂離見聞覺知，可是你也不能離開見聞覺知而找到祂，因為祂跟見聞覺知同在一起。」如果禪師說祂離見聞覺知，那麼學人就會開始打坐，打坐到後來把見聞覺知給滅了，有時是入定了，大多數人滅了見聞覺知是變成睡覺，變成在打瞌睡了。所以，大禪師指導別人打禪七的時候，他自己也在座上打呼。這事情你們聽過沒有？沒聽過啊？有人聽過呀！那人是從大陸來的，還蠻有名的；結果在打禪七的時候，大家突然聽到有人在打呼，心想：「是誰在打呼？」看來看去，原來是主七和尚，這可真是末法時代的絕妙好事呵！不過他打呼沒關係，他悟不了也沒關係；如果你的知見夠，你從他的打呼中去參究，你也是會開悟的；他悟不了，倒是你反而開悟了。

問題就是在你的知見對或不對，要一切法剷除盡淨才有辦法悟入，絕對不要落入五陰、十八界中。所以不能夠因為聽禪師說離見聞覺知，然後就去打坐；坐到離見聞覺知時，結果是睡著了，所以不能把見聞覺知給滅掉去求悟。我們出來弘法講了那麼多，以前喜饒根登那個附佛外道，還幫我登了頭版半版的彩色廣告，公然辱罵我說：「你說離見聞覺知，那你沒有見聞覺知時，你還怎麼寫書？你還怎麼說法？」還罵我這個說法。可是，我書上講得很白：「見聞覺知與離見聞覺知是同在的，用見聞覺知心來找到那個沒有見聞覺知的心。」我講的是這樣明白，他們還是讀不懂，所以還公開罵我離見聞覺知怎能寫書；那他們全都悟不了，當然是應該的。

黃檗禪師也這樣說：「本心雖然不屬見聞覺知，你卻不可以離開見聞覺知，不可以把見聞覺知給滅了；但是你也不可以在見聞覺知上去作文章，也不要在見聞覺知上面去起心動念說要把妄想給滅掉；也不可以離開見聞覺知要去找那個如來藏，因為沒有見聞覺知心時，你就沒有一個自我來找如來藏了。如果你想要證法，就不可以少掉見聞覺知來證法，因為能夠證得如來藏的是見聞覺知心。」若沒有見聞覺知，怎麼能證得如來藏？就好像說，你要去拿個東西，你說東西不是手，所以就把手捨了；手捨了以後，你要怎麼拿東西？你要拿的物品當然不是手，不可以把手當作物品，但是你也不可以把手捨了而想要拿到物品。手捨了，哪裡還有物品可以拿？同理，把見聞覺知捨了，哪裡還有如來藏能夠證？還有誰能證？所以，也不可以捨掉見聞覺知來取法。

如來藏與見聞覺知同在，所悟的那個心——本源心、清淨心，與見聞覺知心是「不即不離」的。然後黃檗又說：「不住不著。」當你找到了眞心如來藏以後，不要一天到晚說：「我要住在如來藏裡面。」根本就不需要。你不住也在如來藏裡面，也不必去執著：「我的這個如來藏，我要好好管帶；我要照顧好，別讓祂丟了。」祂不會丟掉，只有你死的時候祂把你丟了，你不可能丟掉祂，所以不必去執著祂。這樣子，從此五湖四海任你行；因爲五湖四海任你踏遍了，都還是這個如來藏，你根本就沒有離開過如來藏。能夠任意行走五湖四海了，請問：「那些大師們還能再正眼瞧你嗎？」不敢再正眼瞧你了。這時你可以開始走江湖了。

走江湖本來是禪門裡的話，就是到處行腳，遇江過江，遇湖過湖，這叫作走江湖，也就是到處去參訪善知識。以前參禪人，總是江西與湖南來來去去，因爲那時最有名的禪師就是江西的馬祖道一禪師，以及湖南的石頭希遷禪師；當時參禪人於江西與湖南間來往奔走，就稱爲走江湖。如今說的走江湖，變成王祿仔仙（台語）過江渡湖四處賣藥了，所以走江湖本來是禪門裡的話。言歸正傳，這個時候五湖四海任你行，從此以後可以自己封個別號叫作「任我行」，因爲你從此有武俠小說裡講的吸星大法了，不管是哪個道場，他們全都要怕你，害怕你吸了他們的所有功力。其實說穿了，他們本就沒有功力可以給你吸；但是你可以發明一個無星大法，就是送給他們正知正見，告訴他們：「不要把握自我，不要作自己；你們想要把握自己、想要作自己，就永遠把握不了自己，就永遠作不了自己。」好像是在跟他說相聲。

因爲他們都說要把握自己、要作自己，你就告訴他們：「正因爲你們要把握自己，所以你們把握不了自己；因爲你們想要作自己，所以你們就作不了自己。」他們就會問你：「爲什麼不能把握、不能作自己？」你就告訴他們：「因爲自己是假的，正是五陰假我，你們把握他幹什麼？自己既是假的，你們作自己是要幹什麼？當你們把自己推翻了，找到那個眞實的祂——背後那個常住不壞的法身佛，這時你們就有實相般若智慧了。當你們有了解脫慧、有了般若慧，這個功德出現了，然後你們死了以後到了中陰身時，你們就可以把握自己：『我決定要到哪裡去投胎，我決定要乘願再來利樂眾生。』那時別人都得要讓你們優先，那你們不就可以眞的作自己了嗎？因爲推翻了自己才可能作自己，推翻自己才能把握自己。」他們這時候聽了，覺得好像有道理，還不是很信受；也許再過個三、五年，他們終於想通了，才有可能信你。所以這個時候你有智慧了，你就是「任我行」：「縱橫自在無非道場。」等他們問你說：「請問：你是在哪個道場？」你就回答說：「我就在你這個道場啊！」

上一週講《金剛經》的〈無法可得分〉，理說的無所得內容講完了，現在接下來是宗說。無所得，既然是無法可得，這個道理學佛久了都知道；可是宗門裡面對於「無法可得」到底怎麼說？爲什麼是無法可得？請看補充資料。《宗門拈古彙集》卷三：

【須菩提巖中宴坐，諸天雨花讚歎。尊者問：「空中雨花讚歎，復是何人？云何讚歎？」曰：「我是梵天，敬重尊者善說般若。」尊者曰：「我於般若未曾說一字，汝云何讚歎？」曰：「如是，尊者無說，我乃無聞。無說無聞，

是眞說般若。」】

這個題目，一向是古來就有很多人懂得爲別人說明的一句話；更多的是懂得用這樣的道理來質疑善說法的善知識：「佛法既然無法可得，你講那麼多作什麼？」這是古今以來，許多眞悟的大善知識常常遇見的質疑。

古時佛世須菩提所經歷的故事也是如此。有一天，須菩提在山洞裡面宴坐，諸天就來散花供養他——從天上降下許多天華來供養須菩提尊者，讚歎他善於宴坐。當然這時候的須菩提已經不是吳下阿蒙了——不是第一次遇見維摩詰大士時單有聲聞法的智慧。須菩提尊者看見天上掉下很多的天華來供養他，就問：「這空中如雨一般降下天花來讚歎，到底是什麼人雨花呢？又是爲了什麼事情而來讚歎呢？」空中就有人回答說：「我是梵天，」梵天就是初禪天人，從初禪天以上的有情都是梵天；空中有人答他說：「我是梵天，我來雨花供養，是因爲很敬重須菩提尊者您很會講般若。」到底須菩提尊者巖中靜坐時有沒有演說般若？須菩提尊者明明知道這一點，他想要知道梵天是不是裝模作樣來雨花供養，或是眞的懂得般若而來雨花供養，所以就問梵天說：「我在般若上面不曾說過一個字，」意思是說：「我只是在這裡坐，沒有說過一個字。」然後接著問：「你爲什麼來讚歎？」梵天就答覆說：「正像您所說的這樣，尊者須菩提您沒有所說，而我也沒有聽聞。您沒說，我沒聞，這個沒說沒聞才是眞正的演說般若。」

所以，很多禪師他窮其一生都不願意當法師，他只願意當禪師；因爲禪師就這麼好當，進得堂來，上座之後，把前後左右所有弟子們都瞧一瞧，然後就下堂了。如果座下弟子追上方丈室去，請問說：「師父！您上堂時怎麼沒爲我們開示說法，就下座了？」師父就說：「你怎麼能怪我？」徒弟說：「爲什麼不能怪您？」師父說：「因爲你們請我來是當禪師，不是請我來當法師。」對師父而言，他已經說法完畢了；可是徒弟們如果機淺——他們的根機若是還很粗淺，自然就不懂得聞法了。其實禪師已經說法完畢了。

須菩提尊者也是一樣，他在山洞裡靜坐；如果學人的根機很勝妙，一見了須菩提坐在那邊，也就直接開悟般若了；如果根機粗淺就不曉得，只懂得說：「我看見須菩提尊者正在宴坐。」就只是這樣，沒辦法開悟的。所以上上根人見到須菩提尊者靜坐時就說：「須菩提尊者說法，說得太好了。」所以就要雨花供養。如果是一般底俗人，就說：「你梵天是個神經病，他在靜坐又沒有說法，你雨花供養他幹嘛呢？」所以這梵天看來是悟了。如果沒有悟的話，他一定不懂這個。不管須菩提只是入定去休息，或者眞的是在說法，這都不管；當梵天認定他已演說勝妙法時就是有說法了，梵天雨花及所說並沒有錯，甚至於乾脆敞明了說：「你沒有說法，我也沒有聽聞；沒有說也沒有聽聞，才是眞正在演說般若。」這種經文，從有台灣佛教以來，我沒看過哪個大師拿出來講解；他們都不敢講這個，因爲他們講的一向都是離念靈知、語言文字，從來就不能演說這個勝妙的眞正般若。可是眞說法時正是如此：一個人無說，另一個人無聞。這樣子，一場般若妙法就說完了。

如果前天我們在高雄演講時也這樣的話，那可就好笑了呵！外面來的初學者一定會罵說：「神經病！騙我來你們講堂，說是要演說什麼勝妙法；竟然上座去看一看大眾，隨即又下座走了，根本就沒說法，眞是神經病！」所以對初機學人根本不適合講這種深般若妙法，這種勝妙法只能有時候對你們偶爾講一下。哪一天我要是感冒了很不舒服，我就上來坐一下，選一首《金剛經》中的四句偈，我只要跟著張老師唸完了，然後就下座。但是爲什麼深般若竟然會是這樣說的？是因爲講了一大堆，根本沒有一個法可得；講了一塵以後，眞實法還是如來藏的言語道斷境界，根本無一法可說。

須菩提只要把如來藏示現了，他就是說法完畢了；梵天知道須菩提示現了如來藏，那就表示他已經聞法完畢了。可是須菩提所說的深般若妙法卻沒有一個字，連一個字都沒有；而梵天所聽聞的深般若妙法卻是無聞的，因爲如果有聞，那就落到言語之道中，已經落入意識裡面去了；也脫離不了識陰，其中絕對有耳識與意識。若是落在識陰裡面，那個法不外於常見外道境界，辛苦前來聽聞它幹嘛呢？那是常見外道法，是外道的神我、外道的梵我，都是離念靈知；那個法不足以讓人傾一生之精神去求它，也沒有令人發菩提心、行菩薩道的價值。從世間人的智慧而言，一定是勝妙的法，既無說，也無聞，讓世間人弄不懂的才叫作勝妙；如果世間人腦袋裡隨意思惟思惟就弄懂的，那就不是勝妙法了。所以有些大師懂得這一點，就自己亂編一套東西，講來講去自相矛盾，使大家都聽不懂，心裡就想：「**大師說的這個法，大家聽不懂，他一定是大師。**」講到最後到底是在講什麼？其實連大師自己都不懂，這樣就可以成爲大師了。

可是般若經講的道理，只是對悟緣尚未成熟的人，不能明說如來藏的密意，所以都從如來藏所表現的事相上面去說明。所以須菩提尊者說：「我沒有說過一個字，」我坐在這裡，一個字都沒講過，「爲什麼你讚歎我善於說法？」你看，梵天拿須菩提尊者來作文章，也成就了一段佛事。須菩提尊者其實本意並沒有想要說法，而梵天故意拿他來作文章，目的是要他世諦流布，要教訓當代的大眾：別老是落在識陰裡面，要懂得實證如來藏而發起實相般若。須菩提所說的如來藏，當他靜坐杜口時，其實連一個字都沒說，就已經說了。梵天聽聞須菩提說般若，聽聞了須菩提演說如來藏而顯示的般若眞義時，梵天其實連一個字也沒有聽到，這樣才是眞正的聽聞實相般若；雙方都不再落到離念靈知去，才是深般若的智慧境界，梵天雨花的本意是在這裡。當時梵天拿須菩提尊者來作文章，須菩提尊者絕對不能抗議的，他一定要隨喜。其實須菩提宴坐的時候，確實也是不說而說；須菩提自己也無法否認，這樣才是眞般若。所以如果所悟的心是有見聞覺知的，是語言之道可以來到祂心中的，那個心一定是錯悟而落入常見外道見中；實際理地，唯有無聞無說時，才是眞說法、眞聽法。

針對這個典故，雪竇重顯禪師評論說：【「**避喧求靜處，世未有其方。他**

在巖中宴座，也被者一隊漢塗汙；更有者老漢把不住問：『空中雨花讚歎，復是何人？』早見敗闕了也！『我重尊者善說般若』，惡水驀頭潑。又云：『我於般若未嘗說一字。』草裏走。『尊者無說，我乃無聞。』識甚好惡？總似者般底漢，何處有今日？」復召云：「大眾！雪竇幸是無事，你來者裏覓個甚麼碗？」以拄杖一時趁散。】（《宗門拈古彙集》卷三）

你看台灣俗諺講的「什麼碗糕」（台語），並不是現代台灣人才講的，而是古時候就有的語言。這是一千多年前，從河洛地區一直傳到福建又傳到台灣來的言語，所以是古來就有的言語。因爲雪竇禪師那個年代已是一千多年前的事了，那個年代河洛地區講的話，其實就是現在的台灣話，也是現在的閩南語。所以你如果讀公案時讀不懂，可以用閩南語去讀，有許多公案中的言語你就能讀懂了；若是單用現代北京話來讀，你要怎麼讀懂那些文字表義呢？只好想像而不能眞的讀懂。雪竇重顯大師說：「如果有人想要避開喧囂，想要求一個眞正安靜無聲的地方，世間其實沒有這樣的方法。」因爲不論到哪裡去，全都會有聲音。

如果有人不信，可以去找找看，看有沒有一個沒有聲音的地方。也許有人說：「老子有的是錢，我來用厚厚的鉛打造一個鉛室，然後把門縫用厚厚的橡皮鎖緊了，一定沒有聲音，住在裡面打坐最好。」但是我要質疑你：「眞的可以沒聲音嗎？」當你坐到那裡面去，鎖好了，你會聽到的是「砰砰、砰砰、砰砰⋯⋯」的心臟跳動聲音，那可吵了！本來在外面還沒有注意到這個聲音，現在住進去靜坐時「砰砰、砰砰、砰砰⋯⋯」，聲音好大。後來終於想一想：「不管它，我坐我的。」坐到後來還會發覺別的聲音：「呼、呼、呼⋯⋯。」原來這呼吸聲音也是蠻大的。所以我告訴你：人間沒有一個地方是無聲的，聲音都很大；只有比例大小，沒有一個地方是無聲的。

所以雪竇禪師沒有騙人，他講的是老實話。然後接著話題一轉，轉到須菩提尊者上面來了：「他在巖中山洞裡面靜坐，也被這一隊漢來塗汙。」哪一隊漢？當然是說那一群梵天眾。你看，梵天來供養須菩提，讚歎他無言說出勝妙法，還要遭雪竇重顯禪師罵，說他們「這一隊漢」。雪竇禪師說須菩提在巖中山洞裡宴坐，也被這一隊梵天漢子們來塗汙。本來坐得清清淨淨的，偏偏他們來打擾，這不就是塗汙了嗎？那時須菩提只好又用意識去回答梵天的供養與讚歎，正是被梵天塗汙了嘛！

接著雪竇禪師話鋒一轉，來個回馬槍，罵起須菩提來了：「更有這個老漢把不住，他雨花供養，干你什麼事？你就別理他，你坐你的就好了，偏要去問他：『空中雨花讚歎復是何人？』早見敗闕了也！」敗闕，應該用什麼名詞來講？「缺陷」還是不貼切，說「馬腳」還比較親切一點：「早見須菩提露出馬腳了。」爲什麼須菩提尊者問上這麼一句話，雪竇禪師就說他露出馬腳了？你得要有智慧一把抓住那隻馬腳，那你就通了般若，順著馬腳摸上去不就對了嗎？所以雪竇禪師才會說須菩提這時已經露出馬腳、露出敗闕了。然後梵天說：「我敬重尊者善說般若。」雪竇禪師評論說：「這也是惡水驀頭潑。」惡水，很容易被注意到；若是一般的清水，很多人被少量的清水濺到時，往往不在意。在禪宗裡面常常用到惡水，有時候我們改用餿水二字來說。惡水，現代人讀不懂，所以我們寫公案的時候就用餿水來講，大家就聽懂了。惡水就是那已經腐爛臭了的水，也許是臭水溝裡的水，都叫作惡水；有時說很冰冷的水，或者說很燙的水，也都可以叫作惡水；但最主要的說法，是說那水已經腐敗了、臭了。大梵天們說：「我敬重尊者善說般若，所以雨花供養。」這其實等於就是把家裡面的東西都送給你了，都呈現出來了，其實多此一舉，這叫作「惡水驀頭潑」。

然後，須菩提又回答說：「我於般若未嘗說一個字。」早就已經落草了，早是站在深而濃密底草地裡分明說出來了，那眞的是夠老婆了。在陽關道上走，不是很好走嗎？他爲什麼偏要往草叢裡去走？只因爲老婆心切。他如果很平常地走在他的陽關大道上，你想要知道他的意思可就難了；但他就是很老婆爲人，所以即使是雜草、草叢裡面，他也肯走，眞的是太慈悲了，所以雪竇禪師讚歎須菩提「草裡走」。禪宗裡面講話，很多人讀不懂。現代的人都是讀學校裡的《國文》，或者是寥寥幾篇《古文觀止》，或是讀新詩、《唐詩三百首》等等；讀多的人，大不了寫寫詩詞；可是不論詩詞寫得多好，禪宗裡面的說話，他們也都依舊不懂。禪宗裡的說話，有時候看來是在罵人，其實是讚歎人。譬如禪三的時候過堂，有的人有點體會了，我就當眾說他「有一點屎尿味了」。屎尿味，有的人聽不懂，往往誤會我，心想：「老師怎麼罵我？我又沒作錯事。」其實這不是罵，這是讚歎的話，用罵人來讚歎人。在這一段文字裡也是一樣：「被這一隊漢塗汙」，其實是說這一隊梵天下來的漢子們，已經把須菩提所悟的東西給顯示出來了！所以這句罵人的文字，並不是罵那些梵天眾，反而是讚歎那些梵天眾。

然後須菩提開口問：「空中雨花讚歎，復是何人？」雪竇卻又指說須菩提：「這個老漢把不住。」把不住，是說他忍不住要回應那些梵天眾，所以挨了雪竇的罵；但他回應梵天們，一樣還是這個東西。你看，須菩提竟然被罵是「把不住」，這雪竇禪師也眞會罵人；人家說罵人不帶髒字，他可是讚歎人時偏用髒字。然後梵天們就讚歎須菩提說：「我敬重尊者善說般若。」雪竇禪師其實是讚歎梵天善於說法，結果卻說是「惡水驀頭潑」。這意思是說，梵天這一句讚歎的話，就已經把如來藏的密意給說了！如果證悟的機緣成熟了，聽他們讚歎的這一句也就悟了。很玄呵？眞是奇怪了！講個一句話、兩句話，就說人家可以悟了，就說可以幫人開悟，眞的好玄。確實也是玄，可是玄之又玄的般若妙義，後來眞悟時可就不玄了；等你破參了，對你而言可就一點都不玄。所以，哪一天你要是悟了，你也會認同雪竇說的：「眞是惡水驀頭潑。」那我就問你說：「你到底是見個什麼，這麼讚歎？」也許你倒是用我的話來回我說：「果皮三、兩片。」也許你又自己新發明說：「狗皮膏藥一付。」也是回了我的家裡話。

然後須菩提答道：「我於般若未嘗說一字。」這其實是老婆心切，眞的是老婆！已經是一而再，再而三，三而四了！因爲太老婆，所以雪竇禪師說他是「草裡走」。草裡走，不是罵他落草爲寇一類的意思。以前有個悟錯的人註解公案，亂寫一場說：「草裡走，就是準備要去當草寇。」眞的讓我啞口無言，也只能搖頭啦！什麼都不能再講了，因爲層次眞的差太多了，教我如何說？梵天眾接著說：「尊者無說，我乃無聞。」雪竇這時嫌他們講得太囉嗦了，乾脆就罵起來：「識甚好惡？」罵他們何曾懂得什麼好、惡？什麼是好，什麼是不好，他們又有誰懂得？這眞是罵盡天下人，把須菩提、梵天眾跟天下人，只一句話，總罵盡了。

雪竇又接著說：「如果大家全都像他們這樣的話，如果禪門裡所有的漢子們，全都像這般的話，禪宗門庭如何可能像今天這樣子？」也就是說，他那些徒弟們，他都不滿意。雪竇罵那些徒弟們說：「你們如果都像這一隊漢子們，」也就是罵他的徒弟們，「如果每一個人都像梵天眾跟須菩提這樣對話，如果都是像他們一樣的漢子，何必還有今天的你們得要站在下面聽我說法？」因爲古時候晚上普說時，恭聽禪師說法，個個都沒有位子可以坐，全都得要地上站著聽。這是古來的慣例，所以聽普說時，每一個人都要站著，沒有誰可以有資格坐著聽。所以雪竇禪師罵他的弟子們：「每個人如果都是像梵天與須菩提這樣的漢子，哪還有什麼原因會像你們今天一樣，還要站在下面聽話？」講完了，雪竇禪師就呼喚：「大眾！」很大聲地呼喚。呼喚完了，大眾免不了要應「諾」。因為和尚呼喚時，大眾不可不應；所以他喚：「大眾！」當然大家就要應「諾」，以現在的話叫作「有！」雪竇禪師又說：「我雪竇好在是沒什麼事情，晚上就陪你們一番，但你們來我這裡是要找個什麼碗？」這一講完，拿起拄杖就趕人，把徒眾們一直打，就這樣把一堆人都趕出法堂散了。

這裡面都是有文章的，禪師們一言一語、一舉手一投足，都有為人處；甚至於禪師們不說一言一語，也不舉手投足，也有為人處，那就看來者是什麼漢。若是好漢，既不舉手投足，也不說一言一語，只是默默地看著他，那好漢就該悟了。如果要一舉手一投足，要一言一語來幫忙才能悟，這已是中等漢子。如果棍子打了還悟不了，這個人自救不了了。如果棍子眞的打上身了，每天打上一棍，連打三天還悟不了，這個人該下地獄了，因為他辜負了禪師的深恩厚德。古來禪師度人就是要度這樣的根器，所以他們不像阿彌陀佛三根普被，他們只要度上上根器。所以有的禪師一世度人只是打鼓，每一次到了晚上普說，就打鼓上堂，甚至有的禪師還故意打花鼓。

有個禪師很有名，每一次人家來請法：「**如何是佛法大意？**」他都用拄杖打。這是哪一位禪師，大家都知道。所以禪師這一招很妙，因此一根拄杖（拄杖就是拐杖，不過拐杖是彎的，有一個彎的把手，拄杖則是直的，比較短）；他把一根拄杖，有時當作殺人刀用，有時當作活人劍用；有時作賞棒用，有時作罰棒用；有時拿來當金剛王寶劍，有時卻拿來當探竿影草；用途總都不定，可以這樣千變萬化來用，都因爲悟得這個如來藏。所以在以前還沒有悟時，縱使你練得孫悟空的火眼金睛，看書本時能夠看透紙背，還是讀不懂《金剛經》；然而一旦破參了，火眼金睛可也用不著，什麼眼都用不著，把經文請出來一看就懂了。爲什麼能懂呢？爲什麼悟後《金剛經》就能讀懂？就是因爲你找到「此經」了，也就是找到金剛心如來藏了，就有慧眼。

所以禪宗這一著子很厲害，因此眞悟了以後可以有各種門庭施設。所以你看禪宗的門庭施設廣有萬千，一個人悟了，師父讓他出去開山時，他就自己施設一種門庭。各人都有各自不同的門庭，有的一進門來，禪師就說：「現成公案。」立刻就把門關起來，不理你了。每天進來方丈室問訊，禪師就說：「現成公案。」隨即關門，又不甩你了。有的禪師則是徒弟一進來，他舉杖就打。有的是一進來就喝，有的禪師則是每天等徒弟一進來，就分派工作，永遠有作不完的工作。所以禪師們的門庭施設非常多，但是簡單地說，萬變不離其宗，都是在這個如來藏上用心，只是看當事人相應不相應而已。

你看，雪竇重顯禪師兩度罵了須菩提，兩度罵了梵天，最後呼喚：「大眾！」然後說：「我雪竇幸是無事，你來這裡覓個什麼碗？」用拄杖一時趁散。趁散，趁就是一面打一面趕，也就是下法座以後用打人的方式趕人散去。這時候，他自己不也一樣「草裡走」嗎？還罵別人呢！老實說，他還不只像須菩提草裡走而已，他簡直是荒山亂野到處走了，他可是比梵天眾與須菩提都要老婆。

很有趣呵！可是禪宗這個有趣，其實是很嚴肅的，是非常嚴肅底事情。如果弄不通這些禪師們在搞什麼，對這些公案可就越讀越不是滋味：「我研究佛法幾十年，我遊心法海六十年、七十年了，竟然會讀不懂，這根本就是無頭公案。」可是等你找到了如來藏，你卻能對他說明這個公案：頭在哪裡，肚子在哪裡，尾巴在哪裡；告訴他說：「禪宗公案全部都是有頭有尾。」禪師所有的現成公案全都可以了掉，不會再留著半個公案在那邊埋沒人。所以中國禪宗公案，每一件都是有頭有尾，沒有無頭底公案。這樣普說完了，諸位可就知道雪竇重顯恁麼老婆；可是卻有許多人還沒有看見雪竇禪師到底在哪裡，那我們就再來看看究竟阿哪個是無所得心？《古尊宿語錄》卷九：

【石門山慈照禪師　僧問：「大悲千手眼，爲什麼在此？」師云：「見箇什麼？」云：「恁麼則千百億化身。」師云：「且領前話。」乃云：「上來、下去，爲什麼事？若有所得，埋沒諸兄弟。若無所得，圖箇什麼？得與不得且置，如何是見前妙用底事？」良久，云：「雲覆千山不露頂，雨滴街前漸漸深。」歸堂。】

這石門山的慈照禪師，有僧人問他：「**大慈大悲千手千眼，爲什麼卻在這裡？**」這是在指什麼？如果是會外的人聽了或讀了這一句，他們一定會說：「**這是說觀世音菩薩啊！**」錯會了！其實你們每個人身中都有一個大悲千手眼，還眞找不到有誰比祂對你更慈悲，還眞找不到一個人比祂更能夠瞭解你；祂眞的千手照顧你，千眼在看著你，確實如此欸！有人也許想：「奇怪！你前面不是說祂沒有眼睛嗎？爲什麼這時又說是千眼了？前面不是說祂無形無色嗎？怎麼這會兒又變成千手了？」祂雖然無眼，卻都時時看著你喔！這才厲害。祂無手，可是祂一直在幫助你；祂照顧你，比千手觀音照顧你更周到，所以祂眞的是千手。

那僧人就用這個道理來問：「既然是大悲千手眼，可是爲什麼還在這裡？」因爲正在凡夫身上。他就是覺得很奇怪：既然是大悲千手眼，爲什麼會在凡夫身上？竟然還在這裡？爲什麼不像千手觀音那樣，不必淪落在人間？那僧人問得也有道理。可是有時候人家悟了，故意來師父面前，要讓師父知道說他悟了，也會故意這樣問。因爲你若沒有這樣問，師父沒機會來勘驗你，就沒機會給你個金剛寶印，所以故意上來這樣問。所以慈照禪師就問他說：「看到了什麼？」當然要勘驗他：「到底你看到了什麼？」因爲公案有寫，勘驗的時候都會說：「你看見了什麼？」所以有很多人就想：「喔！找到了如來藏時，因爲如來藏無形無色，可是又可以看見，那大概是一個很透明的圓圈圈一樣。」以前就有人這樣告訴我說：「老師，我找到了，那個圓圓的、透明的，那到底是不是？」我說：「你認爲是不是？」我就不告訴他「是」、「不是」。

師父問他說：「你看見個什麼？」這個僧人就說：「如果是這樣的話，那就是千百億化身了。」諸位破參者，問問你們：「這個僧人到底悟了沒？」他這話其實只是亂答一通。有的人以爲說：「禪宗裡面的公案，就是問答都不合規矩，亂答都不合常理，那就是禪。」眞的是慘！誤以爲亂答一通就是禪，其實眞的不懂禪，越答就越慘，因爲無明遮障會越來越重。所以僧人回答說：「恁麼則千百億化身。」那他到底見個什麼？師父的話，他根本沒有回答，於是師父勘驗他：「你看見個什麼？」結果他並沒有把他的所見答出來，所以慈照禪師就提示說：「且領前話。」意思是說：「你要領納我前面那一句話。」也就是說：「我剛才問你的，你還沒有答。」這個僧人沒辦法答，所以慈照禪師接著就說：「你上來我這裡，待會又下去，到底是爲了什麼事情？如果你說的是有所得法，我用有所得法來幫你印證，那我就是埋沒了兄弟你。反過來說，如果禪宗這個開悟，悟了以後全無所得，那你來我這裡又圖個什麼？」意思就是說，不能說無所得，也不能說有所得；說「無所得」

是爲那些執著諸法、執著蘊處界的人說的，要告訴他們其實都無所得，把他們粘與縛解除掉。可是如果悟了以後，還是沒有智慧，那你來求禪宗的開悟，又是圖個什麼？悟了以後一定是要有智慧，否則的話，那麼辛苦來求悟幹嘛呢？

尤其是古人，古人去禮拜禪師求悟，沒個十年、八年是不可能的；更多的是老了、死了，抱憾而終，因爲古時禪師們都是不隨便放手的。所以那很有名的香林澄遠禪師在雲門座下求法，雲門對他還特別好，讓他當侍者。他每天早上端了茶上來以後，禪師喝了茶，他就站在旁邊侍候著，於是雲門就喚：「遠侍者！」這遠禪師就答：「諾！」禪師就問他：「是什麼？」如此連續問了幾年呢？總共連續問了十八年，他才開悟。所以你們眞的很幸福，可千萬別像人家講的：人在福中不知福。

這僧人自以爲悟，然而他上來請法時，禪師告訴他說：禪不是完全無所得，因爲有智慧生起；可是也沒有所得，因爲所悟底金剛心是自己本來就有的，不是從自己身心以外來的，是你自家的；所以說既不是無所得，也不是有所得。如果是完全無所得——悟後都沒有實相智慧生起，那你來找禪師是幹什麼？到底又是圖個什麼？禪師又不是他的老爸，每天來找他幹什麼？禪師也不是他的老婆，他每天找禪師幹什麼？禪師也不是他的女朋友，那麼辛苦跟著禪師一輩子幹什麼？那麼究竟是圖個什麼？就是圖個智慧，所以也不能夠說完全無所得。因爲悟了就有智慧生起了，了知法界的實相了，也可以知道無餘涅槃中的境界相是什麼，雖然祂是無相的。

然後，慈照禪師就說：「**算了，有所得、無所得，先不談它，**」先把它放著，「**那麼如何是見前妙用底事？**」每一個人都有現前妙用底事，這個現前妙用底事到底是什麼？總歸一句話，還是要勘驗他。他既然敢上來以質問的語氣說：「**大悲千手眼，爲什麼卻在此？**」講到最後當然還是要繼續勘驗他：如何是現前妙用底事？這個「見」字，古時候是通現在的「現」。「**如何是見前妙用底事？**」這個僧人還是答不出來，不知道該怎麼辦，就杵在那邊了。慈照禪師也好整以暇，在那邊等等看。就像禪三小參，有的時候我就雙手交抱著等待；我有時候會等上一分鐘，聽他答話，你們有些人遇過這種情況嘛！慈照禪師等了一會，看那個徒弟眞的不會，於是開示說：「**雲覆千山不露頂，雨滴街前漸漸深。**」然後他就走了。

到底他在講什麼呢？有智慧的人一聽就知道了；沒智慧又想要籠罩人，就會瞎說一場。有一位大法師很好笑，他說：「禪師回答話，其實很單純，沒什麼奇妙；他就是最後看見什麼東西，就拿那個東西告訴你。」他如果遇見了克勤大師，早就挨棒了，因爲他根本弄不懂。人家來問：「如何是佛法大意？」雲門禪師說：「胡餅。」大法師解釋說：「就是因爲剛好正在吃胡餅，所以就答胡餅。」廢話！這還要他講，禪師當然隨便拈個東西就告訴你，可是他答的其實不是胡餅。那大法師的說法叫作什麼？叫作依文解義，當然免不了三世佛怨。

從慈照禪師這二句話的字面上來看，他在講什麼？是說：「很濃厚的雲飄過來，把一千座的山都給蓋住了，所以那些山都看不見頂；而這些雨常常滴在街前，」因爲古時候沒有柏油路、水泥路，大多是泥土路，「雨滴街前而順著屋簷滴下來時，常常被滴到的同一些地方就越來越深。」所以叫作「雨滴街前漸漸深」。這一句，我又聯想起一件事來。我以前沒像現在這麼忙，比較有時間睡覺；那時睡覺前，我就把眼睛閉起來看一看，看我能夠多看到一些什麼古時的事情；我最常看到的一幕就是常州城門剛進來有一條街，那街上有打鐵鋪，也有包子鋪，什麼鋪子都有，每一家鋪子前面都有個雨簷；然後每次看見同一幕景像時，都是站在那個雨簷下，看著城門，兩旁有店鋪，雨下久了，雨簷下的泥土地上就是一排小小的水洞。有時想要多看一些別的事情，眞的好奇怪，怎麼不常常跟我換別的景色呢？當時覺得好討厭！這幾年來可都沒時間去看，因爲連睡覺休養的時間都不夠了。慈照禪師說：「雲覆千山不露頂，雨滴街前漸漸深。」他這時有沒有爲這個僧人指示悟處？有！早就全體顯現了，只是難會。甚至有人找到了如來藏，都還在問我說：「老師！我雖然悟了，可是你那句『果皮三、兩片』，我還是不懂。」然後我就說：「你再問一遍。」他就問，我就再答他一遍：「果皮三、兩片。」他就懂了！眞奇怪呵！可是其實都不奇怪。

這就是說，禪門這個東西，它正是大乘佛法的入門。如果沒有經過這一著子去悟入，大乘佛法是永遠進不了門的。然而就只要禪宗這麼一著子通過了，回來以後公案也懂了，《金剛經》也懂了；《大般若經》六百卷請出來讀，也能讀懂，就是這麼奇怪。怪不得　世尊當年要弄一些教外別傳底公案，後來禪宗祖師們也只是學來變著用而已。你們看般若經裡面有多少公案？甚至於阿含諸經裡面也有不少公案，可是那些定性聲聞的阿羅漢們結集四阿含的時候，竟然都不懂。往南方傳的《尼柯耶》裡面也有公案，才眞奇怪呵！其實不奇怪，因爲那些不迴心的阿羅漢們始終都跟在 世尊身旁，都聽過 世尊講解大乘法，也見過 世尊的教外別傳，因此記錄了下來，那就是二乘諸經中記載的禪宗公案。

那些公案本來不是他們想要結集的，後來又有人說：「**我親承佛聞，有這麼一件事情，內容是如何、如何……。**」他們陸續講了出來，對二乘菩提的弘傳是有幫助的；好吧，那就增加這一部經。有人又講了另一個經典內容，於是又增加一部經；就這樣增到了十部時，又有人講出 世尊所說的另一部經，於是再從頭開始，又再「增一」，所以才叫作《增壹阿含經》。所以《增壹阿含經》本來不是他們預定要結集的，是因爲 佛所說的法太多了；第一結集時的五百位定性聲聞人與許多大菩薩們同時聽聞到了，所以五百聲聞之中就有很多人把他們各自聽到的不同經典誦出來，於是就把它們結集下來，最後就變成《增壹阿含經》。說穿了，《增壹阿含經》本來就是大乘經，只是被聲聞人結集起來變成聲聞解脫道的經典，大乘法教的內容就不見了，因爲他們聽不懂而記不住大乘法的內容，好可惜！不過沒關係，文殊菩薩隨後又找了阿難等人，在七葉窟外再辦個千人大結集，就把大乘經典給結集出來了。

言歸正傳，到底慈照禪師爲這僧講出佛法了沒有？講了！可是這個僧人不懂，因此慈照禪師就特別老婆爲他再開示（他眞的也是草裡走，今天這幾個禪師都是草裡走），他就歸堂去了——走向草裡去了。奇怪！他歸堂去，不理這僧人，我怎麼可以說他是往草裡走？哪一天慈照禪師上門來：「**你蕭平實爲什麼說我草裡走？**」我就當場放一掌給他：「**咱家也跟著你草裡走。**」

這段公案還有後文：【**問：「請師指示箇修行路。」**】這是不是閩南話？對嘛，你用河洛話讀都通。【**師云：「殺人放火。」云：「彼此修行，爲什麼卻如此？」師云：「果然不修行。」**】

禪師眞的很幽默呵！其實不是幽默。有的人就是一板一眼，從來都是讀課內的書本，從來不讀課外讀物；所以不只是品性很好，而且學業都是數一數二的。但我這個人從小就不想當學生，只是莫名其妙地尋找，也不曉得我要找個什麼東西；那時候根本就沒佛法可以聽聞，於是我就這樣掛在心裡面，心中總是覺得我想要找個什麼，所以課內的讀物我都不讀，老愛讀人家覺得沒有用的方外書籍。上課的時候，數學課本裡面夾著一本課外的書籍；那時候，三教九流，我什麼書都讀，所以我沒有想要眞的當學生。學生是要學著長大以後要怎麼生活，將來出了學校進入社會該怎麼謀生，你得要學習；若是不學習，出了學校進入社會，就無法生存，所以在學校時要學這些世間法，就叫作學生，眞的很貼切。可是我這個人從來不讀課本，期末考都是要補考的；我畢業考時也是補考，我補考數學其實也不可能通過，不過數學老師心腸好，看我根本就不可能畢業，心想：「哎呀！好可憐！都不會。算了，給你六十分啦！」可是如果弄到這些課業外的東西，那些老師們可就各個都不如我。所以我這個怪人不當學生，如今才知道原來是想要學死——不受後有；但是正因爲如此，所以這些佛法我後來自然會懂。

這個僧人上來求法：「請師父指示一個修行的路給我。」沒想到師父竟然告訴他說：「殺人，放火。」如果是一板一眼的徒弟，該怎麼辦？糟了！天下大亂了。當然這個徒弟知道師父說的一定不是字面上的道理，可是明明師父就是這樣指示的呀！那該怎麼辦？他眞的不懂師父的言外之意，只好又提出來請問：「師父！您跟我都是修行人，爲什麼要殺人放火？」沒想到慈照禪師回話說：「果然你不是修行人。」

如果以慈照禪師這樣來講的話，我看那四大山頭大法師們各個都不是修行人了！因爲你如果告訴他們說：「師父，你懂禪嗎？」他們反問你說：「你懂嗎？」那時你就告訴他們說：「殺人、放火。」他們鐵定要罵你，那你就告訴他們說：「你們果然都不是修行人。」因爲他們眞的不是修行人。那他們如果問你說：「你爲何這麼說？」你就說：「等你哪天見了慈照禪師，你就懂了。」「哪位慈照禪師？」（這時平實導師大聲地說：）「慈照啊！」這才是眞正的宗門妙法。所以宗門的法不可小看，我能有今天這些講不完底智慧，都靠宗門下這一著子，然後就把往世的智慧逐漸回復起來。然而有些人一天到晚在罵中國禪宗：「禪宗就是眞常唯心啊！常見外道啊！」但他們何曾懂禪宗？眞懂了禪宗就可以四通八達，然後《金剛經》等般若部的經典義理也就通了。可是慈照禪師爲什麼說這僧人果然不修行呢？想要知道嗎？想啊？請諸位把耳朵拉長了，聽好：「殺人！放火！」

〈淨心行善分〉第二十三

【「復次，須菩提！是法平等，無有高下，是名阿耨多羅三藐三菩提。以無我、無人、無眾生、無壽者，修一切善法則得阿耨多羅三藐三菩提。須菩提！所言善法者，如來說非善法，是名善法。」】

講記：「然後還要知道的是，須菩提啊！這個法平等，在一切有情之間並沒有高下之分，這樣才能名爲無上正等正覺。因爲是沒有自我、沒有他人、沒有眾生、沒有壽命之相，如此修行一切善法的人，就可以得到無上正等正覺。須菩提啊！所說善法的意思，我釋迦如來說不是善法，才說是善法。」

「淨心行善」，我想諸位如果聽過人家講《金剛經》，一定都聽過：「你如果要修《金剛經》，就要把自己的心給清淨了，然後每天要行善。」一定都有人聽過，可是這跟《金剛經》講的「淨心行善」一樣嗎？從語句表面上看來是一樣的，並且人家還講得振振有辭、理直氣壯；不但講得理直氣壯，而且還把它寫在書裡面印出去，有幾百萬信眾在讀著。她怎麼說？她的大意是說：你只要把你的心給清淨了，每天都要行善，歡歡喜喜的去作；如果這一世都很歡喜去作，每天行善都沒有起煩惱，保持著歡喜心去作，那就是歡喜地了。依她這樣講的佛法，喔！眞棒！我看，慈濟裡面若說沒有一百萬人，大概也有十萬人早就證初地了！那麼她的信徒們心想自己都已經是初地菩薩了，接著這樣想一想：「那麼證嚴上人大概應該有十地的實證或者成佛了吧？」因爲她的座下最少有十萬人是初地了，她沒有當上十地怎麼可能？事實上她還有個很響亮的名銜，叫作宇宙大覺者，似乎是表明成佛了。

然而問題是，她那個所知所見可以當初地菩薩嗎？其實連聲聞初果都當不上。且不說她聲聞初果都當不上而不懂佛菩提道，諸阿羅漢連一個剛明心的菩薩所講的法都聽不懂了，而她講的那種初地竟然是連初果人都算不上，全都落在意識裡面，能當作是初地嗎？如果你哪一天拿這一品的經文去問她，她就會告訴你：「你看！我書裡寫的沒有錯，要用清淨心來行善。你每天都用清淨心在行善，你不是初地菩薩，那你算什麼？」她當然會這麼講：「因爲《金剛經》裡都有這樣講啊！」看來好像也對。所以對初機學佛人來講，相似佛法以及了義佛法之間是差不多的。然後再看每一個法也都差不多，到最後臨死的時候就說悟與沒悟也差不多，於是對於大妄語業都不害怕，死後就倒大楣了。你說，像她這樣的知見，要命不要命？眞的要命呵！所以相似佛法害人害得很慘。「淨心行善」可不是這個道理啊！「淨心行善」告訴你的那個淨心，是永遠的淨心，祂不是有時淨心有時染汙。當你找到了這個心——找到了「此經」，你一定會發覺：「原來我的這部經，祂是無量劫以來本就是清淨心；我要依止這個清淨心來行善才對，我怎麼可以用有時清淨有時不清淨的意識心來行善呢？否則我就無法用《金剛經》這一品來印證了。」這才是〈淨心行善分〉所要表達的眞義。

再回來看經文怎麼說。世尊說：「復次，須菩提！這個法平等，沒有高下的差別，這才能稱爲無上正等正覺。由於眞我如來藏的境界中沒有五蘊我、沒有五蘊人、沒有五蘊眾生、也沒有五蘊的壽者等法相，以這樣的現觀來修一切善法就可以得到無上正等正覺。須菩提！所說的善法，如來說並不是善法，這才能說是善法。」這時 世尊又重講了一遍《金剛經》的公式。所以，如果有哪個大法師聽說你被蕭平實印證開悟了，來問你：「如何是佛法大意？」你就告訴他：「不是佛法。」他說：「什麼叫作不是佛法？」你就說：「是名佛法。」同樣地，佛陀向須菩提說：「這個法平等。」一般人聽了就想：「《金剛經》講的法就是平等的法。」廢話！這不是依文解義了嗎？這個法很玄、很妙，不是從語言文字上依文解義的思惟所能理解的。如果你的根器夠利，當你聽到「是法平等」時就開悟了，單聽這四個字就夠你開悟實相般若了。

也許有人心裡面想：「我不太相信你蕭平實說的。搞不好，你是在籠罩我：明明你也是一樣不懂的，卻這樣子講得玄玄虛虛的，故意讓我聽不懂。」我當然要讓你聽不懂，如果讓你一聽就懂了，你還能相信《金剛經》這個法是很玄又很妙的法嗎？然而問題是，爲什麼那麼多人被我印證了以後，還會留下來繼續努力進修？這已證明這個法確實可以使人開悟而親證法界實相，也證明悟了以後還有許多深妙的實相妙法等著你悟後繼續進修。如果我是用籠罩的方法胡說一氣，能籠罩多久？且不說籠罩，就算眞的傳了法；我們以往也有人悟了，然後出去傳，我告訴他說：「既然我禁止不了你，你堅持要出去傳法，我跟你交代，你可千萬不要輕易放手；因爲你只有明心一法，後面的見性、牢關以及種智等等，你都沒得傳了；因爲你只有明心一個法，你若隨便放手，人家悟了就跟你一樣了，還會想要繼續跟你學習嗎？」他不聽我的勸，果然可想而知：眞的把法輕易傳了，結果還是無法攝受別人。更何況別人若是籠罩的說法，又如何能長久攝受學佛人？在我們正覺，你們看見會裡的親教師們、同修們，個個都像金毛獅子一樣能夠破邪顯正，爲什麼他們還願意留下來繼續爲大家努力？這事實顯示說：這不是籠罩人的。籠罩的事情都不離世間境界，還能夠籠罩這些有智慧的弘法者嗎？絕對不可能啦！就算三歲小孩子，最多跟他籠罩個半年，也就不被信受了。小孩子永遠都不能跟你拿到糖果，那你騙他說有糖果，不必半年他就不信了。

所以佛法的妙就在這裡，二乘法就沒辦法像這樣勝妙。要是眞正的上上根人，一聽到「是法平等，無有高下」就開悟了。你看，佛陀度一個外道，連一句話都沒有，那外道也悟了。外道來問 佛：「不問有言，不問無言。」佛陀踞坐默然，並無一言一語；過了一會，那外道很高興，趕快禮 佛讚歎：「感謝世尊大慈大悲，開我迷雲。」禮佛三拜之後歡喜的走了。阿難尊者那時候還沒有悟，站在 世尊身後，就請問說：「那外道來問法，世尊也沒有開示個什麼，爲什麼他就說世尊您大慈大悲打開他的迷雲，然後就作禮而去？」結果佛陀怎麼說呢？佛陀說：「就像世間最好的馬一樣，看見皮鞭的影子一揮，牠就開步走了，不必等到皮鞭打上身去。」換句話說，佛陀言外之意是說：「阿難！你得要皮鞭打了才能悟。」所以無門慧開禪師就拈了說：「阿難尊者宛不如外道。」當時他還眞的不如那個外道呢！

所以佛陀就只開示這麼一句話：「這個法平等，沒有高下，這就是無上正等正覺。」這樣看來，無上正等正覺是有因地的正覺，也有果地的正覺；是有理上的正覺，也是有悟後進修的正覺等差別；因爲你這個證悟是沒有其他的法可以取代的——無等等，既沒有其他的法可以取代，因地證悟以後直到究竟成佛時還是同一個勝妙心，這樣的開悟標的，才能叫作正等之心；所以般若的開悟永遠只有一種金剛心，沒有兩種、三種金剛心。那些凡夫大師們說什麼離念靈知也可以算開悟，說證得未到地定、證得初禪也可以算開悟；也有人主張說證得第四禪也算開悟，佛陀教人家證如來藏也算開悟；那麼開悟不就有六、七種了嗎？那可就不是絕待法，那已經叫作相待法了。實相法界是唯一的，是絕對待的；如果證得相待法也可以算是開悟，顯然法界的實相應該有很多種，那麼有情及世界的生住異滅的源頭就可以有很多種了，那麼冥性外道、極微外道、梵天外道……等，也都可以說是成佛了。

然而，法界的實相可能有很多種嗎？從聖教量、現量、比量上來看，永遠都不可能！能生萬法的祂，這個金剛心永遠就是只有一種；實相般若的開悟也只能有一種，所以我們書裡面說：「如果所悟的不是如來藏，那個開悟就是錯誤的。」這下把那些大法師們、把那些喇嘛們都惹毛了，一個個都恨我、恨得要死，因爲我等於一竹竿打翻一船人了。可是不管他們恨不恨我，法界的實相本就如此，總不能明知實相卻顧慮他們的名聞利養，而要求我演說虛假的佛法吧？所以「法」眞實只有一種，無二無三。

佛又解釋說：「由於沒有我相、沒有人相、沒有眾生相、沒有壽者相，這樣來修一切善法時，就可以得到無上正等正覺。」那些大師們以及密宗所有的喇嘛們，不論是自稱法王或沒有自稱法王的人，全都一樣，都是用離念靈知意識而想要修成佛道。那些喇嘛們更是臉不紅、氣不喘，大言不慚地說：「淫樂遍及全身而專心受樂時的離念靈知就是空性，就是佛心。」還說他們已經成就報身佛了，眞是笑死人了！離念靈知有沒有「我相」？有啊！因爲祂不管是在收人家供養的時候出現的很歡喜的「我相」，或者一一跟女信徒上床時的那個受樂心也是有「我相」，何曾是「無我相」？

喇嘛們每次看見別人漂亮的妻子時，總是色瞇瞇地瞧著；所以有一些世俗人常常就說：「那些喇嘛們的眼神都好怪。」有什麼好奇怪的呢？他們的教義就是規定要每天與女信徒（明妃、佛母）合修雙身法的，當然要每天尋找美麗的女信徒弄上床去修；因此他們本來就是色瞇瞇的，有什麼可以覺得奇怪的？不論是誰，都沒有辦法要求他們是正派的修行，因爲藏傳佛教密宗的法義打從一開始就是那樣教導的。所以如果愚癡人是跟隨著喇嘛們學法，卻要求喇嘛們看她們時眼光不要色瞇瞇的，那才是怪事！所以是密宗的那些徒弟們怪，是他們自己對密宗的教義認識不清楚，不是喇嘛們眼光怪。

事實上是女信徒們自己弄不清楚事實眞相嘛！是她們自己弄不清楚眞正的狀況啊！就好像有愚癡人去跟老虎商量說：「你身上的皮送給我，好不好？」情況完全一樣嘛！每天設法與女信徒樂空雙運，是喇嘛教的根本教義，不可能要求喇嘛們捨棄這種根本教義的；如果有密宗信徒要求喇嘛們捨棄與女信徒樂空雙運的教義，那不是與虎謀皮嗎？然而，喇嘛們與女信徒樂空雙運時的離念靈知，永遠都是有我相、有人相的；既是有我、有人，當然就有眾生，就有壽者，四相具足了。所以一旦性醜聞的案件一爆發，每一次事件裡的主角喇嘛就馬上走人了；因爲他們恐怕被台灣政府抓了判刑，不但要被關起來，還會使他們無法再來台灣騙財騙色，於是連夜走人，不敢留下來，這就是我相、壽者相啊！他們若是證得無相法，心裡根本不用怕，連夜走人是爲什麼？既然沒有四相，喇嘛何必走得那麼匆忙？

可是禪師們就不一樣了，如果皇帝老子不讓他弘法，卻要求禪師進去皇宮裡教皇帝證悟實相法，禪師絕對不肯：「**要命一條，要法沒有。**」所以被強制進了皇宮裡「供養」著，禪師卻總是給皇帝偏中去的機鋒，不給正中來的機鋒，讓皇帝一生都悟不了實相。禪師永遠都是這樣，因爲禪師不會接受皇帝的威脅而特地放水。不過禪師也很好收買，如果皇帝答應說：「**全國都開放給你去弘揚，可是你要叫我『皇上』，你要對皇帝自稱爲『臣下』。**」「**沒問題！要我叫你老爺爺都沒問題，我自稱『孫子』也可以，只要能讓我把正法繼續弘傳下去。**」禪師就是這樣子，全都因爲以蒼生爲念，不落在四相中，當凡夫皇帝的孫子也行。所以你若不讓我弘法，卻想要得我的法，門都沒有！

你若是生氣起來想要我的頭，我可以把頭送給你；想要我的法，門都沒有。如果護持我的正法，不必等你開口要求，我還自動要幫你證悟呢！你這個皇帝眞的是大護法啊！我不幫你，那我還去幫誰開悟呢？所以眞悟禪師根本不接受皇帝的威脅，只從正法的未來以及眾生的法身慧命去考量，因爲他心中沒有四相，不怕死。

可是離念靈知從來都在四相之中，從早上醒來的第三剎那開始，就已經具足四相了！第一剎那出現時是率爾初心，接下來第二剎那的離念靈知出現了，還是沒辦法作了別，等到第三剎那時就可以了別前兩個剎那的差異，於是認知到「**原來我醒了，原來我還在家裡**」，我相就出現了。所以離念靈知不可能離開四相，即使入了初禪、四禪等定境中，都還是有四相的。所以，要找到那個離開四相的心來修一切的善法，就一定可以得到因地以及將來果地的無上正等正覺。這意思擺明了說：凡是落在意識心裡頭，凡是用離念靈知來修一切善法時，所修的一切善法即不得無上正等正覺。這段經文反面的意思就是這樣：因爲是用沒有四相的心，用這個清淨心來修一切善法可以成就無上正等正覺；如果不是用這個本離四相的心來修一切善法，都只會成爲修集般若智慧的資糧，最多就只能成爲開悟實相前的加行，不可能成爲無上正等正覺。

可是　世尊話鋒一轉又說：「須菩提啊！修一切善法而想證得無上正等正覺時，你得記住：如來所說的這麼多善法，如來卻又說這都不是善法，這樣了知的時候才是眞的善法。」換句話說，離念靈知在修一切善法的時候都知道那是善法，即是「所說的善法，如來說全都不是善法」；而這個不是善法的「法」才是　如來所說的眞正的善法。那些自以爲開悟的人都落在離念靈知裡面，他們心裡面動了念頭的時候，也都知道自己動了念頭；也都知道這個念頭是好、是壞，他們心裡全都知道。既然已經知道那是善法，就不可能說它「不是善法」；如果沒有智慧而講不出「不是善法」的道理，就不是　如來說的「善法」了。如果是離四相的如來藏，你依如來藏的立場來修一切善法的時候，那些善法都不算是善法；因爲祂根本不分別那是善法或惡法，完全都不分別；所以依祂來說，所謂善法就不是善法；依如來藏的這種境界而現觀時所出生的實相智慧爲根據，來修學一切善法時才是　世尊所說的眞正的「善法」。

所以，世尊開示的「善法」是說，要依如來藏無境界的境界而不了知那個善法是善法，這樣來修集世間的各種善法時，就沒有想要獲得回報等等心行了，這樣才是無所執著的行善，才能稱爲眞正的善法。好了！用 世尊的這句話又可以罵人了！請問：「證嚴法師在修善法的時候，她知不知道那些善法是善法？」（眾答：知道。）喔！那她就不是眞的在修善法了，對不對？（有人答：對。）沒有錯啊！這是 佛講的道理。只要知道那個善法是善法時，那他所修的就不是眞正的善法，就是已經落入三界輪迴法則中的惡法。必須在修善法的時候，是依不知善法的如來藏心來修善法，這時所謂的善法就不是善法了；當如來藏心正在配合五陰而行善時，祂也不知道那是善事；當祂不知道那件善事是善事，能覺能知的意識心依這樣的現觀而修的善法，才是眞正的善法，這就是《金剛經》非一非異的公式。所以，凡是落在離念靈知心裡面知道那是善法，這樣而修善法時就不是佛法中的眞正究竟的善法，只是世間善法而已。所以，現在有個新的公式了：所言善法者，若知是善法，即非善法。這就是新《金剛經》公式，卻仍然不離原來的公式，只是加以衍伸而已，因爲這句話的言外之意就是這樣。

那麼到底這樣「淨心行善」的結果，是不是已經行了善？有沒有行了善？

（有人答：有行善。）有行善嗎？若有行善，就落到一邊去了。那到底有沒有行善？兩個都有嗎？嗄？不即也不離？因爲既有行善亦非行善，既在善法中也不在善法中，佛說這樣才是眞的善法。現在一定有人在想：「你這是在繞口令吧？」其實這不是繞口令，實相法眞的是如此。因爲五陰和合名爲眾生，可是五陰眾生身中都有個法身佛；這法身佛不了別善惡，祂跟著你一起在行善，但惡人的法身佛也跟著惡人一起在造惡，可是祂都不了別那是善或惡。所以你是菩薩，你行善法；當你修行善法時，你知道那是善法；當你行善的時候祂配合著你一起在行善，可是祂不了知那是善法；所以對你而言那是善法，對祂而言那不會是善法，因爲祂沒有善惡可說。所以如果你轉依了祂，你所知的善法對祂來說並非善法，因爲祂並不知道那是善法，所以名爲非善法；依祂的境界而確定爲非善法時，那才是眞正的善法。因爲這是覺知心背後的眞我「此經」完全沒有執著，是在眞如法性的境界當中去行善的，這樣便可以成就佛道，這才是實相佛法中所說的善法。

以知道是善法的心去行善，是落在五陰之中去行善，就不可能有實相智慧，一定同時具足我相、人相、眾生相、壽者相；這樣行善再怎麼久，即使這樣行善三大阿僧祇劫以後，還是不能成就佛道，所以不是佛菩提道中世尊所說的眞正善法。所以當你行善的時候，應當是「非善法、非非善法」。這就是說：既不是善法，也不是非善法，就是不即；當你行善的時候雖然不等於善法，但也不能夠說不是善法，因此也不離善法與非善法。所以成佛是在三界中成，不能夠到三界外去成佛；因爲到了三界外就沒有你，你五蘊都不存在了，還有你能夠成佛嗎？所以說諸佛大多不在天上示現成佛，因爲人間的法最具足。

講到這裡，經文中的眞義已經講過了，我們再來從理上說說看：彌勒菩薩頌曰：

【水陸同眞際，飛行體一如；法中無彼此，理上豈親疏？
自他分別遣，高下執情除；了斯平等性，咸共入無餘。】

彌勒菩薩這首頌，是專門爲這一品經文而寫的。菩薩說：「水裡面游的，路上行的各種有情，同樣都是這個眞際；乃至天空中飛行的有情，牠們的本體也是一樣。這個眞如在三界一切法中，從祂自己的法中來看一切法時，沒有彼與此可說；」也就是說，從眞如本際這個法的立場中來看，其實沒有彼也沒有此，沒有我也沒有你，因爲每一個有情自己眞際的體性都是相同的；「在這樣的眞實理上面來看，哪裡還會有親有疏可說呢？」以覺知心從事相上來看時才會有親疏的差別，所以依世間相來說：「這是我的老爸，這是我的女兒。」眞的有親疏啊！看到了別人時就說：「那個是外人，我不理他。」確實有親疏啊！可是如果從如來藏來看的話，根本沒有親疏；因爲你的如來藏都不會對你的老爸特別好或特別壞，也不會對你的女兒特別好或特別壞，一切人的如來藏都是如此；祂根本不分別，哪來的親疏可說呢？親見自己和別人的眞際如來藏時，證明確實是如此而轉依如來藏的實相境界時，相對於他人的那些分別就遣除了，所以說「自他分別遣」。

「高下執情除」，如果轉依了如來藏，自己與他人的分別就不存在了！從事相上來看都有分別，從理上的境界來看時就全都不會有分別，於是高下執著的情想也就除掉了。「了斯平等性，咸共入無餘」，依如來藏來看，地上那隻螞蟻的如來藏，跟你自己的如來藏是平等的，完全沒有高下差別，一樣是本來自性清淨涅槃，沒有絲毫差別。可是如果落到事相上來看，顯然是有差別的：牠是螞蟻，牠的所見遠近就只有這麼短的距離；我們人類可以看到好幾公里遠，牠就只看到那麼一點點遠近，這有高下差別。若是回到意識上面來看：我一腳就可以踩死牠，還不必一腳，只要一根指頭就夠了；所以覺得牠算不了什麼，而我這個「人」是萬物之靈，這就有高下差別了。可是你如果依如來藏的立場來看——從本來自性清淨涅槃的立場來看，就沒有高下的執著可說，依於高下執著而產生的那一種情緒就除掉了。如果能夠弄清楚實際上沒有高下可說，也願意把高下的情執滅除時，就看見一切有情全都平等；然後從這個平等性進一步觀察時，會發覺一切有情不論所住的世間境界高下如何，大家的眞際全都同樣是不生不滅的，就看見一切有情本來常住涅槃，那麼就看見大家都同樣不生不死，所知所見的一切有情就同樣都入於無餘涅槃中了。

也許有人想：「彌勒菩薩有沒有講錯？明明有情都還活著，並沒有壞滅五蘊而入無餘涅槃，怎麼又叫作同入無餘涅槃？」那麼我就要請問了：「阿羅漢入了無餘涅槃以後，是什麼境界？」（有人答：如來藏獨存的境界。）對嘛！正是如來藏的境界。如來藏本身就是涅槃，阿羅漢滅了自己而使他們的如來藏獨存，所以不生不死，還是如來藏的本來不生不死啊！當你悟了實相以後，發覺到自己從來沒有離開過如來藏以外，沒有接觸到如來藏以外的任何一事一物，因爲你所接觸的都是如來藏顯現的相分，何曾接觸到外法？從這樣現觀的境界來看，如來藏是涅槃，你活著沒死的時候也都住在如來藏裡面，那你當下不是住在無餘涅槃中嗎？是啊！所以悟了以後活著就是無餘涅槃，說得也通，事實上也是本來就如此。

佛道完成後具足的四種涅槃，其中的有餘、無餘涅槃，只是從事相上來講，是依五蘊來施設，只是爲不迴心的定性阿羅漢們來施設的，說要滅除三界執著與五蘊而證有餘涅槃，而入無餘涅槃。地後菩薩捨壽時都可以入無餘涅槃，因爲他們隨時都可以斷盡我執，只是留惑潤生而不入無餘涅槃，在入地前同樣要證得聲聞聖人的無餘涅槃；可是三賢位的菩薩們修的佛菩提卻與聲聞聖人不一樣，三賢位中證悟的菩薩可以大話不慚地說：「**我現在已經住在無餘涅槃裡面，雖然我還沒有斷盡我執。**」眞的講得通啊！這是從理上的實證智慧來說，不是像二乘菩提依五蘊滅除的事相施設來說涅槃。所以彌勒菩薩說菩薩悟了共入無餘涅槃，確實講得通。

但是印順法師說的「三乘同入無餘涅槃」卻講不通，因為二乘阿羅漢、緣覺入了無餘涅槃，根本就沒有入，他們的五蘊滅除而不存在了，何曾有阿羅漢、緣覺進入無餘涅槃中？是依他們的五蘊滅除而永不再受生，使他們的「此經」金剛心獨存，而說他們進入無餘涅槃了。但菩薩現觀「此經」獨存而無生無死，就是無餘涅槃；所以菩薩還沒有滅除五蘊進入無餘涅槃，就已經住在無餘涅槃境界中，卻還留著五蘊而不入無餘涅槃。因為無餘涅槃就是如來藏的境界，菩薩還有五蘊存在，而且看見自己的五蘊從來都生活在如來藏裡面，那麼菩薩不是已經住在無餘涅槃中了嗎？所以 彌勒菩薩說的沒錯。這就是菩薩道所證的佛法殊勝所在，正說、豎說、橫說、倒說都可以通，只是從不同方向來講同一個不生不死的境界而已。也許有人會問你說：「你們開悟了，怎麼還不入涅槃？」你就說：「笨蛋！我現在已經在涅槃中了，誰說沒入涅槃？」他如果根機很淺薄，就會辱罵你，那麼你就告訴他：「六十年後遇到了門裡人，請你把我們今天的對話講給他聽。」因為三十年後，對他而言時間太短，他還不可能遇到個家裡人，他還沒有那個福德，因為他連信根都還不具足。所以眞的是：「水陸同眞際，飛行體一如。」實相法界中確實是如此，彌勒菩薩並沒有騙我們。

講到這裡，要回到這一品的經文來說，悟後還是要有清淨心，要轉依如來藏的無所得、本來清淨的自性，而使意識自己變成清淨心，要這樣依於本來清淨的「此經」來行善，才能成就未來的無上正等正覺。不要落入有所得心、有期待心的意識覺知心境界去行善，落到意識境界的人才會認為有所得，才會有期待心，修上三大阿僧祇劫以後依舊是凡夫，不能成佛。所以落到意識境界的人，他們在度眾生的時候會要求徒弟們作一些事情，促使名聞利養增加，建造大寺院廣聚徒眾；所作的這些事都是對他們的世俗所得有利益，不是真的對徒弟們的道業有利益。他們都是有所期待的，所以不是「淨心行善」，而是染心行善。

你如果悟了，悟得真，轉依成功，將來在同修會中當親教師時，才不會心煩。如果悟得不真，假使哪一天我們開個方便門，讓一個落到離念靈知心的人來同修會裡面當親教師，他將會一直期待：有哪些學生要供養我什麼。沒想到同修會裡的親教師是不接受供養的，規定本來就是如此，所以學生們就不會供養錢財。於是他教了半年以後，心想：「哼！這些學生真的很儉，什麼禮數都不懂，竟然都不供養我。」不用一年，他就會辭職了，因爲他是以有所得心帶領大眾。由於他落在離念靈知、落在意識有所得心中，跟有所得法才會相應，那他在同修會中怎麼待得下去？

正覺同修會的親教師們都是不受供養的，沒有人敢去收一包紅包的，最多就是拿了紅包套子說：「你的恭敬供養，我心領了，錢就還給你。」眞的值得恭敬禮拜。所以弘法時一定要用永遠清淨的心、本來就清淨的心來利益眾生，不是用修行以後才轉變清淨的覺知心作爲所依來行善，因此行善的時候就不去理會那件善事是不是善法；覺知心明知道那是善法，可是還有另一個心，祂心中都無所得而且本自清淨，卻不了知這是善法，所以就依這個眞際不壞心而名爲「非善法」。這樣來行善而沒有善法可說，才能說是第一義諦中說的眞正行善，要這樣「淨心行善」無數劫以後才能次第成佛；如果不用這樣的淨心來行善，而是用能了知善法的覺知心爲主體來行善，就落入五蘊我等四相之中來行善，所行的都成爲世間善而不是與第一義諦相應的善，那麼將來就不能成佛。再來看看《禪宗決疑集》裡面有一段話這麼說：

【「欲得不招無間業，莫謗如來正法輪。」學人千萬仔細。若工夫上稍有

入處，會得箇昭昭靈靈常現在前，觸之不散、蕩之不失，又且不可認著；爾若認著這箇識神弄影者，以爲諦當事，反被他引入情識見中；我慢心高、不復前進，便即開大口、說大話，妄談般若。便道：「佛也只恁麼，祖也只恁麼。」又引經中「是法平等」一印印定，又云：「大悟不拘小節，此處無戒可持、無戒可破。」以此爲大乘境界，不覺不知墮入魔家眷屬，自誤誤人，豈不傷心者哉。】

這是《禪宗決疑集》裡面的記載，這指的是什麼人？你們都知道。往年有一位同修曾經跟隨過住山的比丘尼，當時也有好多在家人跟那比丘尼學法。她每到吃飯的時候，飯桌上中央都有一個碗；那一碗裝的物品不是讓你吃的，而是讓你看的，因爲那一碗是狗屎。她怎麼說呢？她說：「你如果吃飯的時候起了分別心，你就吃不下去了。你若是不起分別心，不去分別那是狗屎，你就能夠在我這裡吃得下飯，所以你不要去分別那是不是狗屎，要這樣用功。」就像這樣的人，好似一位「大悟不拘小節，此處無戒可持」底人。若是高聲唱說「與女信徒行淫時無戒可破」，正是西藏密宗那些人，往往拿了這句話作一個藉口，冠冕堂皇、淫人妻孥，還高聲說：「我在傳即身成佛的無上大法，是博愛一切女人。」都不怕腳底冷掉嗎？今天時間又到了，這一段補充資料我們留到下週再來講。

我們說，一般人證悟之前都希望是要修行，將染污心變成清淨心來行善；悟了以後當然更要用清淨心來行善。證悟的人轉依了如來藏，心漸漸地清淨了，當然用清淨心來行善是比較容易。可是仍然會有極少數人是新學菩薩，學佛以來不過幾萬劫，悟後無法眞的轉依成功，所以依舊有人以不淨心來行善；有時候也會假藉行善之名來獲取自己在世間法上的某一些利益，但這只是少數人而不是多數人，這種人都屬於新學菩薩。新學菩薩在我們會裡面不會很多，總是少數人，但不可避免地一定會有新學菩薩摻雜其中。然而正覺的正法弘揚到滿足二十年以後，會裡的新學菩薩就會有很多了，因爲讀了我們二十年的書才肯相信，才肯進入同修會裡來的人，信力是稍微差一些的。所以有時候有人講：「你們正覺同修會不是自認爲開悟了嗎？那個某甲、某乙不是也被你印證開悟了嗎？開悟了就是聖者，怎麼還會有那種不好的事？」意思是說開悟了就不是人，就成爲阿羅漢，說開悟了就不該有人性；問題是人性有善性也有惡性，所以有人說人性本善，也有人說人性本惡。但是住在人間的人，除非是乘願再來底菩薩，世世已曾斷盡我執、我所執；絕大多數人悟後都還在三賢位中，都是有善有惡，這是無可避免的，因爲大乘見道所斷的異生性是很寬廣而難以一時斷盡的。

以前也常常有人跟我反應說：「老師啊！我們會裡面怎麼會這樣呢？過個三、四年或五、六年就會有一次問題發生。」我說：「這是正常的，除非我們這裡是極樂世界。」如果是在極樂世界，凡是性障還沒消除的人，都把他們關在大寶蓮華裡面，住在五百由旬的大蓮華宮殿裡面享受，同時慢慢聽聞苦、空、無我、無常、六波羅蜜等教理，教他們要布施、持戒、忍辱等等；在極樂世界聽上那裡的一天，就等於在娑婆世界聽法一個大劫。你想，如果聽一個大劫，再把他們放出來，還會有那些不好的現象嗎？當然不會有。何況菩薩開悟不退時，所證的果位也只是三賢位中的第七住位而已，距離初地還遠著呢！並且還是住在五濁惡世之中。所以我跟他說：「如果想要同修會裡面永遠都沒有是非，必須要有一個前提，那個前提就是會裡面所有的人都修到了解脫道的三果；換句話說，每一個人不但明心開悟，而且都有了習種性、性種性、道種性的功德，並且有初禪的證量，有能力進入初地了。」當每一個人都這樣時，正覺同修會裡就不會再有是非了；否則永遠都會有是非，這才是正常的。

因爲這裡是五濁惡世，既然具足五濁，那麼大家就要接受這一點，不要一直抱怨；因爲大家還沒有修到初地的智慧，也還沒有成就三果的果德。可是在五濁惡世中修行，你的進步才會快，否則你哪來的逆增上緣？你要轉換習氣種子，要等到什麼時候才能有機會現行而轉換？根本沒機會。因此說，轉依以後一定會比以前清淨一些，久學菩薩轉依以後會清淨很多；不過在沒有進入到三果不退以前，總是會有一些不好的習性在，我們也都接受。但是我們得要盡量在這些次法上面講一講，讓大家從更廣泛的層面來瞭解大乘菩提；不但是在法上的修證，而且要兼顧到次法的修證；這樣法與次法平均圓滿的實證，才可能快速的成佛。

可是話說回來，光只是證如來藏就很困難了；悟得如來藏以後轉依也是各有不同，究竟與不究竟的轉依，多分與少分的轉依，這些差別都會使各個證悟者的表現有所不同，所以悟後轉依的事情也不是容易的事；因此說，想要具足事上與理上的清淨心來行善，確實是不容易的。可是對當今佛教界來講，凡是還沒有進入正覺同修會的人，根本不懂什麼叫作「淨心行善」，因爲他們都還沒有悟得如來藏。也許有人不相信而說：「蕭老師！你這句話可能有一些誇大吧？你看看，人家不都是用清淨心在行善嗎？你看，很多的董事長夫人去慈濟，每到週日都去作義工；你看她們都能放下身段，那不是善心、淨心嗎？」好像說得沒錯，其實卻是錯了。因爲，什麼才能叫作善心、淨心？這個問題得要先探究清楚才行。

《金剛經》講的善心、淨心，不是一般人或凡夫講的善心、淨心，那麼到底阿哪個是眞正的善心、淨心？常常有人說：「你們學佛都學得太入迷了吧！宗教不過是勸善，我們只要心地好就行了。」問題是，那個心地是永遠都好的嗎？今天跟同修們去外面行善，心地眞的是好；有時被人家罵了，因爲「上人」交代不可以生氣，所以也都忍下來，當然是善心；可是還沒有轉身離開，心裡面就已經在罵了：「我是堂堂董事長夫人，我對你這麼好，放下身段來服侍你，你這個又貧又無身分的大老粗，還嫌東嫌西的！」心裡面不就罵起來了嗎？那麼她到底是不是眞的善心、淨心？我看是半善半不善、半淨半不淨吧！眞正的善心是永遠不起心動念的，那才是眞正的清淨心，要那樣來行善才對。如果嘴巴說得很好聽：「你過得也不錯；你看，我們不是每個週日都來服侍你、來幫忙你嗎？」可是心裡面在想的是說：「你算什麼？還勞動我這個董事長夫人來幫你！」所以那到底算不算是淨心？我看是不算數，因爲一半清淨，一半不清淨。所以《金剛經》講的淨心行善，其中的言外之意、弦外之音，要能聽得出來，才能眞懂「淨心行善」的眞義。

善心當然大家都有，但是善心之中也會有不淨時。比如說，有的宗教說：「我死後要上天堂去，要往生天界。」所以一生努力修十善。他們這種心理，不能說是不善，當然是善心，因爲他們眞的努力在行十善。但是他們心中並不清淨，他心裡面想著：「我常常行善，等將來死後往生天堂去，好享受呵！那時會有五百位天女來服侍我，那日子過得多寫意！而且每位天女又各有七個婢女服侍著，不必麻煩我照顧她們。」他想的是死後往生天上的享樂。他在人間行善，當然是善心，問題是不清淨，對五欲有貪著。所以有時候世間人所謂的善，不是眞正的善；所謂的淨，也多不是眞正的淨。而《金剛經》中　佛陀講的淨心，其實是在講如來藏；要以這個本來清淨的如來藏爲主體來行善，這樣講解才眞的叫作淨心的行善，否則就變成依文解義了。所以經文裡面特別說：「是法平等，無有高下。」「是法」並不是講《金剛經》中所講的文字表面這些法，而是講「此經」如來藏。

「是法」這個法，講的是一切有情全都平等平等的如來藏，一切有情的如來藏全都「平等」而且「無有高下」。佛地的如來藏如此，諸地菩薩的如來藏也如此，三賢位開悟的菩薩也是如此，凡夫菩薩也是如此平等而「無有高下」；乃至路上一條癩痢狗，地上爬的螞蟻，糞坑裡面的蛆蛆，下至餓鬼道及地獄眾生，他們的如來藏都同樣是清淨心，因為永遠都不曾也不會生起一念的惡。要用這個清淨心如來藏來行善，才是符合《金剛經》中世尊所說的「淨心行善」。如果是用意識心的淨心來行善，與這段經文的眞義就不符合了；因爲六地以前的意識心有時候也難免會生起一念惡，得要幾個剎那下至幾秒鐘以後才會滅除；甚至三賢位的意識也會有時生起惡法的現行，更何況是未斷我見、未曾證悟的凡夫，都不是永遠的善，所以意識不是世尊在這一品經文中說的眞正清淨心。如果用意識心修行清淨而來行善，跟這段經文確實是不符合的；因爲這段經文中特別說到：「要用從來都無我、無人、無眾生、無壽者相的心來行善，才能證得無上正等正覺。」可是即使你修到了十地，你的意識心都還是會有這四相的，你的意識心仍然不是沒有這四相的，所以意識不是 世尊說的眞正「淨心」；既不是以眞正的淨心來行善，那就不符合《金剛經》講的「淨心行善」。所以用意識心這樣來行善的人，就有四相在；既不離四相，那就沒有辦法在修一切善法之後得到無上正等正覺。

所以眞實善的法是什麼法？只有如來藏一法。如來藏心中從來不覺得自己是善法，也從來不會分別諸法是不是善法，這樣才是眞實的善法。意識心會分別諸法的善惡，所以有時候不善，所以不是眞實善法。但是如來藏雖然是眞實的善法，可是這個如來藏離見聞覺知，祂不去分別善惡，所以祂從來不會貪染或厭離，也不會落到善惡兩邊。像這樣的善法，你就不能夠說祂是善法了；因爲對祂而言，無所謂善法；祂始終都離見聞覺知而從來不作分別，一體而行，所以就不能夠說祂是善法了；像這樣不能說是善法的「是法」，才是眞正的善法；因爲從來不會貪、厭，從來沒有善、惡，永遠都離兩邊。可是眾生行善的時候都要靠祂，所以要用這樣的如來藏來行善，才能夠說是眞正的「淨心行善」。因爲這個心是永遠清淨，不是有時清淨、有時不淨。

那麼話說回來，悟後現前觀照到這個道理說：「我用如來藏清淨心來行善，有時候都不免會被意識心的自我貪著所影響而不小心行了某一部分的不善；那麼那些還沒有悟到如來藏的人，那些號稱證得如來藏卻悟錯了的人，不管他們名氣有多大，我們用《金剛經》這個〈淨心行善分〉的經文來要求他們，就不免陳義太高了。」所以如果常常有人告訴你說：「某某大師暗中在修雙身法。」你別詫異，你也別驚怒說：「我以前多麼崇拜他，他怎麼可以這樣作？」你不應該震撼、不應該詫異、不應該驚怒，因爲他們全都沒有證得這個眞實的清淨心；在他們還沒有找到這個清淨心以前，當然無法轉依；既然無法轉依，當然不可能以這個清淨心來行善，你就別這樣要求他們了。

所以〈淨心行善分〉是證得如來藏者的專利，當你找到「此經」如來藏了，你就可以用這個清淨心來行善，這是你的專利。所以這是有專利註冊的，找到了如來藏就能用淨心來行善，這是在 佛陀那邊都有註冊的。你不要當作我這是開玩笑，因爲不管誰在同修會悟了，我都會把他們的禪三報名表拿出來供佛；但其實是在我供上佛案之前，在諸佛菩薩法界中就已經都知道了，所以我說是註冊過的。你說：「萬一你忘了把我放進去呢？」你別擔心，我要忘了放進去的話，萬一我沒供上去的話，也是已經註冊的；因為不是等我把報名表供上去了才算註冊，當我為你印證的時候就已經註冊完畢了，諸佛菩薩都已知道了。

還沒有找到如來藏的人，你告訴他說：「要用從來清淨、本來清淨的如來藏來行善，才符合《金剛經》的宗旨。」如果他是個大法師，或許他會生瞋破口大罵：「你這個愚癡人！人家還沒有找到如來藏，叫人家如何能用如來藏來行善？」那也沒關係，罵歸罵；等他罵完了，你就告訴他說：「所以這個『淨心行善』是證悟者的專利，你沒分！」事實上也是這樣，一切證悟的人在行善的時候，都是依如來藏來行善。當菩薩看見如來藏在行善的時候，如來藏自己卻是不分別善惡的；可是菩薩看見自己五蘊在行善的時候，其實也都是如來藏在行善；因為自己的全部都還是屬於如來藏所有，那麼這樣來看「淨心行善」時，《金剛經》的眞義就能會通無礙。所以「淨心行善」的眞義，不是一般人所能知道的，而這個道理，我以前看過的三、四部《金剛經》的註解，都沒有人講過，眞的很奇怪！以前禪門祖師絕對是這樣講的，可是那些註解裡，沒有一本是這樣註解的。也許有別人這樣註解過，但我還沒有讀到。大藏經裡面《金剛經》的註解也沒有人這樣講出眞實義，竟然會被收入大藏經中，這是很奇怪的事，顯示大藏經的編輯者並沒有開悟明心，才會把凡夫祖師的錯誤註解也收入大藏經中。（作者案：出版前蒐閱電子佛典，證實只有少數已悟祖師的註解曾有如是略說。）

所以說，想要通達《金剛經》，是你們來正覺同修會以後才有的專利；進來之後先註冊入學，等到破參了，你就拿到專利證書了，所以這個很不容易。因此，假使外面有一些大法師、小法師，背地裡亂搞錢財又暗中搞雙身法，你都別詫異，也別驚怒，因爲他們還沒有悟得本來清淨的眞實心。他們從來都沒找到清淨心，你叫他如何用清淨心來行善？所以就會把不善當作淨善。這一、二年來我們發覺，冒充佛教的名義搞出性醜聞事件的藏傳佛教喇嘛教，好像爆發的頻率增加了，快要成爲每年一大件了，所以最近這幾天又有新的喇嘛性侵女信徒案件爆發了！這實在很冤枉，藏傳佛教的四大派其實是喇嘛教而不是佛教，可是那些新聞媒體報導時，都說那是佛教裡發生的性侵事件，因此正統佛教眞的很冤枉，蒙冤不白。

其實應該要有多一些人每天寫信給那些新聞媒體：「大人啊！佛教眞的

很冤枉啊！」要跟他們多多喊冤。我這樣講起來，你們雖然會笑，其實我心裡面是蠻沉重的；所以我們還需要努力的把密教的這些內容，譬如《狂密與眞密》……等書籍散播出去。我們已經有人正在作摘錄，要把四大冊摘錄成很多的小冊子，這樣就容易廣發。否則，我們的書總是大碗又便宜，人家看了這麼厚的四本，眞的讀不下去。現在的人很沒耐性，大本書都讀不下去。連吃麵都希望泡三分鐘就可以吃了，以前還要在那邊慢慢地切、慢慢地煮，現代人都覺得不耐煩了，所以速食麵生意越來越好。這也就是說，救護眾生的事，我們還有很多工作要作。

不過話說回來，有好多大法師、小法師們，我們在宗教電視台上面看得到的，有將近一半是暗中在搞雙身法的，你說佛教界該怎麼辦？佛教要靠他們來救嗎？不可能啦！另外將近一半還沒有搞雙身法的法師則是在搞錢、搞名聲、搞勢力，佛教未來的希望在哪裡呢？（有人突然回答：正覺！）喔！還好，還有正覺，那就是在諸位身上，得要靠你們了。那麼以後破邪顯正、救護眾生的工作，諸位可得要用心了。所以，當他們還沒有證得那個從來清淨、本來清淨、以後也永遠清淨的心，你要叫他們不胡作非為，還眞難！因爲在末法時代的人間，那就像老子講的五色令人目盲、五音令人耳聾。當那些大師們還沒有找到那個清淨心來轉依以前，又是喇嘛教邪法橫流之時，你要求他們應該清淨，怎麼可能呢！眞的不可能。所以我們無妨律己從嚴，待他們從寬；只要他們不搞得太過分，也就算了！只要他們不否定正法也就算了。目前只能這樣，我們只是要盡量把正法給傳出去。這意思就是說，悟後仍然要「淨心行善」，那麼悟錯之人想要「淨心行善」，確實是很難的。

接著來引述一下禪宗裡面所講的：想要能夠不招來無間地獄的惡業，就不要誹謗　如來弘傳下來的正法輪。《禪宗決疑集》裡的這二句話，是引述自永嘉玄覺的〈證道歌〉：「欲得不招無間業，莫謗如來正法輪。」《禪宗決疑集》裡又吩咐說：「修學佛法的人千萬要仔細，如果在功夫上面稍微有一些入處，體會到一個昭昭靈靈常現在前的離念靈知，就向人誇口說：『這個離念靈知，你觸弄祂也不會散失，搖蕩祂也不會失去。』可是特別要注意的是，千萬不可以把祂認著；假使你認著這個識神，認著這個會弄光影的離念靈知，認爲就是絕對正確的眞實心，心中認爲這樣就是參禪了當了，反而會被祂引入情識見解裡面去。」情識見解，意思是說，這個離念靈知心即使定力非常好，時時刻刻都是離念，都能昭昭靈靈、了了分明，但祂會觸六情，所以眼見色的時候有色情，耳聞聲的時候有聲情，鼻嗅香的時候有香情，乃至意觸法塵的時候有法情；祂既然會觸六情，觸六情時就會有喜怒哀樂，就會有稱譏毀譽，就被八風所動。「既然是這樣，就會生起瞋喜愛怒之心，當然就落入情識見解裡面了。這一來，顯耀自我的心高漲、慢心跟著高漲，誤認這個離念靈知是眞實法，就不會再往前進步了，自然就不會再想要去求證一個眞如心，就這樣自認爲是開悟聖人了，他就會開大口、說大話。」

有位近年崛起的大法師，他有一次在師範大學演講，那是他閉關半年以後在師大的演講：「師父在這裡說法的一念心，你們在下座聽法的一念心，就是眞如佛性。」又說：「聖人說話是不打誑語的。」這是不是開大口、說大話呢？他正是因爲認著這個昭昭靈靈的離念靈知，才會弄到開大口、說大話的地步。如今我們的書裡很少破斥他，有時候偶爾提一提，他就受不了了。受不了，就表示他落在情識見解裡面，被六情所動了。所以，凡是像這樣子開大口、說大話的人，你要求他不妄說般若，那是非常困難底事。他一定會把般若亂說一場，都用意識六識底境界來講般若，不是用《金剛經》裡的眞義來講般若；然後推給 世尊，謊說 世尊就是這樣講的，眞是謗佛者。

《禪宗決疑集》裡又說：「像這種錯認眞如底人，又會開大口說：『佛也只恁麼，祖也只恁麼。』」意思就是說：「我悟得的是昭昭靈靈底離念靈知，諸佛也是悟得這個，諸大祖師也是悟得這個，跟我所認知的眞如心都是一樣的。」就公然這麼講，這其實還是在誣謗於諸佛、諸祖，因爲諸佛與諸祖悟的都不是這個離念靈知心。《禪宗決疑集》裡又勸誡說：「然後這些人又引述《金剛經》講的『是法平等』這一句，就用這個離念靈知的錯誤法印爲自己印定了，絕對不改，就說《金剛經》講的就是這個昭昭靈靈底離念靈知心；」然後自覺眞的開悟了，開大口、說大話以後，自己這個我心高漲，慢這個心也高漲，然後就開始貪財、貪色、貪名。不論是貪什麼，反正一概都貪，無所不貪了。

一旦貪了起來，人家當然會講話；這時他老哥又怎麼回應呢？他們就說：「大悟不拘小節，在這離念靈知裡面沒有戒可持，也沒有戒可破，所以你不要見怪。」就像某些現代的大法師們暗中努力修練雙身法，自稱那是至高無上的佛法，宣稱即身就可以成佛，然後向質疑者斥責說：「你們不懂，不要亂講。」反而會開口訓你一頓。你想要救他們，他們還要訓你一頓呢，這不就是目前佛教界的現狀嗎？所以不要以爲現在的佛教裡面平靜無事，其實很多地方是藏污納垢的，你們是無法想像的，因爲我得到的正確訊息太多了。如果要講起來，恐怕你們回家晚上躺上床睡覺的時候，想到說：「佛教今天怎麼會變成這樣子？」你都要在暗夜裡流眼淚。

再回到《禪宗決疑集》裡這段話來：「他們說了『大悟不拘小節』等三句話以後，自己認爲這個昭昭靈靈離念靈知，就是大乘菩薩證悟的境界。殊不知他自己不知不覺之間已經落入天魔波旬的眷屬之中了，」他們自己落入魔屬之中倒也還好，因爲那只是他們少數人底事；問題是：「他們自誤了以後又來誤人，就陷害了許多徒弟跟他們一起下墮三惡道，難道不令人傷心嗎？」這樣說得好像很沉重呵！但這個說法卻是事實，佛教一千年來一直都是如此，特別是元朝。元朝後來被滅了，在明朝初葉倒也還好，朱元璋畢竟是在顯教正法中學過的；可是到了明朝中葉以後，皇帝後宮裡，一后二妃、三宮六院、七十二嬪妃，你叫他怎麼享受呢？當然是遇到有人傳給他雙身法的時候，都會很歡喜就接受了，所以明朝中葉以後又開始密宗雙身法的廣傳了。

因此，如來藏正法從明朝中葉以後一直到清朝全期，都是被政治所壓迫的；這段期間，如來藏正法根本沒有辦法弘傳，都只能暗傳；因爲皇帝都信奉密宗，他們都修雙身法，當然都支持離念靈知而抵制如來藏妙法。在這種環境下，如來藏正法還能弘傳嗎？根本就沒辦法。好在民國以後情況改善了一些，不幸的是軍閥割據不安，又是日本入侵，時局動亂；接著又變成內戰紛爭而不停延續，到現在海峽兩岸都還沒有簽署終戰協定，名義上都還是處在戰爭狀態；近年雖然開始往來熱絡了，也只是演變成爲冷戰的延續而已，想要承平無事而公開弘揚禪宗的如來藏妙法，始終都還有一段距離。所以你說，如來藏正法想要弘傳，有那麼容易嗎？幾百年來一直都還是很困難的。

五百年來打壓中國禪宗如來藏妙法最強烈、最有名的是什麼人？是清朝的雍正。他自己落在離念靈知意識境界裡面，晚上常常精修雙身法，當然要打壓禪宗離見聞覺知底如來藏正法，整個清朝三百多年幾乎都是如此。所以諸位肩頭那個護持如來藏妙法的擔子確實是蠻重的，只有不斷地把正法書籍流通出去，讓大家都瞭解密宗非佛教的本質；也要讓大家瞭解離念靈知不離識陰的本質，要讓大家都瞭解：**離念靈知其實都是從如來藏中藉種種助緣才能出生的**。這樣子努力很久以後，讓那些新聞媒體都瞭解密宗非佛教、密法非佛法以後，他們才會知道那些密宗的性侵事件都與佛教無關，他們才不會再一天到晚報導說：「**佛教又出了什麼性醜聞**。」聽了眞是讓人家厭煩。因爲明明不是佛教幹的惡事，結果都把名目、都把這個帳算到佛教頭上來。

所以，還沒有證悟之前要自己設法：怎麼樣去滿足證悟的條件，然後尋求應該如何來證悟。這就是次法的問題，要怎麼樣去把次法修集圓滿。當次法修集圓滿了，可以開悟了；悟了以後就應該怎麼樣來接引人們進入正法，別被邪師誤導而走偏了，您們就得要考慮這一點。等到悟後還應該要考慮說：**我們是應該純粹以淨心來行善呢？或者我們有時候仍然要以染心來行善？或者應該要善觀根器來行善呢**？這些都是大家要考慮的。既然有這些事情要考慮，我們就來談一談趙州從諗禪師，他有三等接人之法，對不同的人用不同的方式來接引，《古尊宿語錄》卷十四：

【師因在室坐禪次，主事報：「大王來禮拜。」大王禮拜了，左右問：「**大王來，爲什麼不起？」**師云：「**你不會！老僧者裏，下等人來，出三門接；中**

等人來，下禪床接；上等人來，禪床上接。不可喚大王作中等、下等人也！恐屈大王。」大王歡喜，再三請入內供養。】

禪師眞會搞怪呵！不過他這個搞怪，眞的有道理，確實是有道理，不是誑惑籠罩人。所以當禪師就是有這個好處，隨時都可以佔便宜；因爲當他佔便宜的時候也不離機鋒，也是在指導當事者。我們來看看趙州從諗禪師接引人的事。有一次他正在方丈室裡面坐禪底時候，主事的僧人前來方丈室稟報：「大王來禮拜和尚您了。」然後這大王就進來了，大王向趙州禪師禮拜完了，沒想到趙州禪師竟然沒有下禪床來回禮，這時大王的左右隨從當然就要問難了。因爲古時候大王是有生殺大權的，威勢非常大，因爲皇帝老子下來就是他最大了。有些大王是因爲戰功彪炳而被冊封爲大王，權勢很大；有的大王根本就是親王，是皇帝老子的兄弟，所以權勢都是很大的。大王左右的侍從看見這種情況，心想：「我們偉大的大王跟你禮拜了，你竟然敢不下禪床回禮。」當然要爲大王提出質問：「大王來禮拜，你禪師爲什麼不起身來回禮呢？」

沒想到老趙州竟然說：「你們不懂啦！老僧我這裡，若是遇到下等人來，就出三門外接見。」他提到內門、中門、外門了。到最外面的三門外迎接的，是屬於作威作福的下等人。因為寺院最外面土地的地界裡，就有作了一個很大的山門；從內裡到最外面的地界，總共有三個大小山門。大道場都有三門，我們這裡沒有三門；我們的禪三道場也沒有設三門，因為我們自認為不是大道場；我們只有法大，道場建築不大，所以不用設立三門。老趙州說：「老僧這裡，遇到下等人來了，我就出到三門外來迎接他。如果是中等人來參訪，我不必出到大門、二門、三門外，我只須下了禪床來接引他。可是如果上等人來了，我就端坐在禪床上來接引他。你們要我下禪床來接引大王，是不是要我把大王當作中等人、下等人呢？恐怕那樣會委屈了大王啊！」

這話講得漂亮！可是從理上來說，事實上也眞的如此。如果是上等人，他來見了禪師，禮拜完了也就悟了，禪師根本不必下禪床。如果是中等人，禪師得要下禪床搞搞小怪，他才能開悟。如果是下等人來，不懂禪又要裝懂，又喜歡作威作福，那可就麻煩了，得要出到最外面的第三門親自迎接，還要拉著他的手說：「走啊！我們這裡很好，你來看看，我們這裡道場又大又寬敞，環境也還不錯。」得要這樣，他才能悟，那豈不是下等人嗎？眞的如此啊！所以老趙州說了這個話：「你們莫非要我把大王當作是中等人、下等人嗎？恐怕是委屈了大王啊！」於是大王的左右人等就不敢再講話了，大王聽了當然更歡喜：「趙州禪師鼎鼎大名，竟然把我當作上等人。」這一下子，當然心裡面很歡喜，所以事後就一而再、再而三地邀請老趙州到王府裡面去供養。每一次去受了供養回來，當然闔寺僧眾都不怕沒得吃的。你看看，當你接引人的時候，你到底是要用哪一種方法接人呢？你們可得要衡量才行。

我也跟諸位講過了，說我此世剛悟的那幾年，也常常送上人家家裡去，把自己送上門去接引他們；可是全都沒有接引成功，一個也沒有。那他們是哪一等人？（大眾爆笑……）喔！諸位都知道了。可是我現在都不去拜訪人家，你們倒是自己來了！而我只是坐這裡，從來都不走下法座來接引你們，請問：你們是哪一等人？（大眾又大笑……）好啊！好極了！（大眾鼓掌……）這才是上等人。可是有些人進來正覺講堂當了上等人以後，有時候又想一想，希望我下了座以後多多關照他，（大眾笑……）那又是變成哪一等人？變成中等人了。所以你們都應該要當上等人，而我坐在這裡也就省事了。

如果你要當上等人，就只管坐在那裡聞法，而我只管坐在法座上說法，你就可以開悟了，這就是上等人。可是上等人畢竟不多，我們多說法的目的就是要幫助諸位。這一世當不了上等人，無所謂，來世可要當上等人；因爲這一世當中等人而開悟了，那證悟底種子還在。這開悟底種子既然還在，我下一輩子不一定還能出來弘法；因爲我下輩子再來時，誰也不認識我（我下輩子剛悟後，也不會立即就引生出這一世的全部證量來，得要繼續進修以後才會引生出來，但是到那時，也許會有不少親教師還會訓我呢），也許那時我們正覺同修會還在，還有許多親教師在弘法；你進來聽聽親教師說法，也許就證悟了，那你就是個上等人，不必要親教師下了法座來接引你，這就是我們正覺同修會要繼續存在的目的。所以縱使這一世還是新學菩薩，也不必妄自菲薄；因爲這一世明心了，若能夠心得決定而不退失菩提，這第一阿僧祇劫已經超越了三十分之六，進入到三十分之七的階段，所以下一輩子都可以當上等人了。

你們有沒有考慮到說，你們接引親朋好友的時候，他們到底是上等人、中等人或是下等人？千萬別把他們當作上等人，要把他們當作中等人，可是你度他們的方法卻要用下等人的方法。因爲你如果說：「**我把你當作下等人，**

所以我常常送上門來，親自來接引你。」他聽了不高興：「竟然把我當作下等人。」他聽了一定不高興，接著就一定會轉變成下下等人。所以你把他當作中等人看待，可是要用下等人的方法去接引他。當你去接引他的時候，有時候要用上等人的方式變換著用；因爲你每天送上門去，他會想：「這某某師兄、師姊，不曉得在圖我什麼？」所以有時候過一段時間都不去找他，也不打電話給他；當他每一次打電話來說什麼法的時候，就跟他講：「我看你開悟的因緣好像還沒有成熟，你老是看來好像要學，可是又在推拖，隨你的便啦！」有時候苛一點，他反而覺得說：「他可能對我沒有什麼企圖，應該只是純粹要幫助我。」然後過了半年，你再打電話給他：「快來！快來！我們現在有一位新的親教師很好呵！」其實還是同一位親教師，但他一聽，就這麼一個因緣，就來正法中修學了。

所以接引這三等人的方法，你要混合著用，不能只用一味。就好像中醫師開藥方，要有君、臣、佐、使，通常沒有單用一味藥的，那很少見；除非那個醫師是天下奇才，又遇到緊急狀況。所以很少是用一味藥，大部分都是幾味藥合起來，要分君、臣、佐、使，這樣藥效就容易發揮。所以你思考如何接引人的時候，上等人的手腕、中等人的手腕、下等人的手腕，你都得要用，要思考怎麼樣去搭配著用。你看，老趙州這不是很好用嗎？遇見了大王，大王最好接引，都不必太理會他，因爲他是上等人。如果是大王座下的大將軍，倒也還好；若是偏將、末將來了，那一定是作威作福，可是不接待他們還眞的不行，他們會跟你搗蛋。有一句俗話講得很好：「不怕官，只怕管。」遇到那個末將、偏將來，老趙州不管身分多麼尊貴，還是要親自到三門外去接引他們；不圖他們開悟，只圖個寺裡平安沒事，就是這樣啊！接著再來看看宗門裡怎麼說的，剛剛講的還是在事相上，你要考慮怎麼接引人；現在來談宗門，這就不是次法了，這就屬於法了，《聯燈會要》卷六：

【眞定帥、王公來，師坐而問云：「會麼？」王云：「不會。」師云：「自小持齋今已老，見人無力下繩床。」後，軍將來，師卻下繩床。侍者問：「和尚見大王，不下繩床；軍將來，爲甚麼卻下繩床？」師云：「非汝所知。上等人來，繩床上接。中等人來，下繩床接。下等人來，三門外接。」】

這也是老趙州的公案，這到底是平等還是不平等？看來老趙州心中還是不平等。眞定帥是被封王的，所以是大元帥；當他來了，老趙州坐在繩床上，連下都不下床。等他禮拜完了，老趙州就問他：「會嗎？」這種公案是因爲我們講多了，諸位也聽熟了，不覺得奇怪。如果我一開始出來弘法接引眾生時，不論是誰來了，我就問他：「會麼？」那我不被罵作精神病患才怪呢！六、七年前，我們前理事長郭老師往生的時候，我爲了接引大眾而使了機鋒；當時有一些大禪師的信眾在場，那時我都還被那些大禪師的徒弟們罵是乩童起乩呢，所以我對這種事情已是見怪不怪了。

老趙州也一樣，看見了是眞定帥來了，看見是大王來了，老趙州也沒講個什麼話，只等他向老趙州禮拜完了，就問他：「會麼？」這大王說：「不會。」老趙州卻說：「我趙州從諗從小時候就開始持齋，如今已經老了；所以看見有人來了，我連下繩床的力量都沒有。」當禪師有時就是這麼威風，坐著受大王禮拜。可是當禪師，有時候要像小蟲一樣，要很卑賤，這樣才能叫作眞英雄。人家不是說「英雄能屈能伸」嗎？禪師也眞的能屈能伸，所以後來眞定帥帳下的一個軍將來了；所謂軍將，就是在大王帳前聽他使喚的一位小將軍；這一類很小的將軍，就叫作軍將，不是將軍。當這個軍將來了，沒料到老趙州竟然下了繩床來接待他。後來這個軍將走了，侍者覺得奇怪，就問趙州禪師：「和尚！您見大王的時候，連繩床都不下來，只盤坐在繩床上受禮。如今這個小小的軍將來了，爲什麼您卻要下繩床呢？」老趙州就說：「這不是你所知道的，上等人來，我就在繩床上坐著接待他。中等人來，我就下了繩床來接待他。」意思是說：這個軍將是中等人，所以我下了繩床接他。「如果是三等人來，我就到三門外去接他。」譬如軍將下面的伍長或兵士來，就得出三門外接，否則就會找麻煩。老趙州講這個話，不怕那個軍將聽見，因爲認定他是中等人，軍將聽了心想：「我還不錯，算是中等人，不是下等人。」所以也不怕他聽到傳話。「**如果誰希望我老趙州在三門外接他，也沒關係，我出去接他，那表示他自己承認是下等人。**」從此以後，老趙州就省事了，都不必到三門外去，因爲沒有誰願意當下等人。

所以如果哪一天，哪個大官希望我到三門外，譬如到講堂樓下大門去接他，他就是下等人；所以我如果坐在小參室裡等他來，他就是上等人。這話要趕快傳出去，我以後接人，可就省事了；就不必特地下到一樓門廳外去接待他，也不必幫他開門了。如果誰要我到那邊去幫他開車門，接待他下車，那他就是三等人。這樣來看看，禪師到底平等、還是不平等？顯然在事相上是不平等的。都因爲各人的根器不一樣，你不能用同樣的方式來接引他們。同樣底道理，我們的機鋒也是各人、各人不同；所以事相上不可能平等，但是在理上都是平等的。可是如果從法來講，不是在這種次法來講的話，那就可以理事圓融；因爲這個理事圓融是在法上來說，每一個人身上都是各自理事圓融，沒有一個人不是理事圓融的。

假使有人說：「**老趙州這樣作是平等的。**」那我就放他三十棒。假使有人聽了說：「**那這樣就一定是不平等。**」他膽子大了，上來跟我說：「**老趙州這樣作，是不平等的。**」我還是放他三十棒。那到底是平等還是不平等？就要看是誰、怎麼說了。如果眞正悟了，上來大聲跟我吆喝：「**我明明說他是平等的。**」另外一個說：「**我明明就說他是不平等的。**」不管他們多麼大聲吆喝，我都供養他們各一盞茶，都不放棒。那麼到底平等在什麼處？這就有蹊蹺了。很奇怪呵！有的人上來說平等，要吃我三十棒；有的人上來說不平等，也吃我三十棒。另外兩個人，一個說平等，我供養他一盞茶；又另外一個上來說不平等，我也供養他一盞茶。可是如果哪個人冒冒失失弄不清楚其中的蹊蹺，上來就說：「**我說老趙州這個公案，是既不平等，也是平等。**」

我就放他六十棒。這不是用意識思惟的，而是得要親證了才算數。你怎麼樣看得出他是應該受供養而是不該吃棒，那當然就有蹊蹺了。所以說，宗門下事不等閑，會得方是眞好漢。這眞的不是容易底事，一定是要走過荊棘嶺、打碎了金剛圈，才有辦法到這個地步。接著再來看看宗門裡另一個公案中的說法，《西巖了慧禪師語錄》卷上：

【「下等人來，三門外接；中等人來，法堂上接；上等人來，禪床上接。離此三等外來者，向什麼處接？」】

這也是拿老趙州的公案來講，你看，好多禪師拿他的公案來作文章，今晚我也拿他來講；所以到現在爲止，你們看老趙州都還在，還在這裡，對不對？老趙州還在這裡，眞的還在，而且歷歷分明。西巖禪師問這句話，眞是不懷好意：**「離此三等外來者，向什麼處接？」**離上等人、離中等人、離下等人而來，也許有人說：**「笑話！天下哪有這種人？」**可是宗門下就有這種人！離這三等底人來了，你要怎麼接？問題就是，沒有遇過有這個人來。假設哪一天，有這麼一個人來，你們幫我想想看，我要怎麼接他？懂得我要怎麼接他，這才是悟了宗門下事。在那邊依文解義講了一大堆，口沫橫飛，講到嘴角都冒泡了，也還是全都沒用；懂得古文，著作等身，甚至疊起來超過一丈高，也都沒用。宗門下，是伸手就要見分明的，一句之下就見眞章；宗門下事向來都是這樣的，哪裡在那邊跟你費口舌。一伸手、一開口就要照見肝膽，一個不對，當下棍棒就打出門去，哪裡有那麼多的葛藤。諸位有沒有爲我設想到，如果有離三等的人來了，我怎麼接？既然沒人想要幫我設想，乾脆我自己設法吧！假使哪天遇到有這種人來，我就拉了他的手；我沒有方丈室，就拉他進入小參室，我就大聲地說：「坐、上坐、請上坐，茶、泡茶、泡好茶。」

《金剛經》裡面說：「是法平等，無有高下，是名阿耨多羅三藐三菩提。」這是我們這一段經文中講的。天童山正覺宏智禪師，當有人問這句話底時候，他卻開示說：

「高者高、下者下，大者大、小者小，青者青、黃者黃，方者方、圓者圓；作麼生說箇『是法平等』底道理？諸人！一切時如何行履，得眞箇無高下去？」宗門裡面就是這樣，禪師一伸手，你就得要拿出肝膽來，不能在那邊支支吾吾。等到支支吾吾終於想好了，才準備開口，頭上不曉得已經打成幾個腫包了。宗門下就是如此，禪師度人都是要度上等人，他不跟你在那邊費口舌、打葛藤；因爲禪師門下不需要很多人，他只要度得兩、三個上等人，他這一世就沒事了！從此以後他就是翹起二郎腿來，每天過著清閒底日子，剩下的事就是他接引出來的那三、兩個上等人爲他去作；弘法的事、其他的什麼事情，全都是他們底事，他自己就沒事了，這就是禪師。所以禪師最樂於行棒，禪師也喜歡跟人家大喝；不管誰來，只要是生面孔進來，不是請問今天要作什麼事情的，禪師看那個生面孔才剛進來，就大喝說：「**出去！**」直接就喝出去了。不管是誰進來，一見就喝出去；喝到有一天他懂了，才收他作入室底徒弟，他就省事了。

如今人家拿了趙州的公案來問，西巖了慧禪師卻有一番的作略，也是一見就跟人家伸手要寶。有人把《金剛經》這一段來問天童，天童禪師他卻不像西巖禪師一樣伸手要人家獻寶，他反而說：「**高者高、下者下，大者大……**」等等講了一大堆，這些聽起來好像都沒有意味，根本就沒有一點禪的意味；什麼「**方者方、圓者圓……**」，我們如果把他加上幾句說：「**黑者黑、白者白，紅者紅、青者青；作麼生說箇『是法平等』底道理？**」說白了，他就是只要度上等人，他不接中等人，這可難會了！所以天童禪師一生講了一大堆禪法以後，沒度得什麼人開悟。話說回頭，天童禪師講了一大堆高下、大小、青黃、方圓等事相以後，竟然開口問眾人說：「**作麼生說箇『是法平等』底道理？**」隨即就問大家：「**一切時如何行履，才能夠眞正的沒有高下，進到那種境界去？**」這才是宗門下事。

宗門下事就是當面分緇素，一進了門就得互相要分辨出來：你是有主或無主？我是有主或無主？人家分辨我，以及我分辨人家，在禪宗裡自古都是天經地義底事，無關面子。所以宗門下事眞的不簡單，自古以來就是如此。而我們出來弘法以來，除了你們這些上等人以外，我所遇到的都是下等人；偏偏當初我弘法時，因爲這一世沒有師承，所以也沒有人教我這些道理，那時我都把他們當作上等人，怪不得我要被他們罵作乩童起乩、罵作精神病患。如今看來，這其實也是理所當然，因爲對待上等人的法，不該拿來對待下等人；所以我對他們都不見怪，因爲本來就一定會如此。可是宗門下事，得要是個人，才有辦法承擔；如果不是個人，眞的承擔不起來。

你看，彌勒菩薩化現作布袋和尙，挑著布袋在街頭上。人家來了，問他說：「你在幹什麼？」他說：「我在等一個人。」得要是個人，才值得他等。他說：「我在等一個人。」有人自作聰明說：「來了，來了。」他認為自己就是那個人，彌勒菩薩就說：「你不是那個人。」有時候也許站到腿累了，走一走，看看這邊店鋪有個什麼物事，就開口說：「給我一個。」人家給他一個，他咬一口就丟到後面布袋裡去了；到了鄰家，他又說：「給我一個。」同樣是拿了就咬一口，又丟到布袋裡去了。他是有精神病嗎？其實不是。可是，就像他講的那一句：「青目睹人少。」他對眾生一直都很青睞，總以青目看待行腳的僧人們，可是總沒看見一個人。後來終於才遇見了一個誰呢？就是保福禪師，還有那個白鹿禪師，就只遇見這麼兩個人。所以他的詩句裡面才會說：「青目睹人少，問路白雲頭。」人間可以問路的人眞的太少了，只好向白雲問路去，可見這禪的道路本來就不容易走。

我們再回來看這個公案，有人問堯峰顥暹禪師：「承教有言：『是法平等，無有高下。』如何是平等法？」假使也有人同樣來問我這個公案，我就直接答曰：「玉山高，草山低。」或者有人就高聲向我答曰：「恁麼，卻成高下去也。」咱家可就答他說：「情知爾恁麼會。」或者有人再問，我便答曰：「你生得高，我長得矮。」爲什麼如此？我們在台灣當然要說：「玉山高，草山低。」可是這只能跟你們上等人說。如果外面有哪個大山頭底和尚來問我說：「教門中有言『是法平等，無有高下』，哪個是平等法呢？」我可不能跟他講「玉山高，草山低」，我得要跟他說：「你底道場大，我底道場小。」不是嗎？對啊！他聽了也歡喜：「對啊！我的道場大，廣有百餘公頃，你們正覺同修會道場小。」等他回到寺裡，知道當時講話中了我的計，知道什麼處著了我的賊，他可就眞的悟了。可惜的是，到現在還沒遇到一個能夠知道著了我的賊底人；因爲肯著我的賊底人，現在外面還找不到。

等到著了我的賊，他後來懂了，才會知道是什麼地方著了蕭平實的賊了；於是，他就算是找上門來，想要羅織我，也沒有他的分，他可沒機會。因爲我老遠一見他，就知道他懂不懂著了我的賊。如果他知道什麼處著了我的賊，一見面，不等他開口，我就罵他：「你到今天才知道著了賊，回去！我明天上門要喝你的茶。」他還非得要供養我一盞茶不行，不管他底名氣多大，全都如此。然而，「是法平等，無有高下；作麼生說箇『無有高下』底道理？」這個眞要見眞章，這可不能矇混的。你可別隨便哪一天來了說：「蕭老師，我知道了：你是男生，我是女生。」我可不跟你談這個，我就把你逮到禪三裡面，叫你口說手呈，得要驗分明，這可不能矇混過關。矇混的人啊，到時候過不了關，可就罪加三級。這樣子，這一品〈淨心行善分〉中說的，要以什麼淨心而如何行善，懂了沒？一切人所造種種善事莫非淨心行善，還有人能說個非淨心行善者麼？有沒有？（有人說：有。）有？我可以告訴你（平實導師大聲地說）：「無——！」

〈福智無比分〉第二十四

【「須菩提！若三千大千世界中，所有諸須彌山王，如是等七寶聚，有人持用布施；若人以此般若波羅蜜經，乃至四句偈等，受持、讀誦、為他人說，於前福德，百分不及一，百千萬億分乃至算數譬喻所不能及。」】

講記：「須菩提啊！如果在三個千的大千世界中，所有的甚多須彌山王，就以堆得像所有須彌山王這樣高、這樣多的七寶大聚，有人執持這些無量的七寶用來布施給有情；如果另外有人以這個般若波羅蜜經的整部經，或者半部、一品乃至於只有一首四句偈等，能夠受持、讀誦、為他人解說，這個人的福德相對於前面以無量七寶布施者的福德，分為百分來計算，那個以無量須彌山王那麼多七寶布施的人，尚且不及受持、讀誦、為他人說的福德其中的一分；設使再分為百千萬億分時，以七寶布施的人所獲福德，尚且不及其中的一分；乃至以各種最大數目而分割後的其中一分，或者以最大數目再來作各種譬喻後的最小一分，都是那位以三千大千世界所有須彌山王那麼大數量七寶布施的人，所不能到達的。」

前一品說淨心行善，現在這一品中要說「福智無比」。新竹有個鳳山寺，成立了福智法人團體，他們設了一家公司，叫作里仁企業公司，開了好多商店，與一般商店競爭，佔盡了優勢；因爲里仁商店裡面的人員大多是義工，免付薪水。那些義工是哪裡來的？就是跟著他們學《菩提道次第廣論》的學員。他們店開到哪裡，附近的雜貨店或生機飲食店大多得要關門；出家人開商店與民爭利，這樣算是修福、修智嗎？我眞的不懂他們怎麼想的，依我看是損了大福又是沒智慧，還自稱福智團體呢！然後這家公司收了錢，拿到哪裡去？拿去供養達賴喇嘛。那就是小有名氣的日常法師，前兩年過世了。他講《廣論》講了一、二十年，永遠都在前面的部分，後面大概有五分之二篇幅的止觀部分，從來都不講。

日常法師不講《廣論》後面〈止、觀〉的原因，我的判斷很簡單，有兩個理由：第一、沒有能力講；第二、不敢講。若是沒有能力講，是因爲他可能沒有接受密灌，沒有眞刀實槍修過雙身法；而「生起次第」所講的射精以

你說，這個福德有多大？爲什麼這個福德能夠有這麼大？原因在於他所得的福與智，全都不是世間法中的福與智。換句話說，這個福德不是世間所有的財富所能譬喻的，因爲這個智慧是永久的；一旦悟了而有實相般若智慧，這個種子就存在你心中；即使仍然有胎昧，到了未來世，只要遇到了佛法，自己去參究的時候，還是有機會再度悟入的。而這個智慧不是出世間的二乘聖人所知道，也不是三界中的凡夫大師們所能知道的，因爲這是世出世間智慧。這一種智慧不但可以幫人出離三界生死，也可以幫人證知法界的實相，了知宇宙萬有的眞相；所以這個智慧將會與日增進、與世俱增，因此沒有任何一個世間法的智慧可以跟它相提並論，所以說它**智無比**。

由於**智無比**的緣故，跟著就是**福無比**。假設某甲窮得連鬼都怕，可是他卻有一個法，就是有這個法界實相的智慧；他如果有些通達了，以後可以出來弘法。等他弘法的時候，不但人類都要親近他，以前怕他的吝嗇鬼們也都想要來追隨他，都想要來護持他了。那麼你說，他還怕沒衣穿、沒得吃、沒得住嗎？全都不用怕了，因爲那時自然有人會供養。以前他還沒有這個法的時候，到處伸手跟人家借錢，不但人怕，連鬼也怕。當他沒地方住，到處被人家趕，只好住到墳墓裡面去；那時連鬼也怕他，因爲他窮得要命。假使有鬼敢現前，我相信他也會開口說：「哎呀！你是個善鬼啦！借給我一些錢吧！」那些鬼也得對他退避三舍。可是當他出來弘法，因爲他有了正法而出來弘法時，鬼道有情可都要親近他了，因爲護持他就有大福德，來世果報不可思議。護持正法——特別是了義正法，那個福德不可限量。你們如果沒有遇到護法神的時候，往往不知道，心裡以爲說：「蕭平實亂講的吧？」等你遇到了，你就會知道了，可是那時往往遲了一點。當他有正法而且出來弘法的時候，那時他需要什麼就會有什麼啦！不必怕沒有。問題只是說，無量劫以來，凡是有這個法的人都不會是個窮鬼，瞭解嗎？

所以，以前禪三道場啓用法會而順便開會員大會時，有人建議說：「我們應該買一輛好車，讓平實老師可以有好車子坐，弘法時就安全一些。」我說：「我心領了，因爲我用不著。」我有那個福德，用自己的錢買一輛好車。因爲我弘法以來不是一世、兩世，我往世證得這個法也不是一千年、兩千年而已，所以不必怕沒有福德。因此，我出世弘法以來，都不必依靠收紅包來生活，我也不必去收什麼回扣。以前我們剛搬到九樓這裡來的時候，那時我們同修會只有一百多人而已，不像現在這麼多人；所以剛裝修這間講堂的時候，我是事必躬親，我幾乎每天都來這裡工作。那時冷氣機想要換，因為我們天花板想要拉高，而冷氣管也舊了，怕裝修好了又漏水，所以要換新，我就找了三家來比價。我從來都不必靠收回扣來過活，我家什麼都沒有，就是有錢（大眾笑，並且鼓掌…）。你們笑什麼？只是一句俏皮話呵！不過我確實是完全不必收什麼供養，我都不必，我也不想再賺錢。

我把孩子們養大了，有的也送出國去留學回來了，我也都不要他們供養，他們賺的錢都是他們自己的。我同修更有趣，她有時會規定：「**以後過年時，你們包紅包給我們二個老人，最多只能包六百元。**」因為我們不需要用他們供養的錢。可是時間久了就忘了，孩子們還是會包大紅包。所以有些同修建議同修會買好車給我用，確實用不著。我現在用的車子也算不壞，雖然是我女婿幫我挑的，但是已經夠好了；而我自己出錢買車，我也不要他們出錢，他們賺的都是他們自己的。菩薩是應當這樣的，沒有說菩薩欠缺福德而窮到連鬼都怕，竟然還能開悟，沒這回事。我剛剛講的只是個譬喻，譬喻說：如果你悟得這個如來藏，一定是「**福智無比**」。所以我剛才說的窮到連鬼都怕的菩薩竟然也能開悟，那只是個假設，因為不可能有那種無福的菩薩。當你有了這個法，不論是用阿含諸經來檢驗，或是用六百卷《大般若經》來檢驗，或是用第三轉法輪的方廣諸經、唯識諸經來檢驗，全都可以通；並且那些自稱證得報身佛的西藏密宗法王們，在你面前全都沒有開口的餘地，他們若是敢開口跟你論法，就一定會被你破斥，因為他們根本就不懂三乘菩提，更別說是實證了。當你有了這樣的實相法，智慧無比，還有哪個大山頭的大師們敢正眼瞧你？所以假使你有這樣的法，你把好書寫了出來，照片印在你的書衣裡面；萬一你在外面吃飯，剛好遇到某個大山頭的大和尚，保證他們都不敢正眼瞧你；他們只好假裝吃飯沒看見你，有時候偷偷瞄一下你，又繼續吃他的飯，不敢正眼瞧你；他也不敢來攀緣你，因為他認識你，你也認識他。為什麼會如此呢？因為他怕你找他論法，所以他吃飯時就會渾身不自在，他就想要趕快吃完了走人。因為他知道你是誰，而你又認識他，他很怕你什麼時候可能走過去跟他談法，萬一弄了個機鋒給他，他應付不了，該怎麼辦？所以他心中有壓力呀！除非他是個無慚無愧的人。這表示說你的福德大，早就大過他了。為什麼福德大過他？是因為你有智慧，而他沒有法界實相的智慧，根本無法與你對談。

所以 佛在這一段經文裡面的開示，絕對沒有一絲一毫過分之處。祂說：**「如果有人用這個般若波羅蜜經，單用那四句偈，」**只要用其中的一首四句偈就好，不必全部；**「只要把其中的一首四句偈好好地受持，這個福德就勝過所有的人。」**那些大山頭的大和尚們早就不夠瞧了，爲什麼呢？因爲即使你言語不便給，但是你找到了如來藏，你已經眞的能受持其中的一首四句偈了，表示你眞的能爲人如實解說那四句偈了，就是眞的有智慧了，他們就不敢正眼瞧你了。不管他們的山頭有多麼大、徒眾有幾百萬人，即使你剛剛出來弘揚這個正法，你的精舍才那麼三十坪、二十坪，就那麼一丁點大的小地方，他們也不敢正眼瞧你；表示你的**智慧無比**，他們沒辦法跟你相比。

由於**智慧無比**，那麼那些大師們的福德就遠不如你了；因爲不單是看得見的部分，單只是看不見的部分，譬如護法神的層級就大大不同了。所以有了這個般若波羅蜜的時候，智慧無比、福德無比。只要你能夠受持，即使沒有能力爲人家詳細說法，也沒關係；只要能夠受持，福德就夠大了。所以你想想看，如果還能夠爲人家讀誦「此經」——還能夠爲人家解說，那福德就更大了。這就是說，這個福德與智慧是大乘聖者的福德與智慧，因爲這個福德是兼得世間與出世間的福德，也是兼得世間與出世間的智慧，所以 佛說「福智無比」。

再說，有的人用像三千大千世界所有的須彌山王那麼多的珍寶來布施，他的福德與智慧爲什麼比不上能夠受持如來藏—金剛經—的人呢？因爲那種大財寶的布施，是有所住的布施，也是有爲法中的布施，福德是無常的；而受持「此經」這個法來爲人解說的這個人，若是互相來比的話，他是不一樣的；因爲這是無住法的布施，而且所布施的法也是無住法。他布施的時候不是爲了求人家供養他財寶、金銀或者色身，都不求這一些回報；因爲他轉依了「此經」如來藏而無所求，所以他是無住相的布施，福德當然非常大。不但如此，而且這個布施是布施給眾生法界的實相，是把法界中無所住的法布施給眾生；所以他是住於無所住境界中所作的布施，而他所布施的內容也是無所住法，也是不生不滅的常住法，因此他所得到的福德就永無窮盡；因爲他所布施的法是無盡法，而這個無盡的法也是無住的法，是一切世間出世間法的根本，因此他就兼含了世間法裡的福德，而不只是出世間法的福德。

所以 佛說實證這個法的菩薩「福智無比」的原因，不是由於有相法的所得，也不是由於世間有住法的所得，而是由於自己布施這個法的時候心無所住——依如來藏故心無所住。並且當他布施這個勝妙法給眾生的時候，所布施的法也是可以讓眾生一樣證得無所住的常住境界。而這個無所住的不生滅法，正好是一切世間出世間法的根本所在；一切三世十方的世間出世間法都依這個法爲根本，都從這個法生，也都由這個法而顯而運作，所以才能夠具足世間福德智慧以及出世間的福德智慧，因此 世尊說祂叫作「福智無比」的法。今晚我們就用一首頌，把這段經文作一個總結：

五度修福業，憑之得般若；後無住行施，福智無能比。

講經前有人問我說，上一週講經結束時我講了四句話，那四句到底是什麼？他來不及記下來。所以現在把它投影上去，大家若是想要抄寫下來就沒問題了。我講完這一品經文時作這四句偈，是因爲現代有很多人都宣稱在修菩薩六度；可是菩薩六度中，究竟哪些是修福、哪些是修慧，總是弄不清楚，所以用這首偈讓大家瞭解一下。前五度所修的全部都是福業，布施、持戒、忍辱、精進、靜慮都有福德，這個五度的修行都屬於修福。由於這五度的修學，才可能會有後來的般若熏習，以及經由禪定的修習之後專精思惟參究的靜慮，乃至般若的實證也可以成就；所以說：「五度修福業，憑之得般若。」得了般若，那就是在實證上具足基本的六度了。接下來就是後面的無住行施，只有證得般若以後才能夠無所住而修行布施；這樣以無所住心，也就是以此經爲主體來修行布施，那福智可就無能比了。這就是上週講經最後我說的那四句偈的眞義。

我們接著再回到〈福智無比分〉這一品來講，剛剛發給諸位的那一張補充資料先別看；因爲今天不會講到那一張資料，那是下一品經文裡的事了。也許今天經文的內容講解太多了，用不著，那就請諸位下週再帶來；今天可能還用不著，所以還不必急著去讀它。關於「福智無比」，我們先來講理說的部分。針對這一品，彌勒菩薩有一首頌說：

【施寶如沙數，唯成有漏因；不如無我觀，了妄乃名眞。
欲證無生忍，要假離貪瞋；人法知無我，逍遙出六塵。】

將來五億七千六百萬年後，我們要在 彌勒菩薩成佛時的龍華樹下同時證得阿羅漢果；但是這龍華三會只是聲聞會，後面還有第二轉法輪的般若，以及第三轉法輪的增上慧學、唯識種智，將會繼續爲我們宣說。想要在那個時候不但取證聲聞解脫道的無生，而且還要證得大乘法的般若乃至種智，要實證法無我而進入諸地中；想想看，我們跟彌勒菩薩的緣有多麼深；所以祂的教示我們必須要重視，不可以隨隨便便輕忽讀過就算了，得要瞭解祂的用意。因爲將來在祂座下的一會說法中，只要四阿含裡面所講的法義，祂開示過了，你就當場成爲阿羅漢；你想想，這需要多大的福德？所以不能夠輕忽祂的開示。想要在祂座下很快地成就三乘菩提的無生忍，福德當然得要更大；所以祂講的偈，大家要來研究一下：

布施了珍寶無量無數以後，也就是布施了猶如恆河沙數那麼多的珍寶以後，所成就的福德都只是有漏因，是後世有漏善果的因。不幸的是已經被言中了，現在台灣不是有人專門在修善嗎？然後說修善就是佛法。也有人說：「用凡夫的心行去行善、去研究般若，就是成佛之道。」我想諸位都知道是誰講的，不用我來指名道姓，這眞是不幸而言中。所以有機會的話，你應該讓親朋好友也瞭解這一點，他們就不會只繼續在慈濟裡面修福而不修慧。不管證嚴法師近年說她們如何修慧，其實都及不上慧；因爲她們的慧都是常見外道的境界，那不是佛法中說的三乘菩提的智慧，所以她們仍然只是修福而不修慧。這些福業都是有漏因，未來世如果很有錢，會有兩個狀況：第一種狀況是她沒有毀謗大乘如來藏妙法，也沒有自稱她是第幾地的大菩薩，也沒有自稱是「宇宙大覺者」，也就是沒有自稱成佛了，那麼下一輩子她可能就像王永慶、連戰他們那麼有錢。可是如果她自稱說：「你看，我這一世行善都不退失，我都很歡喜，所以我早就是初地了。」或者說：「人家罵我，我也不生氣，所以我早就是二地了。」乃至宣稱是「宇宙大覺者」，也就是變相宣稱已經成佛了，那麼下輩子她可能去當大象而掛瓔珞、吃甘蔗。這麼說，還算是客氣的；更嚴重的是要到地獄去受苦，因爲大妄語業，以及用常見外道法取代佛法。那些人，在世大力行善以後也很可能往生去地獄裡，到地獄去幹嘛？去那邊當獄卒，有權有勢，然而環境是痛苦的，在那邊處置別人就算是享福了！那就是她們應得的福，因爲她們所修的都是有漏因，但每天也還得有一小段時間要受苦刑。

不管她們修了多少的有漏因，都不如無我觀；只要能夠親證二乘法中所說的人無我，也就是現觀蘊處界、陰界入的無我、緣起性空，並且能夠現觀大乘無生法忍的法無我——一切諸法乃至如來藏本身也都是無我性的；這樣現觀了兩種無我，能夠作現觀了，那麼就了知一切法虛妄；當來下生彌勒尊佛說，這樣才是眞正的成就佛菩提道的人，這才是眞實修證者。可是想要證得三乘菩提的無生忍，必須要假藉離貪、離瞋。如果不能離貪，就超越不了欲界；如果不能離瞋，也超越不了色界，何況能實證無生呢？所以說，想要了妄、想要證眞，必須要先證得二乘的無生忍，而這只是二乘菩提的實證，談不上大乘菩提。可是想要證二乘的無生忍，卻要先離我所；貪與瞋都是我所，是面對我所而生貪，面對我所而生瞋，不論是內我所、外我所都一樣。如果貪很重、瞋很重，而說他可以證悟二乘解脫道的無生，甚至說他可以親證大乘的法無我，佛教中沒這回事。所以說，要假藉遠離貪瞋的修行，才能實證二乘解脫道的無生忍；這時候，雖然只是事相上的修行，與大乘法無關，卻不能逃避。

於眾生忍、於一切法都能了知虛妄而無我了，這時候不會再落在六塵中，不再被六塵所引誘了，所以六塵對阿羅漢都沒有任何引誘作用，沒有誘惑力。但是六塵對菩薩也沒有誘惑力，因爲菩薩知道諸法無我。菩薩之所見是阿羅漢所不知的，菩薩說：「不管山光水色多麼美，其實咱們都沒看到，所看到的都是自己的內相分。」就好像說，人家去出外景，把那麼美的山光水色拍攝了來，然後放在電視機上讓大家觀賞，愚癡的人就說：「我看到了，你看，台灣拉拉山、美國大峽谷，哇！好美、好美。」但他有眞的看到嗎？其實沒有啦！愚癡人才會說他眞的看到了，你們可都不會。你們看到了以後說：「那只是電視機上放出來的影像而已，我並沒有眞的看到。」可是愚癡的凡夫眾生都會說他們眞的看到了，其實都只是看到自己的內相分，即使是到達現場所見時也是如此。色塵如是，聲、香、味、觸、法塵莫不如是，無一不是自己的內相分六塵。

所以，眾生所見的六塵都是自己心內的東西，並沒有外法；菩薩如是親見，所以不受六塵所拘束。因爲所見的六塵都是自己的，並不是外有的，爲什麼要受六塵拘束？就好像老爸生了個兒子，那兒子才只有三歲，卻一天到晚索喚：「老爸！你去幫我買什麼東西、作什麼事！」一天到晚索喚，萬歲的老爸才一聽著就說好；因爲兒子眞的是老爸所有的，凡是兒子所看見的、所接觸的，全都是老爸變現出來的境界。然而萬歲的老爸卻不曉得那三歲的兒子是他所有的，反而成日裡被三歲兒子索喚個不停，三界世間眞的顚倒了。菩薩可不如是，菩薩都說：「我所接觸的六塵，都是我自己的如來藏出生的，不論怎麼玩，都只是在玩自己的內相分，那我爲什麼要被六塵所拘束？」有了這個智慧，所以「逍遙出六塵」。所以在即將完成菩薩三果（我說的是頂級的三果，不是其餘六種的三果），即將完成極品三果（中般涅槃）這個過程之前，一定有一個過程：完全住在自心內境中，從來不在外境中；這時候只剩下法塵了，再不久他就離開法塵了，因爲所有法塵莫非自己心中之法，哪有外法可得？這叫作「逍遙出六塵」。

再來說，如果想要獲得無比的福德與智慧，就應當要先明白金剛心何在。當你已經把金剛心找到了，也就是把此經找到了，然後你可以現前觀察此經：雖然祂無時無刻都在運作，但祂卻是在涅槃中；雖然無時無刻在出生六塵，祂卻是從來寂滅；雖然祂一直不斷地出生每一世的五陰，卻跟五陰非一亦非異；雖然祂是常住的，祂所有的種子以及所含藏七識心的種子、種種的業種、無明種，卻是生滅不斷地在流注，所以祂非常亦非斷。因爲祂從來無生，所以永遠不滅；祂不生亦不滅，所以祂就是涅槃。由於「此經」如來藏有這種中道性，恆時都是顯示無量無邊的不一不異、不來不去等中道性，所以有無量無邊的雙不或雙非。你證得「此經」如來藏以後，可以經由這樣的現觀而次第出生了這一些智慧，就說你已經有了實相般若的智慧了。這就是實證般若，出生了般若的智慧；但這智慧得要從親證金剛心如來藏而生，不可能靠意識思惟不證如來藏而出生，所以說，當明金剛心而起般若智。

接著我還要說：「莫求世間福，得之反增貪。」不要去求世間的福德，因爲如果不斷地在五戒十善上面用心，而不曉得那些都是我所，也不曉得五陰的自我都是虛妄的，都在那上面用心，結果下一輩子生到欲界天去享福，離開三乘菩提的實修了。因爲你修了五戒、十善，兩個都修以後，那就是天堂掛號了；這不必由一貫道幫你掛號，你的如來藏早幫你掛號好了。五戒十善修好了，結果執著五戒十善將來的果報，就一定往生欲界天。往生了欲界天以後，五百位天女奉侍你、專門侍候你，你比皇帝老子還要享受；皇帝老子也不過是一后二妃三宮六院七十二嬪妃，總共加起來也不過一百多人，來世的你是擁有五百天女呵！不是人間的女人。而且每一位天女都各有七個婢女侍候著，每天打扮得漂漂亮亮地準備陪你到處去玩。往生到欲界天去，會不會生貪？妳們女眾可不要說：「我不會去當天女，我也不會去當天人。」你如果把五戒十善修了，心中若是執著那些福德，死後就會生天去當天人。那時候你轉為男身，就對五百天女等境界生貪了；那時叫你捨掉哪一位天女，你都不願意；五百個就是五百個，一個也不願意少，這不是生貪了嗎？就是這樣啊！你看，即使是釋提桓因，他都要把阿修羅王美麗的女兒搶去當他的皇后，你說他貪不貪？他的天女可多了，還要去搶；打仗打贏了，就把阿修羅王的女兒搶過來，只是為了貪心。所以說，勤求世間福，就會生貪。

所以，我們菩薩修五戒十善，只是作為盡未來際實行菩薩道時所要用的資糧，你們可別修了五戒十善以後說：「我修了五戒十善，我有資格往生欲界天了。」千萬不要去，天堂有什麼好？千萬別去。天堂是凡夫所住的境界，那有什麼好？除非你去兜率天內院，去　彌勒菩薩座下，那倒是好的。所以不要求世間福，要證解人無我、法無我，這才是最重要的。可是有些人，不論你怎麼樣跟他講，他腦筋就是轉不過來，他想要求世間的什麼福呢？他求的是：「我希望每天打坐，我有了定力以後，再來修天眼通。」他喜歡天眼通。有的人喜歡宿命通，各不相同。有的人野心大一點就說：「我要五通全部具足。」可是那五通對於解脫生死、對於成佛有用嗎？欲界天中的那些神是那麼多，依舊悟不了三乘菩提欸！因為五通只是世間福。

你如果還在人間，進入佛門裡面想要修五通，我勸你：「不必。」如果你想要五種神通，只要修十善業道就好了，不必那麼辛苦來正覺同修會修行。修了十善，死後生到欲界天中，你五通都會有，這是報得的五通啊！再不然，進修禪定而證得初禪、二禪，死後生到禪定天，那時五通會更好。可是那全都是世間法，這些世間的福德不可恃、不可依賴，因為將來在天界死了以後，下墮惡道的人多，繼續回來人間的人少。因為福德修多了，可是執著福德而在死後去把它實現；福德實現時就開始享受，享受完了以後，剩下以前留下來的那些小惡業，所以從天界下來人間時也許去當猩猩、當猴子、當狗。下來人間時運氣好的，福報比較好一點的，往世的惡業少一點的，去當人家的寵物，比非洲的那些窮人過得還好，但畢竟還是畜生。可是，如果過去世惡業造得比較多一點，那他當了畜生，每天為了飲食都要煞費腦筋。

所以生天絕對不好，千萬不要去天堂掛號。天堂掛號的意思是什麼？就是執著五戒十善應該有的福德，所以那一張掛號證要趕快把它剪掉。執著未來世將會享有的五戒十善的福德，就是那張掛號證；要拿剪刀來剪掉，不要留下來，因爲對你的下下世絕對不好。一旦失掉了人身，要再回來人間是很難的；法界裡面好多有情擠破頭想要來當人，也當不成。所以千萬要記住：不要因爲這一世行菩薩道，布施作了不少，持戒也有福德，忍辱也有福德，捨報的時候一看見天空中有好多天女這麼漂亮，比世界小姐還漂亮；那時你可不要說：「**我過去瞧一瞧再下來。**」千萬別去，一去就被繫著了，走不掉了。所以千萬別去，你一靠近，就被那個境界所攝，回不來人間了。心中不要對欲界天的境界好奇，沒什麼可以好奇的，天女就是天女，一定不如你們人間菩薩啦！要記得呵！

所以，求世間福，得之反增貪，對大家沒好處的，我絕對不會鼓勵你們。如果以世間福德智慧來教人，這種人其實不少，他們洋洋自得：「**我上一週去哪裡作了一件善事花了十萬塊錢，未來世福德可大了。**」因爲他家有錢，所以每一週都去布施。可是福德大了，那天堂裡就掛號了；他心裡面想著福德大，天堂掛號已經完成了，將來鐵定要往生欲界天。這樣一來，對他自己的後後世絕對不利。這種人我們要用祖師的話來勸告他，《緇門警訓》卷七

（緇門就是黑衣之門，緇就是黑色；所以「緇門警訓」就是黑衣之門的警訓，就是出家人的警訓），裡面有一段記載：

【諸佛不曾出世，亦無一法與人；但隨病施方，遂有十二分教，如將蜜果換苦葫蘆，淘汝諸人業根，都無實事；神通變化及百千三昧門，化破天魔外道；福智二嚴，爲破執有滯空之見。若不會道及祖師來意，論甚麼生、肇、融、叡？如今天下解禪解道，如河沙數；說佛、說心，有百千萬億；纖塵不去，未免輪迴；思念不亡，盡從沈墜。如斯之類，尚不能自識業果，妄言自利利他；自謂上流並他先德，但言「觸目無非佛事，舉足皆是道場」，原其所習，不如一箇五戒十善凡夫；觀其發言，嫌他二乘、十地菩薩；且醍醐上味爲世珍奇，遇斯等人翻成毒藥。】

汾州禪師這段話講得很沉重呵！聽完這段話，有沒有覺得心裡面有一點沉？但這是眞話，可見目前佛教界的現象，不是現代才有，是古時候就有了；這叫作人同此心、心同此理，所以他們都叫作凡夫。這段話裡面是說，從世間人的立場來看，好像諸佛有出世了；其實諸佛哪有出世？譬如 世尊也只是來人間演一場戲，文殊、普賢一大群菩薩跟著祂來演戲。在這個星球演完了，到娑婆世界中的另一個星球，也就是去另一個小世界又降生，文殊、普賢又跟著去，又同樣再演一場戲；就只是這樣演戲，演這些無生的大戲給有緣的眾生們看。不要以爲這是我發明的，事實上確實如此；所以這場戲演完了，到別的星球又去再演一遍；留下來繼續修行的這邊的眾生們，只能用感應的；若是感應到了，世尊化現個化身來跟你開示完了，化身就滅了，可是他們還在那邊繼續演戲、繼續度眾生。這就是說，其實諸佛本來都沒有出世這回事，就只是爲了有緣眾生需要得度，所以來示現出生而有八相成道這些事相，來演一場無生的大戲；這一場大戲要演八十幾年，諸菩薩們也都跟著來演好自己的角色。

可是諸佛來到人間時，其實並沒有一法與人，何曾有什麼法給我們呢？祂們總是從我們心中把我們的法拿出來再送給我們。只因爲我們自己找不到，祂幫我們找出來說：你身中本來就有這個寶貝。幫你找出來時，算是你得到了，其實還是你自己的東西，所以說「亦無一法與人；但隨病施方」；只是隨著不同的病而給眾生們不同的處方，所以才會有十二分教。有的人用偈頌開示，他聽著就悟道了；有的人需要長行，得要爲他講得一大堆正理，他才能悟入；有的人只需要短偈就能證得，有的人甚至講完以後，還要努力參究，參到 佛陀入滅而離開了，他還是悟不了；有的人則是隨便給他機鋒，他就悟了，所以悟道有種種的方式。有些人其實本來是可以開悟的，可是他太執著三界法，不得不告訴他說：「這三界裡，地獄裡多麼痛苦，畜生、餓鬼道多麼苦惱；人間雖然苦樂參半，可是活不了多久，也是無常啦，不離緣起性空啦！往生到天界去，也還是一樣啦！」這樣講完了，接著說明：天界境界也會壞、世界也會壞，就叫作世界悉檀。然後又施設種種法，因人而異，叫作方便善巧爲人悉檀。這些如果還不行，就針對每一個人的問題而說法；譬如這個人只要把貪斷了，其他的都不是問題，就告訴他：「你只要斷貪就好了，就會成爲阿羅漢了。」果然他把貪斷了就成爲阿羅漢了，因爲其他的煩惱對他而言都沒問題，都是小事，很容易斷除。有的人就是瞋心重，老是認定自我最重要，那就告訴他：「你只要把瞋斷了就好。」一旦斷了瞋，他果然就成爲阿羅漢了，這就是對治與爲人悉檀。

可是施設這三個悉檀的目的在哪裡？都爲了第一義悉檀，爲了要引導大眾走入實相中，所以施設了種種不同的方式來度化眾生，才會有十二分教的演述，這就好像「將蜜果換苦葫蘆」。本來眾生在人間，瞋也瞋得很快活，貪也貪得很快活，生離死別痛哭流涕時，他們也痛哭流涕到很喜歡。沒有一個人不喜歡生離死別痛哭流涕，對不對？每一個人都如此。生了兒子好歡喜，不曉得生了兒子就是為將來的死別種下根本原因了，所以生兒子時都是好歡喜。眾生痛苦也是痛苦得很歡喜，如果你教她說：「讓妳家庭一生都和樂平順，好不好？」她嘴裡說好，可是你注意觀察，她如果不跟她老公三天兩頭鬥一下嘴，她會覺得生活沒意義。就是這樣啊！這就是眾生。所以對眾生來講，人生的八苦其實眞的是凡夫們的蜜果——用蜜去熬煮過的水果甜蜜蜜的，然後用個苦葫蘆跟他換回來，說要把這些人生的樂趣都給滅掉成為無生，是要滅掉自我——教眾生一個個要自殺，還要殺得透，那不是苦葫蘆嗎？解脫道對凡夫眾生而言，全都是苦葫蘆。

但是等到眾生的蜜果被 佛拿走了，手中換成苦葫蘆的時候，才知道說：原來那個苦葫蘆才是蜜果，以前的蜜果都是有毒的。這就是阿羅漢，這就是菩薩，可是眾生都捨不了有毒的蜜果。你看，我們講涅槃講了這麼多年，無餘涅槃是什麼？是滅掉蘊處界、滅掉十八界，一法都不留存；但是那些大山頭的大法師們都無法接受《阿含經》中這個聖教，到現在爲止，有幾個山頭的大師接受了呢？一個也沒有！而台灣佛教徒那麼多，也才只有我們同修會這些人肯接受，算起來還是很少數。所以他們都是要把離念靈知去進入無餘涅槃中安住，可是佛法中沒有這種涅槃，只在外道法中才有這種涅槃，叫作外道現見涅槃。

所以蜜果到底是苦葫蘆還是蜜果？還眞難說，因人而異。這個苦葫蘆對你們來說是顆蜜果，可是對外面那些人來講，還眞是苦葫蘆。所以 佛陀這樣施設，其實只是要把各人的業從根本淘洗盡淨而已，何曾有一法給了誰呢？有許多人貪求神通變化、貪求四禪八定；不像菩薩把四禪八定只是拿來作爲工具，作爲增益無生法忍的工具；凡夫們則是貪求四禪八定的境界、貪求神通變化。菩薩卻不一樣，菩薩也修這些東西，但只是拿來作爲工具，用來度化眾生以及破壞天魔外道；所以百千三昧以及神通變化，不是菩薩所要的目標，菩薩要那些境界只是作爲工具。所以說，各種施設之目的都是爲眾生，才會講福與智兩個莊嚴法門，告訴大家要修福也要修智；然而修福修智來莊嚴自己，其實福與智只是爲了「破執有滯空」的凡夫錯誤見解而已。修集了福與智的目的，也是爲了究竟的解脫，就是爲了成就佛地的究竟解脫，目的在這裡。福與智並不是標的物，福與智的圓滿具足是成佛的副產品，所以，說福智兩種莊嚴，只是爲了破壞眾生執著於有、破壞滯著空的錯誤見解。眾生若是滯空，那就告訴他，智慧眞實不虛；若是著有，就告訴他，福德的莊嚴只是幫助你成就佛道之用，不是眞實有。

修了很多的福德，在那邊作文字訓詁研究等等，不從事實修而說他有智慧，一談到祖師西來的眞實義，他就不懂了；一開口就講錯了，所以汾州禪師又說：「連佛菩提道都不懂，祖師西來意也不懂，還要強出頭，跟人家講什麼道生禪師、僧肇禪師、道融禪師、僧叡禪師證悟底妙法有錯誤；自己連祖師西來意都還不懂，竟敢去評論大禪師們。」眞是如此啊！自己都還弄不懂祖師西來意，別說評論眞悟的禪師，連凡夫禪師他都沒資格評論；因爲自己的所墮跟人家一樣，有什麼資格可以評論別人？

汾州禪師又說：「如今天下自認爲懂得禪、懂得道的人，如恆河沙數一般；」可見古時候就已如此。最近也有人在電視上在講禪、講公案，可是我發覺他的肢體語言非常豐富，不知不覺就顯露出馬腳來。他講一個公案的時候，嘴巴裡有一句話想要講出來，卻又講不出來而鼓在那邊，我好整以暇跟他計算時間：一秒、二秒、三秒、四秒、五秒、六秒，直到第七秒終於講出來了，然而講出來的卻是與他講的那個公案毫不相干；然後又看見他坐著講禪，講的時候手就一直抖；你看，他就是很心虛，那肢體語言都逃不了家裡人的眼光；而他的意根在幹什麼，我都看得清清楚楚。不就是這句話的寫照嗎：「沒有眞的懂，還想要裝懂。」不懂裝懂就會產生這個現象。只見他一句話在腦袋裡面轉、轉、轉，心裡想著：「這該不該講？講出來會不會錯了？」他其實是在考慮這個問題，然後心裡面就落虛，落虛時手就會抖顫；其他的肢體語言等等都會出現了，逃不了明眼人的鑑照。

所以說，自認解禪解道的人，總是猶如恆河沙數一樣多，這是古時候就有的事。到現在二〇〇七年還敢出來講公案的，只剩下他一個人；可惜他講的都是無效的，都是講錯的。自從我們寫了《公案拈提》，連續印行七輯以後，大部分自稱開悟的人都收斂了。不自量力的人就繼續出來講講看，雖然只是講講看，就有無量無邊的敗闕，瞞不了明眼人；因爲他講來講去都在一堆破銅爛鐵上用心，眼前一大座的金山，他都不能講，也指不出來。公案哪是可以像他那樣講的？所以汾州禪師斥責說：「解禪解道，如河沙數；說佛、說心，有百千萬億。」不論你去到哪裡的道場，不都在說佛、說心嗎？但問題是「纖塵不去，未免輪迴」。他們全都在那些語言名相以及那些公案的表相上面作文章，無法依止於公案中直接指出的「此經」無覺無觀的境界，全都沒有辦法依止，無法與此經的本來自性清淨涅槃相應，這就是「纖塵不去」；像這樣只要有一點點如同細纖維一般的小塵埃不能夠去掉，這樣的人死後「未免輪迴」，一定會繼續輪迴；因爲法身慧命早就死掉了，在中陰境界中是絕對無法自己作主決定往生之處，一定是隨業淪落而受生的。

而且他們都一樣是「思念不亡」，全都在用意識思惟這個公案；根本不知道公案裡的密意內容，只好靠意識去思惟、去瞭解，然後就跟人家講解，正是「思念不亡」，汾州禪師就說這種人死後「盡從沈墜」。那位法師講解公案時竟然是要用記憶的，並且還記錯了，把兩個公案混成同一個公案。原來禪宗公案還可以分割、合併的？這就是不懂公案而導致「思念不亡」，都是靠意識心在那邊思惟、在那邊憶念而說的。凡是記憶得來的東西，都不是自己家裡底。祖師說：「皆是冊子上記得來，有什麼交涉？」講的就是這個道理。所以汾州禪師說這種人是「思念不亡，盡從沈墜」。因爲刻意在那邊示現說他有開悟，結果心裡面卻虛虛地，所以講禪的時候一直在那邊遲疑：這一句話要不要講出來？或者想了半天又轉爲另外一句話，當他心裡面一遲疑、一反悔，肢體動作可都顯示出來了。這種人「思念不亡」，死後「盡從沈墜」。

汾州禪師隨即斥責說：「像這樣的一類人，尚且沒有辦法自己認清楚他將來所要遭遇的業種現前的果報，還妄言說他能夠自利以及利他；然後自己宣稱是上流之人，就把古德眞悟的祖師認爲是與他同一輩的人物，心裡『並他先德』，所以開口就說：『觸目無非佛事，舉足皆是道場。』講起法來似乎跟開悟的人一樣，」開悟的人也這麼說：「觸目無非佛事，舉足皆是道場。」他也學著人家這樣講，然而是不是他能這樣講就算開悟了？當然不是，所以「原其所習」，就是推究他原來所修所學的；汾州禪師說：「推究他所熏習的，發覺他竟不如一個持五戒十善的凡夫，」因爲人家受持五戒修習十善的凡夫都不會自大，這個人卻出來高聲自大地說：「我跟老趙州是一樣底。」也許又說他跟潙山靈祐一樣等等，當然是不如五戒十善底凡夫。因爲他大妄語了，而五戒十善的凡夫不會大妄語，下輩子至少可以生欲界天；而他下輩子卻不在人間，也不在欲界天中，而是要到地獄去了，因爲他的大妄語具足了三罪：根本、方便、成已，三罪都已具足。當大妄語業的這三個罪具足了，就是地獄罪。所以說：「**原其所習，不如一箇五戒十善凡夫。**」

汾州禪師又說：「**你若觀察他們所說的話，他們一天到晚在罵賢聖，嫌他二乘聖人是焦芽敗種，都不如他。**」他認爲自己是菩薩，比阿羅漢厲害，然後又輕嫌說：「**初地到十地的菩薩也還無法像我這樣一悟即成佛。**」所以也有人大罵說：「**羅漢、辟支猶如廁穢。**」罵阿羅漢、辟支佛猶如廁所裡面的髒東西。而且還有凡夫們依樣畫葫蘆，跟著輕嫌十地、等覺菩薩，問題是十地、等覺說「**無佛無法亦無僧**」，是依如來藏自住的立場來說底，不是從他所說的意識放下一切的立場來講底；他卻拿來套在自己身上，也跟著人家公開罵說沒有三寶、沒有佛可成。「**所以大菩薩們講的妙法本是醍醐上味，那本來是世間的奇珍，到了他的手裡就變成毒藥拿來害人。**」你看汾州禪師說的這一段話，眞的很沉重呵！雖然很沉重，但是還需要讓大家再沉重一會兒，所以還要舉出《百丈懷海禪師廣錄》裡的說法來講：

【汝莫言「有少分戒，身口意淨」，便以爲了。不知恒沙戒定慧門、無漏解脫，都未涉一毫毛。努力向前，須猛究取；莫待耳聾眼暗、面皺頭白，老苦及身、悲愛纏綿，眼中流淚、心裏慞惶，一無所據、不知去處；到恁時節，整理手脚不得也。縱有福智、名聞、利養，都不相救。爲心慧未開，唯念諸境，不知返照；復不見佛道，一生所有善惡業緣，皆悉現前，或忻或怖。】

所以你們有時候可以慶幸一下說：「好在我沒有在百丈禪師座下出家。」可是如果在大乘法中出家了，這一段可眞要記得呵！因爲全缺應供，那該怎麼辦？全缺應供，那是在消耗　佛陀給他的福德，他自己本身並沒有那個福德可以受用。都是因爲　佛陀給了那件僧衣穿了，所以他的福德就來了，不愁吃、穿、住，可是將來要怎麼還給　佛陀？要怎麼樣還給眾生？這可是自己的難題了，所以這一定要計較。因此在大乘法中出家，要嘛就是清心寡欲，只求生活上最基本的生存條件就好，不要追求享受，一心求生極樂世界就沒有過失，遇見了信徒教他們老實念佛就沒有過失。如果不是這樣修，而是住得一大片金碧輝煌，都是用眾生供養的錢財蓋起來的，卻沒有眞實法給眾生，也不信有極樂世界而不教機淺的眾生往生極樂，那是有因果的。最不好的是山林一大片，大雄寶殿金碧輝煌，卻是住在裡面搞雙身法；這種事情現在很平常呵！你不要說沒有，有頭有臉舉得出來的大師眞的太多了。

大家都要記得百丈禪師說的這一段話，他們其實應該每天晚上把百丈禪師這一段開示誦一遍，拿它來作晚課。百丈懷海禪師對徒弟們說：「你不要說：『我有少分的戒行了，這個福德不壞了；我身口意也清淨了，因爲我也不貪人家供養。』以爲這樣就是已經把佛法裡面該修的都修好了。」其實不是這樣的，因爲那只是普通的出家人，只成個粥飯僧。你如果到了大乘法中，並且是在禪門中出家，就一定要求悟。「如果不知道恆河沙數的戒門、定門、慧門，也不知道種種的無漏解脫等境界，其實一絲一毫都不曾涉及這一些大乘菩提成佛之道的實證。」那一定會在臘月三十到來的時候不知所措，因爲無可依憑，所以百丈禪師就說：「應該要努力向前，必須要很猛力去參究、去攝取；不要等到耳朵聾了、眼光昏暗了、臉上滿是皺紋、頭上也都白了，老苦已經上身了，那時候想想又悲又愛，被這悲與愛兩個苦惱纏綿著而放不開。這時候眼中流淚說：『我快要死了，死後要怎麼辦？』心裡面憧惶怕怖，一點點的憑據都沒有，不知道下一世要到哪裡去。」因爲全缺應供，又沒有德行存在，佛法上面也沒有實證，臨命終時當然要恐怖說：下一輩子究竟要生到哪裡去？我不相信那些大小山頭暗中在修雙身法的法師們，他們深夜捫心自問的時候都不驚慌。我眞的不信！

百丈大師又說：「**到恁麼時節，要整理手段、整理腳步，根本都不可能了。**」這時還能作得了什麼？年壯之時都作不了了，如今年老又已經髮白面皺了，還能作什麼？眼光昏暗加上耳朵幾乎要聾了，耳背很嚴重了，想要來參加咱們的禪三也都沒辦法了！因爲進了小參室，我若想要爲他開示，還得要用擴大機，豈不是連禪堂裡都聽得清清楚楚了？你說，我要怎麼錄取他呢？以前有一位老菩薩就是這樣，我沒辦法錄取他。雖然憐憫他，可是我發覺：他的身口意行還在世間法中修，眞的還不足以幫他開悟。我心裡就想：再等一、兩年吧，等禪三道場建好了，隔音設備作好了再來錄取他。但他已經等不及，先走了。

百丈大師又說：「**縱使在年壯之時修福修智，當了大座主而講得某某經又某某經，講了幾十座；也有大名聞，利養也非常豐厚，**」這又好像也在講現在的佛教，對不對？所以有一些法師，他們走的時候留下幾億元現金，那都是平常事；更多的是留下一大片山頭，建設得金碧輝煌。問題是，這麼豐厚的利養，那麼廣大的徒眾，又有很大的名聞，眞是名聞四海，至少也名聞海峽兩岸，百丈說：「這些善法其實都不能相救。」無法用來救他們，不能相救的原因在哪裡呢？「都是因爲他們心中智慧都還沒有開啓，一心想念的都是種種的境界，落在眷屬名聞利養上面，不懂得自我反省與觀照。」你們去看看那些大山頭的大師們不都是這樣嗎？他們私底下收的紅包供養，我看每一位大師私底下收的紅包，就抵得上我們正覺同修會一整年大家的護持款，就別提他們的道場所收的鉅款了。光是大師一個人收受的就有這麼多，他空有錢財，並不想在佛法上面努力求證，那他不追求享受，你叫他用到哪裡去？

不像我們正覺同修會，我們親教師裡，有誰收過紅包供養？都沒有，並且也是都不領薪水的，也沒有鐘點費可領；來會裡教導大眾時還得自己貼上汽油錢，或者貼上車馬費。所以那一些大師都是百丈大師說的：「唯念諸境，不知返照。」不但如此，「在佛菩提道上又沒有見道，還沒有開悟就沒有能力以正法回報施主們。一生的所有善業緣、惡業緣，到臨死的時候全部現前，不知不覺之間心就歡喜而搖動了，或者恐怖畏懼了。」他們如果一生都是少受供養，努力勸眾生念佛等等，自己也持戒不虧，到時候即是「或忻」，忻什麼呢？那時他看見欲界天的景象了：「喔！那麼多天女在等著我去。」如果他懂得不貪著，心裡憶念著西方極樂世界 阿彌陀佛，就變成另外一種「忻」：「哎呀！阿彌陀佛來接我了，眞好，眞好。」心中好歡喜。再不然就是「怖」，因爲沒好好修行而白受供養了。不幸的，「怖」是大多數。

所以《金剛經》中的理，所說的就是想要使大家明白：語言文字背後所告訴你的如來藏就是此經。《金剛經》講的金剛心就是這個心，要大家別老是在世間法上用心，也不要依文解義。新竹有個鳳山寺，他們設了一個里仁公司，又設了福智法人團體專門教人修學《廣論》，他們自稱爲修福又修智，那公司當然也是法人團體。他們的領導法師是這幾年才走的，雖然說是專修次第或修止修觀，都是指向以及隱說雙身法；不曉得他懂不懂那些止觀都是《菩提道次第廣論》，但是《菩提道次第廣論》後半部的止觀，不論是生起隱說雙身法，其中的生起次第也都是爲雙身法作準備，所說的止與觀也都是雙身法的隱說。我想他應該是知道的，因爲聽說他每次《廣論》講到止觀時就停下來，又從頭開始重講。據說他也有預告一定會講《廣論》中的止觀，可是直到死時爲止都沒有講。我們無從判知，他到底有沒有修過雙身法；因爲無從而知，不去作判定。問題是，《廣論》後半部的止觀所說的境界全部是隱說雙身法，那都是意識或識陰境界；可是，即使是前半部的《廣論》，也都是在否定如來藏，本質是正式否定 世尊在三乘經中所說的第八識妙義，實質上是正式破壞 世尊的正法；因爲《廣論》中明著說：「**除了意識作爲最究竟的心以外，不許另外有阿賴耶識。**」

宗喀巴在《廣論》中公開主張：意識是結生相續的所依識。也就是說，《廣論》認爲意識就是收藏業種而能出生名色的根本心，所以不許意識以外別有阿賴耶識；這是公然否定第八識，與 世尊說的第八識才是出生名色的心，正好相反。並且，《廣論》這樣作了否定 世尊正法的事情以後，還推崇說：**最後一定要轉入密宗道，要去修雙身法，那才是究竟的佛法。**所以《廣論》中說的都是破壞正法的惡言惡語，正是謗菩薩藏者。《楞伽經》中說，謗菩薩藏的人是一闡提人，也就是斷善根人。斷善根人當然是無間地獄罪成就。假使不知《廣論》的虛妄而跟著弘揚，那麼他最多只有兩個罪，就是破法上面的方便、成已二罪，因爲他拿出來宣講時先要構思一番，就是施設方便要讓人家歸依《廣論》中的常見外道法，已有方便罪；而他講完了，當然也有成已之罪，因爲一定會有一些人信受；但他並沒有根本罪，因爲不知道《廣論》中的說法全都是破法之說，所以最多就只是一般地獄罪，還不到無間地獄罪的程度。

可是宗喀巴已經具足三罪了，他特地寫了《廣論》，目的是特地否定第八識如來藏，當然他也有破法的根本罪——謗菩薩藏而成爲一闡提人。而他施設各種方便巧辯來寫成《廣論》，當然也有破法的方便罪；後來也寫成了，直到現在都還有許多人信受奉行，所以他在破法上的成已罪也已成就了；如是具足根本罪、方便罪、成已罪，所以宗喀巴的破法罪，是罪在無間地獄。多可憐啊！假藏傳佛教密宗黃教所推崇的至尊，宣稱是「文殊菩薩」化身的宗喀巴，卻是罪在無間地獄，而且才剛進去不久；因爲無間地獄的時間很長，對我們來說已經是過去幾百年了，對他來說卻是才剛開始受苦不久。要等到什麼時候才能回來人間？不知道！所以像他們鳳山寺、福智法人團體，努力對《廣論》中極力謗菩薩藏的法，每天「學而時習之」，這是在極力破法。

以這樣的理念，來成立福智法人團體，成立里仁公司來經營商店，來與小商店、與人民爭利；當他們的店鋪開到哪裡，附近的雜貨店就只好關掉或遷移；因爲他們的里仁商店店員全都是義工，是由學《廣論》的人去商店裡作義工，小市民開設的小商店無法競爭，就只好關門或搬遷了。

像這樣子，其實是出家人享受在家法；不但是破毀了出家戒，也就是破毀了聲聞戒，也破毀了出家菩薩戒，已經成就破戒重罪。而他們把開店經商所得的盈餘用來弘揚《廣論》以外，大部分是拿去供養推廣雙身法的達賴喇嘛。請問：這樣他們能成就福德與智慧嗎？所以那個《廣論》福智團體，里仁公司法人，我們應該稱呼他們爲貧愚公司法人，因爲既沒有福可得，來世一定貧窮；並且沒有三乘菩提智慧可得，現世與來世都一定是愚癡人；以破法的常見外道法及雙身法取代正法，後世也不會有好報，諸位應當要瞭解這一點。這一些沉重的講過了，接下來講一點宗門裡比較活潑的法教，因爲佛菩提道的宗門是最活潑的。爲什麼活潑呢？不是公案活潑，是因爲佛法本來就很活潑，興致盎然，而不是像二乘法一樣沉寂滯空；《景德傳燈錄》卷六：

【馬祖道一禪師　僧問：「和尚爲什麼說即心即佛？」師云：「爲止小兒

啼。」僧云：「啼止時如何？」師云：「非心非佛。」僧云：「除此二種人來，如何指示？」師云：「向伊道：不是物。」僧云：「忽遇其中人來時如何？」師云：「且教伊體會大道。」】

自古以來，想要從禪師手裡挖寶眞的很難；在我這裡挖就容易多了，容易百千倍。因爲我這一世出來弘法不是要當禪師，是希望宗門正法至少可以再住世三千年；那麼我將來這三千年可以輕鬆安逸的過日子，方便進修禪定等法，不必像現在這一世這麼辛苦，忙到沒時間修回往世的禪定功夫。未來世有人弘法就夠了，我就不必強出頭。可是如果這輩子沒有把它搞好，也許一千年後我又要從頭再來一遍，那可就累人了。可是馬祖禪師那個年代，因爲邪見不像我們現在這麼多，什麼應成派中觀、自續派中觀等六識論的外道見，在當時中國還沒有廣大弘揚起來，他們度人就不必像我這麼慈悲。應成派等二種中觀，是在三、四百年前，由於宗喀巴寫了二部《廣論》以後，才由達賴五世幫他努力搞起來的，就一直傳到現代仍在禍害佛門。在天竺佛教時期，以及後來傳到中國時，應成派中觀並不吃香，所以禪師們沒有這個問題，不需要廣度很多人開悟來作事；只要宗門法脈能夠延續不斷就夠了，他們不像我要這樣辛苦地度人、作事。

有僧人來問馬祖道一大師說：「和尚！您爲什麼説這個心就是佛？」馬祖禪師說：「我只是爲了停止小孩子的啼哭。」因爲好多人一天到晚哭哭啼啼：「師父啊！請您告訴我，眞心是哪個心，請告訴我：眞佛是指哪個心啦！」馬祖禪師就直接說：「這個心就是佛啦！」這樣開示以後，徒弟們至少有幾天都不會再來煩他，因爲他們想：「這個心就是佛，那我就可以依這個心而安止下來了。」等到他們有一天想到說：「不對呵！師父瞞我。」那已經是好幾天、好幾個月以後的事了。因爲他們去翻閱經典以後才又來訴說：「不是欸！經典講的佛心跟這個心不一樣呀！經典講的佛心是離見聞覺知，師父您告訴我的這個心，卻是有見聞覺知。」等到他又上來問的時候，禪師就告訴他：「汝喚哪個作心？」如果是講這個覺知心，一棒就打出去。等到終於弄清楚了：「原來師父告訴我即心即佛的時候，已經告訴我是哪個心了，自是咱家誤會。」終於知道，原來是自己弄錯了，誤會了師父的意思。因爲馬祖說即心即佛的時候，確實已經指示了哪個是眞心了，已經指示出眞佛的所在了，只是他自己誤會了，誤以爲這個覺知心就是。

所以這時候他就上來了，他已經不再哭啼了，不再說：「師父！請您告訴我哪個是心啦！」不再哭哭啼啼了，這就是啼止時，所以僧人上來問說：「啼止的時候如何？」馬祖大師就說：「非心非佛。」當徒弟上來說他找到了這個佛心，不能隨便就印證他，還得要警醒徒弟：「眞正的佛心，既不是心，也不是佛。」對嗎？（眾答：對！）對嘛！當你找到了這個心的時候，你一定會主張說「非心非佛」。除非你落在離念靈知裡，否則的話，你一定會承認說：「馬祖講得對，果然非心非佛。要不然，般若經中爲什麼叫祂作非心心。」所以馬祖道一說：「如果自認爲開悟了，不再來跟我哭著要這個心，我就告訴他『非心非佛』。」這個僧人還是弄不懂，就問說：「如果不是這兩種人，是另外一種人來，跟這兩種人不一樣的時候，請問和尚您怎麼樣指示呢？」馬祖說：「我就向他說不是東西。」如果是那些依文解義者，就會這樣說：「人家問雲門，雲門都說露柱、綠瓦、花藥欄、乾屎橛，都是講這些東西；現在馬祖就是想要破除人家對名相、對物質的執著，所以就講『不是物』。」你要是聽到有誰這樣開示，就上前一棒打他頭上腫起一個包，管你無罪，因爲馬祖道一說的不是這個意思。馬祖大師講的是在直示密意，問題是這個僧人不會。

不會，就要打破砂鍋問到底，所以他又問：「如果忽然間遇到其中的人來的時候又怎麼樣？」其中的人來了，當然是已經悟了，不然哪能叫作其中的人來？既然講的是已悟的人來了，要如何開示呢？馬祖說：「那我就暫且教他好好體會大道。」如果有人來問：「長安向什麼處去？」長安城，那時候是國都，禪師就說：「直直恁麼去。」你要去長安，長安是皇帝老子的住處，你既然要去你五蘊家中皇帝老子的住處，那當然要走長安大道。如何去？就「直直恁麼去」。

如果有人從大陸來到台北，問我說：「台北怎麼去？」我也說：「直直恁麼去。」會了當下就會。為什麼要直直恁麼去？因為這就是大道啊！「沒有啊！我沒看見哪一條大道啊！」「笨蛋！承德路那麼寬，你還沒看到？」

所以如果有人來問「如何是大道」的時候，那禪師家作麼生道？要怎麼說呢？想想看，禪師家要怎麼說？誰要是來問我，我就說：「我也看不見。」

當你會了其中的大道，隨後為正法的久住而奮鬥時，你眞的「福智無比」啊！因為不論是誰，他們以遍滿三千大千世界所有須彌山王的七寶大聚用以布施眾生，都遠不如你爲人講解「此經」。甚至遠不如你單單只爲人演說「此經」所含攝的一首四句偈。

〈化無所化分〉第二十五

【「須菩提！於意云何？汝等勿謂如來作是念：『我當度衆生。』須菩提！莫作是念，何以故？實無有衆生如來度者。若有衆生如來度者，如來則有我、人、衆生、壽者。須菩提！如來說有我者，則非有我；而凡夫之人以爲有我；須菩提！凡夫者，如來說則非凡夫。」】

講記：「須菩提啊！在你的意下認爲如何呢？你們大衆不要說如來會作這樣的想法：『我應該要度衆生。』須菩提啊！不要作這樣的想法，這是什麼緣故呢？事實上並沒有衆生被如來所度的事。假使有衆生被如來所度的事，如來就是有我相、人相、衆生相、壽者相的了。須菩提啊！我釋迦如來說『有眞實我』的事，就不是眞的有我；而凡夫一類的人誤以爲如來所說的眞實我是有我；須菩提啊！所說的凡夫這件事，我釋迦如來說就不是凡夫。」

「化無所化」，有好多大師度衆生一輩子以後，講起話來豪氣干雲：「我這一輩子度的徒弟少說也有一百萬人。」很偉大呵！度了一百萬人當徒弟。可是那些徒弟們有沒有波羅蜜？這才是大問題呀！我都不敢妄想說，這一輩子可以度徒弟三萬人、五萬人，我都不敢想；因爲我所謂的度，跟他們說的度，意涵不一樣。他們的度是說來他的寺院歸依了就算是度了，以後每年或每幾年還記得回來參加一次園遊會，也就是被他所度了，這就是他們說的度。可是如果阿羅漢所說的度，那至少得要斷除三縛結才算度，阿羅漢度人是這樣的。而我們度人不只是這樣，我們說的度人，不但要斷三縛結，最少還得要明心不退轉了，才算是眞的度了。如果是用我們這種度來說，依古時的禪師而言，終其一生如果度了十個人，已經很夠啦！除非爲了滅除佛教界的邪見而救護眾生離開眾生見，需要很多人來復興佛教正法，否則不必度很多人。因爲經中早就講過了，教導南瞻部洲所有眾生成爲辟支佛，不如度一個人成爲發菩提心的凡夫菩薩，都還沒有證悟呢。所以你們不要妄自菲薄，你進來正覺同修會中如果悟了，我度你一個人可以抵得多少阿羅漢？你們算算看啊！

所以觀察因緣，如果下輩子我再來了，正覺同修會還在；假使我出世弘法度人時，只要度十個人明心就夠了；因爲那福德就無量無邊了，不必弄到一大堆（作者註：後來知道世尊之意，未來世還要教育全球佛教界、佛學界，全都知道密宗不是佛教，因此仍然要度很多人出來爲正法作事）。如果說你去開礦，你只要開採到一顆可以製成十克拉、二十克拉的鑽石，而人家開採出幾十萬噸的鐵砂，哪一個贏？對啊！你既省時又省力，價值又高。那幾十萬噸的鐵砂，你還要花很多成本去提煉，還得要費多少工夫？結果提煉成了，還只是鐵。所以，「化」度眾生時是要怎麼化？也就是說，你要幫人家證悟實相才是眞的「化」度；而佛菩提道中這樣的「化」，其實並無所化。何曾有所化？因爲你「化」度一個人成爲實義菩薩以後，你再從實相境界來看你所「化」度的那個菩薩時，其實你根本「無所化」，因爲依舊是他原本就有的如來藏本來已度生死彼岸；度化他成爲已離生死而到無生死彼岸的「菩薩」，也只是個假名；是依他的色受想行識假名爲菩薩，而這個假名菩薩還是緣起性空，那你到底「化」了誰成爲菩薩？然後你說：「有啊！我化度他證得他自己的如來藏，法身佛現前分明無生無死。」問題是，他的法身佛本來就在無生無死的彼岸，而他的法身佛也不觀察說自己是菩薩，也不觀察自己是法身佛，也不觀察自己已住在離生死的解脫彼岸，那他何曾有被你度化了呢？那到底你「化」了他沒有？結果眞正的度化了他，卻是「無所化」。這樣子「化無所化」就是這一品講的意思。

佛陀又說（你們看這部經中有好多段都是弟子無問而佛陀自己就說的）：「須菩提！你的意下如何呢？你們大家不要說我釋迦牟尼有起過這樣的念頭：『我應當要度眾生。』須菩提！你們不要這樣想，為什麼呢？其實沒有一個眾生是被釋迦如來所度的。如果有一個眾生是被我釋迦如來所度的話，那我釋迦牟尼就有我相、人相、眾生相、壽者相了。須菩提啊！如來說『有眞實我』這句話，其實祂不是眞實我，因為祂沒有我性；而凡夫卻誤以為我釋迦牟尼說的是另有一個好像世間五蘊一樣的我；須菩提！我釋迦如來所謂的凡夫，其實就不是說凡夫。」

這一品經文的說法跟前面的說法有一點點不同，反而說凡夫不是凡夫呵！為什麼要這樣講？我們來探究看看：「大家都不要這樣去想，說如來曾經起過這樣的念頭說：『我應當要度眾生。』不要生起這樣的念頭。」因為如來雖然示現在人間度了眾生，其實沒有眾生是被如來所度的。因為如來度了眾生，眾生是由五陰來當，所以 釋迦如來度了一個凡夫成爲菩薩，那個菩薩其實也是五陰，由菩薩的五陰來當菩薩而不再是凡夫了；然而菩薩這個五陰是緣起性空，捨報了以後並不能去到下一世，那麼這個人有沒有被 如來度了？顯然是沒有。如果有一個菩薩被 如來度了以後，他的五陰可以去到下一世，仍然是同一個色受想行識，那才可以說有一個眾生被 如來度了。可是事實上並沒有啊！菩薩死後到下一世去時，已經是另一個五陰，不是此世這一個五陰了；而被度的這一世的五陰最後滅失了，完全不存在了，後世的色受想行識已是另一個全新的色受想行識了，還有哪個眾生、哪個菩薩被如來度了？

也許有人說：「有啊！因爲如來度了一個菩薩，而那個菩薩證得他自己的如來藏，他的金剛心如來藏與他的意根會去到未來世，所以是眞的被度化。」問題又來了，那個意根到未來世去，祂在下一世根本就不會思惟觀察分別；祂只有在法塵上能作非常非常粗略的簡單分別而已，只知道法塵有沒有間斷，有沒有大變化，其他的都不會，更別說是三乘菩提的智慧了。祂到了下一世會有什麼智慧？根本沒有！那麼這位菩薩到底算是被度了還是沒有呢？結論是沒有；因爲他的如來藏根本不在六塵上作絲毫的了別，所以他的金剛心如來藏到了下一世，也不會認爲說「我如來藏在上一輩子開悟了」。所以還是沒有被度化，因爲如來藏祂根本不知道，祂不理會這些開悟的事，所以實際上也沒有眾生被 如來度化。

也許有人突然想到說：「有啊！他還沒有捨報以前，就是被如來度化了啊！」問題是，他被 如來度化了，當他開悟了以後轉依了如來藏，從如來藏的立場來看自己被 釋迦如來度化這件事情時，他也會說：「我沒有被如來度化，因爲智慧是我的五陰所有，而智慧、五陰不會去到未來世；死時變成智慧種子存在如來藏裡面，意根與如來藏能帶智慧種子去下一世，但下一世卻不是由意根與如來藏擁有這一世開悟的智慧，還得要由下一世全新的意識再把這一世所悟再悟回來，所以還是沒有被度化。」轉依了如來藏的當下，也就知道自己並沒有被度化。所以如果哪個人悟了以後，告訴我說：「有啊！我被蕭老師您度了。」我就一棒打下來。因爲度與不度，都只是人生大夢中的事。菩薩就是這樣，一世又一世這樣度而不度、不度而度，一世一世到最後成佛；而諸佛就這樣對諸菩薩化而不化、不化而化，這就是菩薩法。所以不是那些人講的說：「這個離念靈知我就去到下一世，我還是能夠知道這一世所『悟』底離念靈知。」當他們往生去來世時，並不是這一世的離念靈知，那時什麼都不知道了！因爲已經換了五色根了，所以意識等六識也跟著換新了！連這道理都不懂，竟然還說他們知道佛法。所以不管哪個大師，當他們說他們知道的時候，你就罵他們：「知道個屁！」要眞的罵他們，因爲已經表示他們根本不懂「化無所化」的眞義，就是未證謂證，因此他們眞的該罵。所以不能夠生起這樣的念頭說：「眞的有眾生被如來度化了。」這一句「實無有眾生如來度者」，依據實際理地的現觀，其中眞的沒有眾生被如來所度化；如果 釋迦如來心裡想「有眾生被如來所度化」，那麼 釋迦如來顯然心裡面還有我相、人相、眾生相、壽者相了。

然而，離開了四相的般若、佛法是斷滅空嗎？並不是。因爲既然說非斷亦非常、不來亦不去、不生亦不滅、不垢亦不淨、不生亦不死，顯然不是斷滅空。可是 如來又說蘊處界都是虛妄、都是藉緣而起、都是性空，所以阿羅漢入涅槃時一定要滅盡五蘊身心。好了，那一定是有個常住的法叫作「我」，所以如來說「有我」。這個眞實的「我」，不單是在大乘經中說有「我」，在四阿含諸經中也說有這個「我」；四阿含諸經中最有名的一句話，就是常常被釋印順引用的五陰「非我、不異我、不相在」。五陰既不是我，五陰又不異我，五陰與我也不相在，那顯然是有我；由這個我與五蘊我的非一非異而又不相在來看，顯然 如來所說的「有我」絕對不是有蘊處界我；而祂眞實存在，並且能出生三界五陰我；可是因爲這個眞實常住的金剛心「此經」眞我，並沒有五蘊我性、十二處我性、十八界我性，也沒有六入我性，更沒有六識我性，祂沒有一絲一毫的三界我性，所以 如來說的「有我」其實並沒有三界我，因爲這個眞我是沒有世間我的我性的。

可是凡夫之人都不知道這個眞我，誤以爲 如來違反四阿含說的五蘊緣起性空的無我，反過來說蘊處界等三界我的我性眞實不壞，誤認爲 如來後來改變說法而指稱三界我是眞實有我，於是就公然說 如來前後三轉法輪的說法自相矛盾，達賴喇嘛就是在書中這樣公然指控的。因爲凡夫之人認爲：「我色身很眞實，我如果一餐不吃飯就餓壞了；三天、七天不吃飯可能就會死了，怎麼說沒有我？餓的時候又是誰在餓？」凡夫都這樣想，然後說：「我被罵的時候，心裡面好痛苦，會痛苦的時候怎麼可以說無我？無我怎麼會痛苦？」對啊！正是無我就不會痛苦；有了識陰的我，你就會有痛苦；所以阿羅漢被罵時不痛苦，凡夫被罵時就很痛苦。結果正是：凡夫們落在蘊處界的假我裡面，還振振有辭說有眞實我。正因爲不知蘊處界假有，認爲蘊處界眞實有我，他就不斷地領受痛苦；阿羅漢現觀蘊處界無常故無我，所以人家怎麼罵他，他都不痛苦。所以凡夫以爲有我，可是凡夫聽聞了聲聞法，轉而聽大乘法的時候，因爲無智，所以對三乘菩提的我與無我眞實義並不明白，他們落入蘊處界中也說有我，當他們依蘊處界而有我時也就會痛苦。但菩薩住在有我的現觀中卻不痛苦，因爲這個「我」非我，不是蘊我、界我、處我，也不是心、不是物，而是「此經」金剛心如來藏——不是識陰六識心的心。

可是凡夫們心裡面想的是：「我知道了，正覺同修會這幾年出來弘揚如來藏，他們主張有眞實常住的法，那就是離念靈知的我了。」然後把我們的書籍研究老半天，他們想：「我知道了，一定是這個離念靈知；因爲除了這個有我以外，哪裡還會有我？」後來我們爲了救護他們，不得不開始破斥說：「這離念靈知是蘊處界我，是虛妄的、是藉緣而起，其性本空。」他們心裡面就老大不高興：「除了這個離念靈知，哪裡還有我？你們正覺同修會怎麼可以另外再說有我？」可是正覺同修會講的我是第八識如來藏，而如來藏是無我性的，沒有一絲一毫的三界我性、蘊處界我性。如來藏從來不返觀自己說：「我在這裡。」祂從來不會這樣，如來藏「如刀不自割」。不但如來藏如此，意根就已經如此了，意根也從來不返觀自己。如果有誰不服氣，說：「有啊！我意根能返觀自己。」好了，那麼請問：「你睡著無夢的時候，意根是仍然具足存在的，那時你知道自己正在睡覺嗎？」都不知道嘛！如果誰說他睡著無夢的時候知道自己存在，你可以約幾個人一起去他家，趁他熟睡時給他五爪金龍，看他知不知道誰打了他。我保你一定沒罪，因爲如果他醒來以後去法院告你傷害、侮辱，你說：「我在教導他佛法，不是在侮辱他。」好了，到時候檢察官、法官如果有智慧而不是亂搞的，他們會判決說：「這個是出世間法，與法律無涉，不起訴。」或者判無罪。如果遇到一個檢察官是糊塗人，他就會把你起訴傷害罪或公然侮辱罪，但最後作出判決的法官總不會這麼笨嘛！最後法官應該會說：「這個是佛法修行上的事情，無關法律，非法律所管轄範圍，不受理，駁回告訴。」難道法官們還要來跟你弄清楚說這個是不是佛法嗎？那顯然法官得要懂佛法而且實證佛法以後才有資格當法官了，是不是以後法官考試時應該考佛法這一門課？

如果他再不信，你就邀他來你家作客。作客過了，晚上很晚了總要睡覺嘛！等他睡著了，你就在耳邊跟他講：「你這個大笨蛋，還不知道落入了陷阱，還跑到我家來睡覺，明天早上可有得你瞧了。」等到明天早上供養他早餐的時候，告訴他：「昨天晚上，我在你耳邊跟你褒獎，你知道嗎？」他說：「我不知道啊！」你說：「我褒獎你，褒獎得很辛苦；我褒獎說你的境界是至高無上的境界，你怎麼可以沒聽到？」他說：「因爲我睡著了。」好，又一巴掌給他，隨即告訴他說：「你不是說睡著無夢的時候，你還在嗎？你不是應該還能返觀的嗎？我褒獎你老半天，你竟然都沒聽到，你眞的辜負我了。」他老大不高興地回去了。有一天終於想起來：「我眞的辜負人家。」又來請問：「你那一天是怎麼褒獎我的？」你再復述一遍給他聽，他說：「原來你都在侮辱我。」你說：「我侮辱你，你都聽不到了，何況褒獎？」他終於懂了：「原來我睡著無夢時意根還在，但都沒有辦法返觀自己。」如果他不服氣，說：「朋友一場，你又何必羞辱我？」你說：「我不是羞辱你，我是讚歎你：你有這樣一個心，叫作意根。我眞的是讚歎你，你爲什麼說我是羞辱你？我真的是褒獎你，你聽不懂就當作我是羞辱你。」你看，他是不是啼笑皆非？哭也不得，笑也不得，只好怎麼樣：「好啦！我跟你去正覺同修會學。」不然他就沒有別的路可以走，這個糗事又不能拿出去講。

所以，從意根與如來藏來看，當眾生從他所找到的如來藏來看開悟得度這件事情時，其實沒有眾生被 如來化度。而如來藏其實也沒有我，這個沒有我的「此經」才是真我；可是這個真我卻不是有我性的，而是無我性的。但凡夫總是以為真實心是有三界我性的，或者以為離念靈知是常住的我，都落在三界我裡面；後來聽聞佛法以後，又把這個如來藏當作是有我性的心。所以你看西藏密宗說：「我們也證得如來藏，就是離念靈知，那不是我嗎？」可是菩薩依 如來而證得這個第八識真我，明明是無我性的；凡夫們卻落到三界我裡面，以為 如來教導的這個真我是有三界我性的離念靈知心。因此佛說：「如來說有我者，則非有我；而凡夫之人以為有我。」

佛又說：「凡夫者，如來說則非凡夫。」真的啊！一切凡夫都不是凡夫，那些凡夫大師們也不是凡夫，因為他們每一個人都有一個真正的大師跟他同在一處。可憐的是，他們不懂得要跟著自己的大師學，反而都只跟著自己的五陰亂學一場，都跟著自己的五陰在那邊亂作主一場、亂說法一場。一切凡夫的本際都不是凡夫，所以從證悟者來看，阿貓、阿狗都不是阿貓、阿狗。阿貓姊來了，是此經如來藏大師來了；黑狗兄來了，也是此經如來藏大師來了；證悟者都是這樣看的。因此，甚至於有的人禪三時，被蜈蚣咬了一口，趕快把牠撥掉。一看：「原來是蜈蚣菩薩，原來牠也是如來藏。」她終於找到如來藏了。沒有被咬那麼一口，還悟不了；但她就這樣悟了，當下卻沒有恐懼地大聲呼叫。

眞悟了以後，她不再說蜈蚣了，她都要尊稱牠爲菩薩。還有好多人尊稱蚊子菩薩，因爲別人都沒有，就是他有那一隻蚊子；眞的好奇怪！那蚊子就專門找他麻煩，自始至終都不找別人，而禪堂裡面有那麼多人，眞的是這樣。也有蜜蜂菩薩，對啊！爲了要幫一個人，佛菩薩眞會搞怪，祂派了蜜蜂來，就在他手上停下來，我立刻說：「你別動。」於是他就看著蜜蜂，我說：「你就看著牠。」然後這蜜蜂還在他的手上表演，擦擦眼睛，兩腿也伸出來擦一擦、搓一搓，又把翅膀也擦一擦；這樣表演了老半天，還是沒辦法；最後牠還來一招，把尾巴提起來，那動作看來好像要刺人了，我立刻又說：「你別動，看著牠。」你看，有這麼巧的事嗎？眞是世間沒有；這都是 釋迦佛或大菩薩威神之力，來要幫助一個人；因爲他有因緣，在佛法裡面有大事因緣需要這個人；這個人是值得佛菩薩幫助的，所以 釋迦佛或大菩薩親自來幫助，教蜜蜂來作出這種不可想像的事情。

你看，從證悟如來藏者來看，凡夫不是凡夫，而是如來藏，是此經金剛心。從眼見佛性的人來看的時候，也是如此：凡夫不是凡夫，凡夫確實是有這個佛性存在的。但是我們卻要說，不可以從自己的所證去說別人也是開悟者。以前有一個退轉的老師，因爲智慧不夠好，所以有一天說他看到達賴喇嘛在座上說法很輕鬆等等，應該是有開悟。因爲喇嘛在座上說法唸咒時身體都搖來搖去，他說：「他這麼自在，一定也是開悟者。」我說：「誰告訴你說他是開悟者？他有什麼地方、什麼證據可以證明他開悟了？都沒有！」現在會裡也有一個愚癡人，說某某一生禁語的比丘尼是開悟者。我說：「她如果眞的開悟了，既然一定要禁語，那她要不要像廣老那樣「趴車輪（台語，意爲兩手兩腳伸直，在地上如同車輪一般滾動）？」或者向地上「趴看賣咧（台語，意爲趴在地上讓人瞧一瞧）」！她有沒有那個能力？她有沒有那個智慧？全都沒有。證悟者雖然也可以一生都不說法，但有時候也會搞一些機鋒；不管他手頭多麼儉，一生之中總是也會使一點機鋒幫助身邊的徒弟；那位比丘尼有沒有使過一個機鋒來幫助過弟子呢？所以悟後不能用自己的智慧立場來看別人。

如果某個大師拿一些經典裡面的話來說「行無所行」，而你就說他開悟了；那麼，如果有人拿公案來問某個大師，大師就學著雲門禪師大聲地回答說：「綠瓦。」這樣他也能算是開悟嗎？是不是跟這位沒有名字的比丘尼一樣？一樣啊！但是我說，雖然表面一樣，內涵完全不一樣。所以不能夠說，人家有講了祖師的話、有講了經中的話，就算他開悟了。不能以自己的所悟來認定別人同樣的行為也是開悟，因為事相一樣，智慧卻完全不一樣。如果依他這樣講的話，那你們就不用來正覺同修會求開悟，因為我看到你們跟螞蟻菩薩都一樣有這個金剛心，那你們也算是開悟者，螞蟻也算是開悟者。如果眞的要這樣認定，好了，當你們來聞法時，我跟你們講幾句法，你們就可以回去了，就可以算是開悟了！因為我已看見你們的金剛心如來了，你們應該也一樣看見了；那麼 世尊成佛看見眾生都有佛性，是不是眾生也與 世尊同時成佛了？事實上不是這樣。

所以，不能夠用自己的所見來當作對方跟自己一樣也有所見；你悟了如來藏，你看有情當然也有如來藏；你有證得如來藏，但是沒有任何證據可以證明有情們也有證得如來藏，那你就不能夠說有情們也是開悟者。所以這是從理上講說：「**凡夫者，如來說則非凡夫。**」是因為凡夫也有那個金剛心，從他的金剛心來說他不是凡夫，這是從證悟者所見的理上來說。但是，如果你要從事相上的有沒有實證來講，先得要看他有沒有證得此經金剛心；如果他還沒有證得，你就不可以說他也有開悟，否則你也是大妄語。幫人家大妄語，也是地獄罪，大家要懂得這一點。每一次禪三最後印證時，我都會告訴大家這一點；也許他粗心大意，回家以後把我的話忘了，幫人家大妄語，那也是三個罪具足——幫別人大妄語的根本、方便、成已三罪都具足，所以這個也要小心。好！預定今晚要講的補充資料，今晚還是沒講到，時間又到了，請大家帶回去，下一週再帶來。

上週《金剛經》〈化無所化分〉的本文講完了，接下來，請看補充的部分，看 彌勒菩薩對這一段經文怎麼說明：

【涅槃含四德，唯我契眞常；齊名八自在，獨我最虛長。非色非聲相，心識豈能量？看時不可見，悟理即形彰。】

涅槃爲什麼會有四德？涅槃，本來不是說祂屬於解脫道的不生不死功德嗎？爲什麼 彌勒菩薩竟說祂有四德？其實這個涅槃講的是此經如來藏本有的常、樂、我、淨等四德，不是在講無餘涅槃等四德。因爲無餘涅槃其實並不存在，沒有涅槃可證；阿羅漢們所證的無餘涅槃或菩薩成佛時具足證得的四種涅槃，其實還是依此經，也就是依如來藏而施設。若沒有如來藏金剛心，涅槃就根本不存在了，所以 彌勒菩薩這偈中的涅槃講的是如來藏。但我們也可以說這個如來藏含有大圓鏡智等四德，因爲這首偈一開始講的是涅槃等四德，然而這四德歸屬於八識心王，這八識卻是第八識眞我才能契合眞常，而眞常卻是成佛時的境界，不是凡夫或因地菩薩的境界，也不是在講二乘解脫道的有餘、無餘涅槃。八識心王轉變而成就的大圓鏡智乃至成所作智這四個功德，都緣於常、樂、我、淨才能彰顯出來，而常、樂、我、淨則是此經自身才能契合。

換句話說，在佛地，如來藏多了個名稱叫作無垢識，少了個名稱叫作異熟識。這時如來藏出生了大圓鏡智，祂所生的意根卻具足了平等性智，所生的意識具足了妙觀察智，而剩下的前五識卻生起了成所作智。這四種功德不是阿羅漢所有，更不是諸天天主或者外道的教主所能擁有；因爲諸天天主或者外道的任何教主，不管是哪一教的教主，其實是連慧解脫阿羅漢、連聲聞初果人的解脫德都沒有，更何況能有這四德。所以說，不論是常樂我淨四德，或是大圓鏡智四德，或是無住處涅槃等四德，全都依如來藏以及祂所生的其餘七個識而有，所以當來下生 彌勒尊佛說「**齊名八自在**」。佛地四德全部是依八識心王而存在的，然而八識心王之中，獨有眞我如來藏的壽命最長久，卻是空性而沒有世間蘊處界等法，所以說是「**虛長**」，因此就說「**獨我最虛長**」。這四德不是二乘聖人之所能有，更非外教的任何教主所能擁有。但是這四德歸根究柢，其實仍然要歸到如來藏來；因爲其餘七識都要歸到如來藏，若沒有如來藏就沒有這七識，所以這四個功德還是要匯歸於此經無垢識，也就是匯歸於第八識涅槃心。

但是這四德之中總共有八個識，這八個識裡面卻說「**唯我契眞常**」；只有這個「**我**」才能契合眞常，無常故無我的七識心並不能契合眞與常。所以，如果有人修學佛法錯把解脫道當作佛法、當作佛菩提、當作成佛之道，那他所修的是無我，不是修證眞實我金剛心，既是無我就不可能契合眞、常。無我，表示說那個所謂的我是三界我，是蘊處界所攝的假我，是藉緣而起、其性本空的，所以其性無常故空。但是既然眾生的五陰每一世都一樣是無常故空、緣起性空，那麼死後壞滅而空無了以後，又怎麼能到後世去呢？所以一定是有另一個法，祂雖然空無物質形色，卻是不空而眞實存在的；雖然不是物質也不是七識心，那麼相較於五陰七識的無常、無我，就說背後這個能出生五陰七識的金剛心是眞實的我，而這個眞我如來藏也是時時顯示因地的常、樂、我、淨。所以要能契合於眞、常的心，就只有「我」如來藏，不是無常故無我的七識心，所以說「唯我契眞常」。那麼依這樣來看，在捨報之前的當下，就已經是實證了涅槃，就已經現起了因地四德，因爲捨壽時剩下的就是涅槃心如來藏；而這四德不能夠自己無所依憑而存在，一定要依於八識心王的和合現起才能顯現。

以前有人誤解了，他說：「這個第八識轉識成智，就是成佛時把第八識變成大圓鏡智，所以第八識不在了，第八識最後是要滅掉的。」那麼問題來了，如果沒有第八識這個心繼續存在，大圓鏡智能單獨存在嗎？所以他們的腦筋是有一點奇怪的，我倒覺得他們應該要先去學因明學，或者至少也去學一學世間法的邏輯，因爲他們眞的邏輯不通。這就好像有人說：「一個人如果要漂亮，要去作臉、化妝、香湯灌沐，然後要畫眉、撲粉、塗唇膏，所以她就漂亮了。所以女人要轉爲漂亮，漂亮以後女人就消失了，剩下漂亮繼續存在。」那些轉識成智而說識已經消失的說法，就像這個糊塗的說法一樣，所以他們轉識成智那個邏輯是很奇怪的；竟然他會那樣說，而他的座下也有很多徒弟相信，好奇怪。如同他們所說，這個意識要轉識成智，所以意識變成妙觀察智以後，意識就不見了；但是意識不見了，妙觀察智要依誰存在？要由誰來用這個智慧呢？所以這個就是錯誤的觀念。

當菩薩們眞正到達佛地的時候，這四種功德全部現起了，可是那時的八識心王是全部都自在的，並不是都消滅的。一般人八識心王只有兩個識可以到未來世去，所生的七個識裡面，除了意根可以繼續去未來世，前六識只能存在一世，死後投胎時是要斷滅的，不能去到未來世；所以在菩薩道中都是可滅之法，只有意根與第八識是無法滅的。菩薩修行到三地滿心之前，意生身還沒有發起，一直都無法突破這個限制。只有到達三地滿心了，有了三昧樂意生身，那時他就可以像這一句講的「齊名八自在」；雖然距離佛地的自在還是那麼遙遠，但至少沒有胎昧了，因爲可以憑藉禪定的功德、五神通的功德、意生身的功德，在住胎之中還是可以有意生身來運作，這也算是自在。可是眞實的自在，絕不再變異祂的任何功德種子，那就是佛地的事了，所以到了佛地時就說「齊名八自在」，也就是八個識都同樣可以說是自在的。

可是這「八自在」裡面「獨我最虛長」，因爲只有這個眞我是最長壽的、歲數也最多。雖然意根也許抗議說：「你存在的時候，我就一直都跟你存在，爲什麼你卻說你最虛長？」意根最會計較，祂可沒有想到人家是說虛長；人家虛長是客氣的講法，講得很客氣，因爲意根是由最長壽的如來藏出生的。所以老人家如果客氣的話：「請問年兄貴庚多少？」因爲他們是同一科進士，同一科上榜，見了就請問「年兄貴庚多少」。對方如果比他年紀小，剛好少了十二歲，這一位請問的年長同學就說：「原來我虛長了一紀。」所以就說：「我虛長十二歲，慚愧！慚愧！」因爲比人家多了十二年才考上，所以虛長是一個慚愧或客氣的說法。現在說「獨我最虛長」，爲什麼要講虛長？因爲如來藏不會生起慢心。可是因爲到了佛地，祂可以與五別境、善十一等心所法相應，所以就會說「獨我最虛長」。「但是你們七個識，雖然你意根是一直都跟我在一起而沒有中斷過，畢竟你意根是由我如來藏出生的，所以『我』算是虛長。」至於前六識，全都是一世一世斷滅，每一世的六識都不能去到未來世，也都不是從前世來的。六識能從前世延續過來，那是三地滿心以後的事，也是藉無生法忍、三昧樂意生身與五神通，而與往世的事情聯結起來的。可是要修到三地滿心之前，相對於金剛心如來藏的無始存在而言，那只是多久的時間呢？「『我』與意根已經活多久了？你們前六識是三地滿心才開始長久存在，所以『我』更有資格說是虛長了。」所以只有這個眞我才是最有資格倚老賣老。

可是這個「我」「非色非聲相」。祂不是物質的法，祂無色。既是無色的法，所以想要從色聲香味觸的運作當中找到祂，眞的很難，因爲祂不是色法。以前也有外道弊宿婆羅門，想要從身體裡面去找祂，所以把死刑犯抓了來，叫人用快刀把罪犯的肉一片又一片割下來，看看這個眞我有沒有在裡面？當他把罪犯全身的肉都割完了，結果沒有看見眞我顯現出來。然後就想一想，又說：「那會不會是在骨髓裡面？」所以又叫人把骨頭拆開來，接著再把骨髓一分一分剔出來看，也沒有找到。那會不會在骨頭裡呢？再把骨頭慢慢地一點又一點敲碎，看骨頭裡面有沒有？還是沒有。從這個外道例子之中，可以證明這個眞我不是色法，色法裡面沒有一個是祂。祂也跟聲音不相到，所以語言之道最多只能到意識境界中來。如果是意根，那就要藉著意識才能跟語言之道相應。可是不管是不是有前七識來配合，這語言之道永遠都無法來到眞我的境界中，所以才說「言語道斷」，所以言語之道來到祂這裡時全都斷除了，無法來跟祂相應；因此說祂「非色非聲相」，在色相裡面找不到祂，音聲之相裡面也找不到祂。

「心識豈能量？」說這個眞我，祂是心、是第八識，不是眾生所熟知的覺知心六轉識。祂眞的很難思量，不是覺知心意識所能思量出來的，是凡夫與二乘聖人沒有辦法思惟出來，更不能如同世間物質一樣可以用衡量的，眞的無法測量。如果是能夠測量的，那一定是有相法。比如說，這個東西有多大，那就算材積，說這個物品是幾材；那麼一材賣多少錢，總共多少材，合計是多少錢，就可以稱、可以量。如果是水，就用公升等容量單位來算。如果是重量，就用公斤、台斤、磅……等單位，也可以度量。可是第八識金剛心既然非色非聲，要怎麼量？假使是聲音，也還可以測量這樣是一分貝，很安靜；那樣是九十分貝，要開罰單了！只要超過七十分貝，就跟你開罰單了。可是那音聲相到不了金剛心的境界裡，要怎麼樣去用聲音來測量祂？也無法測量。這些都是意識覺知心所知的內涵，但金剛心如來藏從來不在世間人的意識覺知心所知的範圍中，所以說「心識豈能量」。這個眞我是心，是識——第八識，是實相界，非世間法，所以無法量。

且不說還沒找到眞我金剛心的人，就說你們已經找到眞我金剛心的人好了，請問：你們要用什麼度量衡來測量祂？你們有沒有想到一個辦法、用什麼來測量？你能說祂有多少功德來計算嗎？也不行，因爲祂的功德無量無邊；至於世間法的測量，更沒有辦法拿去測量祂。也許有人想到說：「我可以用速度來測量。」請問你：「速度最快的是什麼法？光或者電？」問題來了，光速從我們這個地球向銀河系的中央進發，通過中央到達另一端的邊緣，要跑十萬光年；這還是在我們這個三千大千世界裡面，用光的速度就要跑十萬年；可是這個眞我金剛心要去極樂世界時，那距離是超過千萬億倍的，而上品上生人不過是一彈指之間就到，上品中生的人也只要一念的時間就到了，顯然光速、電速也無法用來測量祂，那你要怎麼測量？你眞的沒辦法思量祂。連你們親證這個金剛心的人都無法測量祂了，當然一般人的覺知心意識更是無法測量祂了：稱重也不行，容量也不行，音聲的大小或光速都不行。

前些時候有專門竊盜佛法的一貫道講師質疑說：「**你們正覺同修會自稱開悟，請問：你們有沒有用什麼儀器檢驗過？**」好，現在問題來了，請問：他們自稱他們的教主老母娘以前出生了 釋迦牟尼佛（因爲那是某一個地區的一貫道講師問的），我們有位親教師就說：「**那麼你們的教主老母娘是有性別還是無性別？**」問她有沒有男女性別？當然有嘛！不然怎麼叫老母娘？那表示她是母性的欲界神祇。顯然她是有配偶而不離欲的，因爲欲界的神是有男女兩性的，現在且不談那個。他們質問說：「**你們懂《六祖壇經》，也自稱開悟，請問：你們有沒有用儀器檢驗過？**」這就是個大笑話。所以，要提問時還得要有一點智慧，如果提問者連邏輯都不通，問出來就會讓人家笑呵！這個心既然不是物質、不是音聲，那要怎麼用物質的儀器來檢驗呢？

再說回來，請問：「那個要用來檢驗開悟是否正確的儀器，應該由誰來發明？然後由誰使用那一台儀器來作檢驗？」因爲那個一貫道認爲有儀器可以檢驗別人有沒有開悟，然而開悟的內容是心，所悟的心若要透過它來檢驗，那個儀器總要先由一個人來檢定，確定它確實有能力來檢定這個心、來檢定開悟的內容。那他們所謂能夠檢驗開悟的心正確與否的儀器，有沒有經過檢定？我看，即使眞的能發明出這種儀器，那個儀器的發明者也應該要找我，要由我來檢定它嘛！對不對？應該是由某一位已經明心的人去發明，再由我來檢定它，看看行不行。因爲，沒有悟的人哪有能力去製造那個儀器？沒有悟的人又怎麼能鑑定那個儀器具有檢驗第八識的能力？所以他提出來的質疑，眞是個大問題啊！話說回來，金剛心是三界外法，怎能用三界中的凡夫法來檢驗？金剛心是心，怎能用物質的儀器來檢驗？想要質疑別人時，自己也得要有世間法的基本智慧才行，連這種世間基本智慧都沒有的人，竟敢隨意質疑世出世間法，顯然沒有自知之明。

所以這個心識是凡夫意識無法思量的，但是用佛法中的實證智慧卻可以思量祂，可以量量看：這個金剛心到底有沒有三界法中的心識作用？確實可以量，可以用佛法的智慧來量。所以，以前《正覺電子報》的〈般若信箱〉不是有人問嗎？（因爲讀過我的書）他提出來問：「病毒到底是不是有情？牠到底有沒有第八識？你們蕭平實怎麼說病毒是有情、是有第八識？你憑什麼這麼講？」以前曾經有人問過這麼一個問題。其實很簡單，如果病毒是無記物，那當然就沒有心、就沒有第八識；如果牠是有記物，而且牠會變種，那牠是不是有心？一定是有心，否則怎麼會變種呢？「你們人類用藥，我受不了，我就趕快變種，變成另一種類的時候，種性變了，你這個藥就殺不死我了。」所以人類在跟病毒競賽，比比看：誰比較行？如果病毒行，變種變成功，人類的藥對牠就沒用，就得要另外去尋找新藥；你找了新藥來，病毒們又開始變種。既然會變種，跟無記物的砒霜、農藥顯然不一樣，當然是有情，凡是有情就會有第八識。農藥、砒霜那些東西是不會自動變種的，它們永遠是那個體性；可是病毒會變種，這表示牠們是有情，否則無法變種；既是有情，當然就有第八識。那你說，這個金剛心第八識，是不是用佛法的智慧就可以去驗證病毒是不是有情了？所以如果能夠發明一個很粗糙的機器去檢驗，說這個病毒是會變種的，如此檢驗確定就說牠是有情，還是依佛法的智慧而這樣說的；然而那個能夠檢驗出病毒會變種的機器，依然算是很皮毛、很皮毛的儀器。若是眞的要說它可以檢驗病毒有沒有心識，也還是無法檢驗病毒的心識是哪一識，永遠都無法檢驗的。只有佛法中證悟者才有資格，才有能力來檢驗所悟的金剛心第八識對或者不對；所以說這個金剛心第八識，是凡夫的心識沒辦法思量的，所以說「豈能量？」

但是眞正要以眼睛來看這個第八識到底在哪裡時，卻又是「看時不可見」。因爲學佛人聽來聽去，那些證悟的禪師們，每一個祖師悟了以後，凡是有學人自認開悟而前來參訪時，都會問那個學人：「你看見了什麼？」又好像是可以看見。可是明明把一個死刑犯放在密封的容器中，再把那個死刑犯弄死了以後，從密封的容器只開一個小小的洞來觀察，看看有沒有什麼跑出來？看來看去，看到最後還是沒有啊！當死刑犯的第八識離開了色身與密封的容器時，還是看不見祂。那就是《長阿含經》卷七的《弊宿經》中所講的道理；所以肉眼看時是不可見的，因爲祂無形亦無色。

如果說祂是透明的，只要是有色之法，你就可以看見一個輪廓了；但祂既不是色法，你怎麼能夠看得見祂？所以無形亦無色，「看時不可見」。可是明明禪師們勘驗徒弟的時候，第一句話就問：「你看見了什麼？」那顯然又似乎是可以看見的，所以說「悟理即形彰」，因爲這是可以用慧眼看得見的。只要悟到了理，到那時候祂的形影可就跑不掉了，你隨時隨地都看得見祂，祂都逃不過你的慧眼鑑照，所以說「悟理即形彰」。彰就是彰顯，很清楚明白的意思。如果眞的悟了這個理，祂到底在何處，你都可以看得清清楚楚。這看來又變成好像可見了，那到底是可見還是不可見？可就因人而異了！因什麼人？因兩種人，沒有悟的人沒有慧眼就不可見，悟了的人有慧眼就可見，就是這樣而已。好怪呵！所以連阿羅漢也弄不懂。

以前還有人跟我爭執說：「阿羅漢也有證得這個第八識。」如果阿羅漢們也有證得這個識，爲什麼他們會被 維摩詰菩薩當面羅織呢？維摩詰菩薩把十大弟子每一個人加以訓示，他專挑大弟子，把每一位弟子羅織到滿臉都是豆花。如果阿羅漢們當時確實已開悟此心了，何必這樣灰頭土臉？你看那些大菩薩們就不會被他羅織。堂堂三明六通大阿羅漢，或者說法第一或者智慧第一的阿羅漢，凡是遇到了 維摩詰菩薩，被菩薩當著眾人面前在他們的臉面上羅織一番，他們個個連一點辦法都沒有。爲什麼呢？全都因爲他們當時還沒有成爲菩薩，還看不見這個眞心第八識在哪裡。所以在佛教中只有兩種人：一個是已看見的賢聖，一個是沒看見的人。那些沒看見的人之中再分爲兩種人，叫作凡、愚：凡是指凡夫，是還沒有斷我見的人又沒有慧眼看見金剛心；愚就是指不迴心大乘的阿羅漢們，他們雖然是聖人，可卻是愚人而沒有實相智慧。所以要記住了：「看時不可見，悟理即形彰。」等到悟了以後卻又這樣說：我不看，祂也在那邊；我看，祂也在那邊；根本不必管祂，祂就是逃不掉。因爲祂全都逃不過你的慧眼鑑照。

彌勒菩薩的頌講解完了，再來看《大般若經》中怎麼說。般若經有大品、小品之分；如果你們有興趣讀的話，大品不用去讀，讀小品比較省時間，因爲現代人朝九晚五，眞的沒有空閒。如果有大福報，有錢又有閒，閒時覺得無聊，悶得慌，悟後讀過小品般若，你就把大品般若也請出來恭讀一番，當然沒關係，也能使般若智慧更進步。以前陳履安被孫春華教導說要讀《大品般若經》，我記得他好像說是讀了半年，但他眞白讀了！因爲經中的勝義妙法對他全都沒有用。那時他還沒有來見我，我那時也在中信局低調地聽他講般若，一聽就知道他用了那麼長的時間全都白讀了。如果他眞的讀得懂，一定開悟了，就不會跟著孫春華又走入西藏密宗去了。眞正讀懂的只有一種人，就是找到如來藏的人；除了這種人以外，沒有誰能夠眞的讀懂般若諸經；思惟很久而在那邊賣弄名相，其實全都沒用。現在要講的這一段般若經也是要訓人的，訓什麼人呢？諸位讀了就知道。《摩訶般若波羅蜜經》卷二十一：

【「是菩薩作是念：我當得阿耨多羅三藐三菩提，我當度眾生生死。須菩提！我以五眼觀：尚不得色乃至阿耨多羅三藐三菩提，何況是狂愚人，無目而欲得阿耨多羅三藐三菩提度脫眾生生死。」】

所以你看，有好多人一天到晚說：「佛都不罵人了，你蕭平實出來罵人幹嘛！」莫說我從來不曾罵人，全都是法義辨正；話說回來，那是他們少讀寡聞，佛罵人的地方可多了！不單是大乘經，阿含裡面就罵很多了！甚至於還當面斥責弟子說：「汝愚癡人！」那就像閩南語講的：「你這個憨人！」對不對？這是當面責罵。所以 佛不是不罵人的，只是祂從來不以瞋心罵人而已。

現在這一段經文也是一樣，佛說：「有這麼一個菩薩心裡面這樣想：我應當得到無上正等正覺，我應當要度眾生離開生死。可是須菩提啊！我以五眼來觀察，」也就是說不論是從肉眼、天眼、慧眼、法眼、佛眼來觀察，「其實所謂的證無上正等正覺，所謂的度眾生的我，連色法都不可得，」你要是從這個第八識自身所住的境界來觀察，其實是如來藏在度眾生，而如來藏自身什麼六塵法都沒有，「實際理地無一法可得，連色法都沒有，何況有聲香味觸等法乃至無上正等正覺？我以五眼看時都已經是如此了，何況是那一種狂愚的人，根本就沒有眼睛；」這是說他們根本連慧眼都沒有，「而想要得到無上正等正覺，而倡言說他成佛以後能夠度眾生離開生死。」

這段經文罵人還眞罵得痛快呵！所以這段話可以拿來說說那四大山頭的堂頭和尚們，也可拿來說說那些西藏密宗的法王們：「你們個個都說是開悟聖者，不然就都自稱是法王、是活著的佛；然而實際理地連個法塵都沒有，你們這些人卻都落在六塵之中，都落在識陰裡面，而說你們能夠度人家離開生死，那不都是空話嗎？」所以我說這些人連禪宗破初參的見地慧眼都沒有，甚至連聲聞初果斷我見的基本修證都沒有，就敢誇口說是十地或法王成佛了。前些年不是有一件很好笑的事嗎？有一個後來賣天衣的那個女人，還自稱她是無上師；可是她落在聲塵裡面，她的本質其實就是錫克教外道的聲論外道，正是四大外道之一：聲論外道。明明佛法告訴她「言語道斷」，實相法界中不可能有聲塵的，她還想要從聲音裡面去成佛，那不是妄想嗎？冒用觀音法門的功德名義，是個竊盜佛法者，還自稱是無上師。她若是無上的，佛大概要稱為有上的，那她是明著謗佛了！因為她的東西跟 佛不一樣。所以無上師這名號真的不能亂用。

因此說，台灣佛教各大山頭，那些連慧眼都沒有的人，連祖師開悟所悟的是什麼內容都不知道的人，今天到處建設大山頭，動不動都是一、兩百億元，有的大山頭已經花掉了五、六百億元去了！眾生這樣護持他們，但是他們回報了施主眾生的是什麼？他們回報給施主的是常見、斷見等外道法。藏傳假佛教的喇嘛們，甚至於從西藏流亡到印度，然後又流亡到台灣來招搖撞騙，來破壞佛教徒的家庭；那些淫人妻女的附佛法外道們，竟然敢個個動不動就自稱是十地或法王，問題是他們有沒有慧眼呢？實際上連般若的入門是什麼都不知道，所以這些人都是屬於 佛所斥責的狂、愚人；若不是狂，就是愚，而且全都是既狂又愚。如果不是狂，清海不會自稱無上師，喇嘛們也不會自稱法王。這些狂人又兼愚人，再加上一些凡夫俗子盲目追隨護持，佛教就陷入大危機了。因爲全都在追求六塵，追求六塵的人當然是俗子。怎麼不是俗子？跟那些每天在馬路上奔走的世俗人全都一樣；說得難聽一點，跟那些流浪狗也是一樣，牠們也是追逐六塵。

出家了以後追逐六塵，卻自稱十地、法王，我們只能夠說台灣的電燈點得不夠亮，照明度還不夠。如果照明度夠，把他們的本質全面公開照明出來了，他們就混不下去了。可是如今喇嘛們還可以繼續混，每過半年、一年就爆發一件性侵醜聞，然後又把它賴到佛教裡面來，佛教眞的很冤枉啊！如果人家問你說：「你是信奉哪一教？」你說：「我是佛教。」會不會閃過一念覺得說：「哎呀！很冤枉。」因爲人家可能接著會問說：「那些性醜聞到底是怎麼回事？你們佛教怎麼每隔半年、一年就有性醜聞爆發出來？」人家也許沒有問，只是眼神打個問號而已，你心裡面就覺得說：「哎呀！這佛教兩個字講出來，還眞的好沒面子。」雖然面子是假的，但還是沒面子。可是問題出在哪裡？出在佛教界全都是鄉愿。

但是這些鄉愿心態的形成其來有自，那是經過一、二十年不斷累積下來的。所以，那些大山頭暗中不搞雙身法的，其實是非常非常之少，那麼小山頭也就甭說了。所以，大法師上座時大紅祖衣披著說法，道貌岸然，下座了以後有個年輕人叫他：「阿叔。」爲什麼叫他阿叔？因爲那是他生的，並且是他出家以後才生的。這當然不能公然叫他父親，叫「爸爸」眞的很刺耳，於是就改叫阿叔。那你說，咱們該怎麼辦？可是這些都不是佛門裡的事，都是外道法滲透進來，然後使不少法師們誤信喇嘛們的邪教而開始暗中修起雙身法來；有個晚上不愼「漏點」了，就生了小孩，於是出生後只好叫他阿叔，跟著就害所有佛弟子一講到佛門時就覺得臉面無光。

這些喇嘛教的附佛法外道自稱十地、或成佛而稱爲法王，可是他們全都沒有進入到三賢位中，一個也沒有！可是他們背地裡搞出來的性醜聞，後來爆發出來時全都掛到佛教頭上來；所以我們才會一再地辨正西藏密宗的法義錯誤，原因在這裡。因爲顯教正統佛教已經差不多被密宗外道同化光了，都跟日本和尚住在寺裡娶妻生子差不多了——只差沒有公開辦理結婚登記；剩下的就是淨土宗裡還在唸佛的那些老實的小法師們，還沒有被西藏密宗給滲透。所以 佛陀這段話講得眞沒錯，這些人都是狂愚人，連個慧眼都沒有，更別說法眼、佛眼，卻是個個氣吞大海，說他們都在度眾生成佛了。

金剛心第八識的自住境界中，離六塵見聞覺知，連了了分明都沒有，了無分別；所以從實際理地來看，根本沒有眾生可度、沒有眾生可化。可是他們大山頭的堂頭和尚與座下的法師們，個個都覺得是有眾生可度。因此他們要達成一個目標，那個目標就是：**我這一世要度幾十萬、幾百萬的徒眾，我要當台灣第一、全球第一**。他們都在爭第一。也許有人不信，我們來數一數，好不好？不要講太多，講台灣四個大山頭就好了：一個在爭的是，我是佛學研究第一，我的著作最多。另外一個在爭的是，我的徒眾最多，我是全球第一，我已邁向國際化了。另外一個則說，我是全球寺院建得最多，最輝煌，我排第一。另外一個說我的寺院是全球最高的，所以我是證量第一。全都是在爭第一，各有發展；實際上，他們在世間法中也眞的各有斬獲。所以他們個個可能都會使王永慶等人羨煞了，因爲很多企業家們從少年就開始拚，拚到現在這麼多歲了，多數人財產還是不如大法師們。雖然極少數大企業家的錢財可能超過大師們，但是可能也差不了很多；可是大法師們輕輕鬆鬆，只要坐在法座上耍耍嘴皮就行了，大企業家們搞事業卻是沒日沒夜在拚命。所以現代開什麼店最好呢？開宗教店，宗教店最賺錢，特別是迷信的初機佛教徒們；因爲不管是什麼人，不論他們在世間法中多麼有智慧，一旦進了宗教裡面就全都迷信了。現代佛教中，從來沒有一個地方像我們正覺這樣智信，是以智慧而信。我們找不到，眞的沒有像我們正覺一樣智信的道場，只有我們這個地方以智慧而信，然後變成證信，因爲實證了所以更信三寶。

所以一生之中到底化度多少人，那個目標重要不重要？都是看他所修證的法是什麼。如果他所修證的法是在意識上面用心的，是在世間法的佛教表相上用心的，那就很重要了。譬如我現在要蓋一個道場，土地面積最少要三百公頃，這個寺院建築總樓地板要多少坪或多少平方米，而我這個道場的信眾最少要幾十萬人，寺裡的出家弟子最少得要有三千人、五千人。於是就得努力募化錢財，想要達成目標。可是這些數目有意義嗎？完全沒意義，因爲從實際理地來看，當眾生被度化了，其實並沒有被度化；沒有度化的人才是眞被度化了，而這不是意識所住的境界。只有落到意識境界的人，才會在那些世間法的表相上去作，所以「化無所化」的眞實理，各大山頭的大法師們是無法弄懂的，密宗外道就更別說了。

不論是外道或者附佛法外道們，如果眞的有證悟，五年、十年以後一定都會離開那一些外道法；因爲眞實證悟的人，一定會去檢查他們的教主到底有沒有開悟。譬如說一神教的教徒，假使哪一天他以盜法的心態進入佛門，或者說進入正覺好了；有一天他也眞的悟了，本來只是試探、盜法的心態進來修學，沒想到後來變成半信半疑；經過半信半疑階段以後繼續努力終於悟了，開悟了以後，他一定會去檢查他們原來所信宗教的教義，跟佛教的經典有沒有相契合？如果證明沒有錯了，然後他一定會把他們的《可蘭經》或者《聖經》（如果一貫道，是以什麼經作代表？一定不是《六祖壇經》，因爲這也還是佛教裡的），或者至少會把羅祖或老母娘降乩寫的什麼聖訓拿來檢查，看到底教主或老母娘有沒有找到如來藏。結果都會只有一個結論：全都沒有找到如來藏，而且全都是未斷我見的凡夫。這時候他們會發覺：「**我所知道的法比我原來信奉的教主講的還要勝妙，顯然我所知道的，我原來信仰的教主全都不知道。**」請問，這時候他還要歸依他原來的教主嗎？因爲他的教主比他笨，他怎麼可能繼續歸依？

這些外教的教主們，我都檢驗過了，從本土的一貫道、道教，外來的《可蘭經》、《聖經》，這些我都檢查過了；其餘原始信仰、民間信仰的宗教就更不用提了。這些宗教都沒有什麼勝妙的世間思想可說，連欲界天、色界天境界都不懂，就別提聲聞菩提的出三界法了，何況能談佛菩提智。把這些人檢驗了還不夠，再來檢驗西藏密宗四大教派，因爲他們自稱是藏傳的佛教，自稱懂得佛法，又宣稱證得比　釋迦牟尼佛更高的報身佛境界；但我們加以檢查了以後證實：原來藏傳佛教裡並沒有報身佛，（平實導師作了一個擁抱的動作說）只是這個抱身佛。所以西藏密宗除了以前覺囊派的篤補巴、多羅那他等祖師以外，古今所有喇嘛們根本連明心都沒有，連佛法的入門都沒有。那你說，假使有一個人開悟了以後，還不能去檢查他的教主有沒有開悟，還要繼續歸依凡夫的教主；竟然在自稱已悟得眞心如來藏以後，還繼續歸依他原來沒有悟的、還在凡夫位的教主，那你說他有沒有開悟呢？這就輕而易判了。所以那樣的人說他有開悟，大家都不必相信。

因此，外教的神職人員如果號稱開悟明心了，自稱佛教經典他們眞的懂了，結果還在歸依原來的天神教主，那你根本不必去檢查他們所悟的內容，就可以判定他們沒有開悟，因爲他們顯然還沒有慧眼。開悟的人一定有慧眼，有慧眼的人一定能檢查他原來信仰的教主有沒有開悟。我們早就檢查過了，確定都是沒有開悟的神；結果他們竟然說他們的教主是有開悟的，還要幫他們的教主證明有開悟。那就是說，他們還沒有慧眼，才會繼續盲目信仰外教。

以前有一個道教的人混進來，禪三審核的時候，拿到報名表的照片一端詳，我說這個人是盜法來的，就沒有錄取他。那不是台北的學員，我也沒跟他見過面，但我說這個人是盜法者，不錄取他去禪三。結果他後來自以爲悟，因爲連著三、四次禪三報名都沒有被錄取，他知道自己不會被錄取了；他大概也感覺到我看穿他的盜法手腳，所以就離開正覺了。離開以後他就去註解《道德經》，證明老子有開悟，寄來給我看。我傳話說：「你如果眞的要出版這本書來證明老子有開悟，我將會出版另一本書證明老子沒有開悟。所以你如果不想害老子的話，你就不要出版。因爲我必須要作法義辨正，有悟就有悟，沒悟就是沒悟，不容任何人把沒有悟的人硬說是有悟。」所以他後來也不敢出版，因爲他若是眞的出版了，一定會害得老子名聲敗壞。這就是說，你若有眞的慧眼，由慧眼所看，其實「化無所化」，就不必在意世間法裡的教主名聲了。這不必用到法眼，因此，眞正的佛法並不是那些人所想像的那個樣子。我們再來看看《不退轉法輪經》是怎麼講的，上週已經影印發給諸位了，請大家拿起來看一看。爲什麼要用這段經文來講？因爲這個內容不但很精彩，也可以如實解說《金剛經》中這一品的法義。《不退轉法輪經》卷三：

【文殊師利發眞實誓，能令惡魔聞空中聲：「釋迦牟尼佛轉不退法輪。」爾時波旬身毛皆豎，心生驚怖，作如是言：「見此世界，皆非世界。」憂愁涕泣，身變朽老如百歲人，髮白面皺。是時魔王形體膚髮亦皆俱老，爾時魔王，將四種兵魔及魔天，皆詣佛所；亦如如來初成道時嚴治器仗而來向佛，各見己身皆悉朽老，如百歲人、形體攣曲，持仗而行，到於佛前。時四種兵及虛空諸天，皆聞釋迦牟尼佛轉不退法輪，而此四兵皆不能進，即住一面心生驚疑，悉不能得隨魔王意。爾時魔王獨至佛所，無有伴黨而白佛言：「世尊！我今衰老願賜手力。本所有國，皆非我有；如來大悲憐愍一切，寧不與我一人以爲手力？」於是佛告波旬：「我觀眾生界分甚多，譬如恒沙無有量數日日成佛得般涅槃，若一劫、若過一劫，不能令彼眾生界減。」爾時魔王白佛言：「世尊！眾生界分雖多無量，我無一人可爲手力。或當顚危，誰見扶持？

唯願如來慈哀慰喻，令得還宮并諸眷屬。」於是佛告波旬：「顛倒眾生諸不信者，皆屬於汝，是汝手力，是即等侶。」爾時波旬甚大喜悅，作如是言：「我今當令一切眾生不起信心，皆生疑惑。墮疑惑者，悉是我力。」爾時波旬白佛言：「唯願世尊重見慰喻，令我歡喜。如佛言曰：『若得聞佛稱其名號，皆得不退於阿耨多羅三藐三菩提。』唯願如來默然，莫作是說：『若有聞者，是諸眾生當勤精進修於菩提。』唯願世尊如是慰喻。」爾時佛告波旬：「勿生愁惱，歡喜而去。我今當令無一眾生發菩提心，亦無眾生而能動於眾生界者；乃至無一眾生於色動、及受想行識動，乃至無一眾生於身見、疑、戒取等動，亦無眾生於過去、未來、現在想動，無有眾生於殺、盜、婬、妄語、兩舌、惡口、綺語、貪欲、瞋恚、邪見等動，乃至不見眾生於諸邪有而能動者。我亦不見眾生修行布施、持戒、忍辱、精進、禪定、智慧，不見眾生於眾生想、壽命想、父母想、兄弟想、妻子男女想、晝夜想、一月想、半月想、歲數想、劫想、施想、戒想、忍辱想、精進想、禪定想、智慧想、力無畏想、五根想、七覺意想、八正道想、菩薩想、佛想、法想、僧想、菩提想、無礙想、一切法不動想，無有眾生於此諸想而能動者。波旬！勿生憂愁，歡喜而去。」爾時波旬聞是語已，離諸憂惱，便大歡喜，即於此處還復壯年，并以天華而散佛土；遶佛三匝，於世尊前而說偈言：

我今心歡喜，救世三佛陀；佛所說無異，眞實不虛妄。

爾時波旬說是偈已，歡喜而去，還於本宮五欲自娛，更不復起擾亂之心。魔去不久，爾時大地六種震動，阿難白佛言：「世尊！今此大地以何因緣六種震動？非魔力耶？」佛言：「是我神力，爲遣魔故，今此大地六種震動。」爾時有六十四百千衆生得無生法忍，是故大地六種震動。】

找到如來藏的人，讀了這一段覺得如何？叫作「不亦快哉！」因爲你知道這是什麼意思。看來 佛也會騙人，對不對？不過不是騙人，是騙魔。佛騙了天魔，天魔很歡喜，於是恢復健康與威勢，就與眷屬們回去他化自在天宮享樂了。這時天魔及眷屬們都歡喜，佛也歡喜，菩薩也歡喜，大家都歡喜。但是這個騙，卻是一點都沒有騙，說的可都是如實語，都是極深妙的法義；卻不是阿羅漢們所能聽懂的，更不是凡夫俗人所能聽懂的，那些凡夫大法師們可就無論矣，因爲他們的智慧遠不如天魔。

文殊師利菩薩發起眞實的誓願，要使惡魔波旬聽聞到空中的聲音在說：

「**釋迦牟尼佛在轉不退法輪。**」於是惡魔波旬就聽到空中有這個聲音。也就是說，眾生只要聽了 釋迦牟尼佛說的這個法，他就不會再退轉了。即使他的密意是聽聞來的、刺探來的，可是聽聞了這個不退轉法輪以後，他的轉依就可以成功了，就不會退轉了。這個聲音傳到天魔波旬耳朵裡去以後，喔！不得了了，天魔身毛皆豎，因為他很生氣。可是生氣的時候又想：「**這是釋迦牟尼佛在轉法輪，我又對付不了。**」所以又驚、又恐怖，因為天魔最大的恐怖就是失掉欲界眷屬。

請問：佛教界裡面（只說台灣就好，不提大陸），誰的眷屬最多？看來，你們都不假思索就知道誰的眷屬最多。其實不管多少，反正台灣四大山頭，不是半斤就是八兩。可是眷屬心其實就是天魔心，天魔最擔憂的就是沒有眷屬，所以必須要不斷去擴充自己的法眷屬。但是，不要以為別的山頭大師的眷屬欲不如她，別的大山頭，有的並不是想要像慈濟功德會那樣的眷屬；其中有些大山頭的大師，想要的法眷屬是要像家眷一樣；所以如果哪個出家女弟子想要離開了，就趕快把她找來，想辦法跟她上床合修一次，那個出家弟子就永遠跑不掉了，因為已經成為一家人了。我這話絕對不是危言聳聽，這是事實。如果得手以後，人家發覺他的法義確實有大問題，就會覺得是被性侵害而離開；接下來，他就要賠一大筆錢，眞的是一大筆，不是一小筆。因爲如果不花大錢封口，就會被捅出來，這種現象屢見不鮮。

所以台灣佛教、大陸佛教，表面上看來好像很興盛，似乎是前所未有，覺得這好像是佛教復興期；其實卻不是，反而是淪陷期。天竺晚期的佛教從表面看來是很興盛的，卻是密教興而佛教亡；而這種歷史正在台灣重演之中，目前也正在大陸重演之中；但不是現在才開始，已經開始二、三十年了！所以我們大家要發大心，好好把那一些外道法辨正清楚、趕出佛門，或者要求他們放棄外道法而回歸到佛門的正法中來。那些人很貪愛眷屬，眷屬欲都很強；不像我們，我們是來者不拒、去者不追。雖然我們會想辦法去救他們，但絕對不會去求他們：「**請你們回來。**」我們不要一天到晚打電話，請他們回到正法中來；但我們會從法義上來說明：「**你們那樣講是不對的，錯在何處，所以你們要趕快回歸正法。**」我們從來都是這樣，所以要用天魔的方式來影響我們是不可能的。

言歸正傳，這時天魔波旬心生驚怖、身毛皆豎以後，他所看的世界已經不是世界了，因爲他發現到眾生將會開始進入佛門，再也不理他了。顯然這世界已經不是他的了，所以從他眼裡看來當然不是世界。當這個欲界世界的眾生留在欲界中，全都是他的，那才是他的世界。如今他發覺到，將來眾生都會被 釋迦牟尼佛度走而且不會退轉；既不退轉，就不可能再成爲他的眷屬，所以說「見此世界，皆非世界」。這時候天魔「憂愁涕泣」，憂愁到哭起來，並且眼淚都掉下來了；接著由於這麼一大憂愁，「身變朽老如百歲人」。

欲界天的天神、天主看起來都是二十來歲的樣子，沒有人是百歲衰老的樣子。所以，如果有人遇見了說：「我們教主老母娘召見我。」你得要問問他，請問：「你們母娘長什麼樣子？」他說：「大概四、五十歲。」那你就說：「你見鬼了！」因爲欲界的天神、天主一定都是二十幾歲的青壯模樣，沒有那種老朽之狀。當他們以老朽之狀出現的時候，那就快要換人當天主了，不會繼續由他當天主了。他的天主位子快要轉給別人來當了，因爲欲界天人就是二十幾歲的模樣。

天魔波旬是他化自在天的天主，整個欲界都歸他掌管；這時候他不再是青壯的模樣而是如百歲人，換句話說，他的身體扭曲了、彎腰駝背了。這時候的他，髮白面皺；本來是很光鮮圓潤的，現在頭髮白了、面也皺了，走路都沒有辦法像年輕人那樣了。他這時候對 佛陀很不滿，所以帶了四種兵魔以及各種魔天一起去向 佛陀示威。因爲徒眾多了才有辦法開口，徒眾很少時，要怎麼向對方開口呢？這可不像我們，我們徒眾不必多；如果人家要來作法義辨正，我們也不必很多人；但是對方人來再多也沒有用，因爲他們來一千個人，講了一千句也沒有用；我們這些老師們、師兄姊們，只要一句話就把他們全都撂倒，他們根本無法回應。對不對？確實是如此。

這時候，他將四種兵魔以及魔天去到了 佛的所在。他就好像 世尊剛成佛的時候，當他初來的時候，嚴治器仗看來很威嚴的樣子；可是越靠近 佛陀，他們的身體就漸漸成爲老朽之狀，必須要策杖而行。現在的問題是，當他們來到 佛陀所在以前，四種兵及虛空諸天，大家都同時聽到 釋迦牟尼佛在講《不退轉法輪經》，所以想要往前去逼 佛陀時，全都進不了，既無法前進就只好在半路上停住了。一旦停住而無法再前進了，心裡面又驚又疑：「像我們這樣又老又朽，要怎麼樣去跟釋迦牟尼佛打仗？」沒辦法了，無法前進。魔王想要策令他們前進去逼 佛，也根本作不到；這時候，天魔波旬只好自

己一個人來到　佛前，都沒有伴黨，所以他只好向　佛稟白說：「世尊啊！如今我這麼衰老了，只有我一個人來到您面前，您看我，連一個人扶我都沒有，希望世尊您賜給我一個人，可以讓我扶著不會摔倒。如今我本有的這些天國，也已經不是我所有了。如來您是大慈大悲，憐憫一切人，難道連給我一個人來扶我都不行嗎？」

這個要求也很合理，佛當然不能拒絕。如果是我們面對天魔這個請求，該怎麼辦？去找個人給他嗎？不必。佛陀也不必這樣作，佛就向天魔波旬說：「你雖然這麼講，可是我看眾生界分，確實多到不得了。假設有像恆河沙那樣多的沒有數目可以算得出來的眾生，在每一天都有這麼多的眾生成佛而證得四種涅槃。又有像這麼多的恆河沙數無法計算的佛，在那麼長的每一天都在度眾生，這樣不中斷地度眾一劫或者超過一劫。像這樣度下來，所度的眾生是非常多的，但還是無法讓眾生界減少，眾生法界還是不會減少的，你別擔心。」這麼講，意思是說：你天魔波旬隨便去找，都有人可以扶你。

這個時候，魔王就向　佛稟白說：「世尊啊！眾生界分雖然多到無法計算，可是我竟然沒有一個人可以來相扶持。萬一我不小心顛危跌倒了，誰能看見而來扶持我呢？我心裡面還是很期望如來您垂下慈哀來慰喻我，使得我可以有力量，也可以有眾生跟著我一起回到天宮去。」這個要求也不算過分，所以慈悲的 佛陀就說：「那一些顛倒的眾生、不相信佛法的人，全部都算是你的眷屬，」所有不信佛法的人全算你天魔的眷屬，「這些人就是你的拐杖，他們都可以來扶持你，全都是你的伴侶。你安心啦！」佛陀這個話也講得很漂亮：凡是不信我的都是你的，因為不信我釋迦牟尼佛的，我說什麼法也沒有用，那些人全都給你；本來就不是我能度得來的，當然全都給你。這也講得很漂亮，因為不信佛法的眾生還是比信佛法的人多，那些都送給天魔好了。

但是，天魔波旬得到第一個部分，他還覺得不滿足，還想要得第二個部分，所以他又提出了要求。他心裡面想：「我應該要讓一切眾生對釋迦世尊所說的法都不生起信心。」他這麼想的時候，不知不覺就講出口了，佛當然會聽到。然後他就想說：「我應該要讓這些眾生都生起疑惑，對佛法都有很多的疑惑。如果都落到疑心裡面的人、有疑惑的人，就都是我所有的力量，都可以用來護持我了。」然後他又提出要求：「希望世尊您重新再慰喻我，使得我歡喜。因為佛陀您曾經這樣講過說：『如果能夠聽聞到釋迦牟尼佛的名號，然後嘴裡也這樣唸著釋迦牟尼佛的名號，這些人就可以不退轉於無上正等正覺。』希望釋迦如來您不要再講這個話了，不要這樣說：『如果有誰聽到我釋迦牟尼的名號，這些人都會殷勤精進修於菩提。』希望您不要再講這種話了。我希望世尊您答應我，用這種話來安慰我、來勸喻我。」

這時因爲 佛陀憐憫一切，當然天魔也是眾生之一，也要憐憫他，所以 佛陀就說：「你不必生起憂愁煩惱，你可以歡喜離開了。我從現在起，會使所有眾生之中，沒有一個眾生發起菩提心，也沒有眾生能夠勤於眾生界。」天魔聽不懂 佛所說的密意，他只聽到語言文字的表相，心中就歡喜起來了。佛的意思是什麼呢？其實是要讓每一個眾生都證得如來藏、轉依如來藏；一旦轉依如來藏的時候，如來藏是不會發菩提心的；當眾生悟得如來藏而成爲發起勝義菩提心的菩薩時，依如來藏而言，又哪有眾生可以發菩提心呢？從凡夫菩薩的立場而言，他們發四宏誓願時，他們的五陰是虛妄的，不是眞發菩提心；再從他們的如來藏境界來看，當眾生發四宏誓願時，他們的如來藏也不會發起菩提心，所以 世尊眞的不曾令一眾生發菩提心。佛講的正是這個意思，可是天魔聽不懂密意，單從文字語意聽取了表面的意思，心裡面就歡喜了。

然後 佛又說了很多令他歡喜的事，譬如：「**亦無眾生而能動於眾生界者。**」也就是說，沒有任何一個人可以使眾生界搖動；不搖動就是說不會動心，不動心就不會想要去修學佛法等等。佛陀其實是在說如來藏的境界，眞正的眾生其實不是眾生，而是如來藏，因爲眾生的本際都是如來藏，眾生的五陰都是虛妄的，都不是眞實的眾生；在〈所說非說分〉裡面，佛陀曾開示說：「**眾生、眾生者，如來說非眾生，是名眾生。**」如來藏代表了眾生，因爲一切眾生都是如來藏，而眾生的眞實際如來藏卻是從來都對眾生的法界如如不動的。「**乃至無一眾生於色動、及受想行識動。**」請問：如來藏是不是五陰眾生？既不是五陰眾生，當然不會於色法動心；佛說：「**我釋迦牟尼如來要讓三界中，沒有一個眾生能夠於色法動心。**」眾生若眞的不會於色法動心，那就是愚癡。佛說將使眾生不會於色法動心，哪有眾生不於色法動心？那不是愚癡嗎？若不是愚癡，那就是死人，不會成爲 佛陀的弟子了。這天魔波旬聽起來很中意，因爲如果不於色法動心、不於受想行識動心，那就不會去探討受想行識、不會探討五陰，一定會繼續輪轉於欲界生死中，永遠都是他的眷屬，當然是天魔波旬所想要的。

如果有人會於色法動心、於受想行識動心，他就會去探討：這五陰到底是常或是無常？探討的結果是無常，就會脫離天魔波旬的掌控。所以 佛陀這後面所講的都是從如來藏的立場來講的，如果從如來藏的立場，你來聽聞佛陀這一段開示，你所聽到的法義可就跟天魔波旬所聽不同了。所以 佛說：**「乃至沒有一個眾生在身見、疑見、戒禁取見上面動心來探討。」**當然不會有任何一個眾生來探討，因為每一個眾生都是如來藏，如來藏不會來探討這些解脫道的正理。**「乃至無一眾生於身見、疑、戒取等動……」**，世尊這樣一直講下去，講到最後說：**「乃至不會有眾生於眾生想、壽命想、父母想，也不會有六度想，也不會有八正道想、菩薩想、佛想、法想、僧想，」**世尊是說如來藏不會於一切法上有想，什麼想都沒有，一切眾生的如來藏都不會起心動念在這上面。果然十方三界所有眾生的眞實我如來藏，都不會在這上面動心；既然都不在這上面動心就不會修學佛法，不學佛法就是不會進入佛門中，世尊意思是告訴天魔說：**「那些眾生全都是你天魔波旬的眷屬。」**但天魔是從語句的表面來聽的，以為所有眾生都不會對佛法信受及修學了，這是他最喜歡聽的。

這樣看來，佛所應許天魔波旬的眷屬是什麼？表面上看來好像是指一般眾生，其實是如來藏，是如來藏啊！因爲 佛說「沒有一個眾生」，已經很清楚說是「沒有一個眾生」，就是金剛心如來藏；可是天魔波旬聽不懂，以爲說 佛陀要使沒有一個五陰眾生會相信佛法、相信六度，他所以爲的是這樣。但 佛說的是如來藏，而如來藏不是五陰眾生嘛！如來藏既不是眾生，當然就不會對任何一法動心啊！所以 佛陀並沒有妄語，佛陀講的是眞實話，完全沒有騙他，而是天魔自己聽不懂，他以後可不能怪 佛陀騙他。你看，這是不是很有智慧？假使百千萬劫以後天魔成爲菩薩而證悟了，感激都來不及呢，哪還能怪 佛陀當初騙他？到時候他如果來責怪 佛陀說：「你怎麼還繼續度眾生？你怎麼還繼續說：『誰聽聞釋迦牟尼佛的名號，唸了釋迦牟尼佛的名號，將來就一定有一天會成爲無上正等正覺。』你怎麼可以這樣？你不是答應我了嗎？」那時候 佛陀就會告訴他：「等你悟了，你就會知道：我沒有騙你。」這才是眞正的佛法。所以 佛陀也沒有騙他，他聽不懂是他自己底事。不然的話，你看 佛陀也有很多證人，所有菩薩都是祂的證人。

所以這個時候，講到最後 佛就安慰天魔說：「無有眾生於此諸想而能動者。天魔波旬啊！你不必生起憂愁，你可以歡喜的回去了。」這個天魔波旬從語言文字上聽了，以為是語言上所顯現的意思，而不懂得菩薩所聽懂的眞正意涵，因此他很歡喜說：「原來佛陀都不度眾生了，所以這些人都不會再信佛法了，那當然都是我的眷屬，都會留在欲界中。」這時候天魔「離諸憂惱」，心裡面大大地歡喜起來，在 佛前就又回復壯年了，然後很歡喜地趕快散天華來供養 佛陀。他不曉得被騙了，可是 佛陀沒有騙他，因為 佛陀是從實際理地來說，也是希望天魔可以悟入啊！但天魔卻是從意識五陰的層面來聽，他自己誤會了，不能怪別人。所以他很歡喜，散華供養以後，繞佛三匝，就在 世尊面前唱了一首偈說：「我如今心裡面非常的歡喜，您眞是救護世間眞正的佛陀，佛所說的一定不會有兩種話，一定符合事實；」因為 佛是不妄語者，「所以佛說的一定是眞實不虛妄，您不會騙我的。」這時候天魔波旬說完這個偈，歡喜而去，回到他的本宮裡面，就是回到他化自在天宮裡面，重新以五欲而自己在那邊娛樂了，就不再來擾亂 佛陀講經了。

這天魔波旬去了以後不久，大地六種震動。阿難尊者凡是看見有瑞相出現時，他都一定會問，所以這時候他就問：「世尊！如今這個大地是因為什麼因緣而有六種震動？是不是天魔波旬的威力？」佛說：「這是我的神力，為了把天魔波旬遣回魔宮去的緣故，所以才有這大地六種震動。」這時有六十四百千的眾生，百千是多少？百千就是十萬，有六十四個十萬，那就是六百四十萬的眾生得到無生法忍，換句話說，這些人聽聞 世尊的反向說法以後智慧增上而進入初地了。

厲害吧！世尊可以藉著魔事來作佛事；所以 文殊菩薩的福德大到不得了，原因就在這裡；他懂得怎麼樣運作，讓那些眾生得到利益。甚至於故意弄了天魔來求 佛，於是 佛有另一個因緣說另一種深妙法，讓眾生得到利益。所以這個《不退轉法輪經》，明心了以後好好去研讀它，從所證的如來藏立場去研讀它，同時好好思惟理解它，你會發覺你的智慧已經更深細了，所以我把這一段經文納進《金剛經》這一品經文中來作說明。請問：從實際理地來看，佛有沒有教你們發菩提心？沒有！所以如果誰說「有」，那就該放他一棒了。可是當有人說「沒有」的時候，卻有另一個人說「有」。為什麼有發菩提心？因為：沒有發菩提心。就是這樣。所以這就是 彌勒菩薩講的八個識皆自在的意思，也就是說，那個眞我最虛長，只有眞我才能契合。

因此大乘的經典確實甚深難解，甚深難解的原因是因爲難證。瞧一瞧，中國的禪宗證悟者才不過那麼一些人，一千多年下來也才這麼一些人；而這些祖師其實有很多是從西天往生到中土來的，你再把他們除一下：假使他們每一世都是活一百歲，一世又一世轉生，算下來能有多少人？由此可見，大乘法眞的是難修難證。那些落在意識心中的人，怎麼有可能懂得大乘經典呢？所以佛教到了末法時期，正好有一句話可以拿來用：「衆人皆醉，我獨醒。」於是只好當孤家、寡人了，不能期望各個大山頭都悟了，就只有正覺同修會悟錯了，因爲跟佛教史相違背而不符合。可是縱使難修難證，到底還是要修，還是得證；不然大家聚集到正覺講堂來聽經時這麼辛苦，也沒有椅子可坐，只能盤腿坐蒲團，圖的又是什麼？還是得要求悟啊！那我們就來看看宗門裡的祖師怎麼講，《錦江禪燈》卷十一：

【雲獅雷水 石谷 慧禪師 合州江氏子，開法于雲獅雷水。上堂：「慧燈爍地，文焰燭天；雨色交輝，光彌劫外。試問諸人會麼？會得，鼻孔雙垂，眉毛八字。稱時伸隻手，向無底船上，扶橈把柁、游浪苦海，度盡衆生，更

無一眾生可度，然後與大肚老漢把手呵呵。始知別有一端富貴。」】

這是雲獅雷水慧禪師的典故。他上堂說：「智慧的燈閃爍照耀在地上，文燭的火焰已經把天空照燭到那麼亮；下雨的時候與種種山光水色交相輝映，光芒瀰漫到整個劫外去了。」當然他不是像我這樣子解釋，他就只是唸過了，總共只有十六個字。這十六個字講完了，他就說：「我要試著問問看，你們諸人會不會？」禪師都是這樣當的。如果哪一天咱們大家閒著無聊，說要弄一場玩樂，那也可以呀！咱家上得堂來，就說：「天增歲月人增壽，春滿乾坤福滿門。會不會？」「不會。」既然不會，不然再來講個笑話好了，就仿傚這個對子講個笑話說：「天增歲月娘增壽，春滿乾坤爹滿門。會不會？」對方一定會說：「你在講笑話。」其實不是笑話，為什麼？因為都是同樣的，都是如來藏，何曾外於如來藏？雲獅雷水禪師上來講這十六個字，同樣就是這個意思。可是看來好像會者恆會、不會者恆不會的樣子呵！

這就是說，凡是眞悟者上得堂來，一言一語、一舉手一投足，莫非有為人處。如果得要在那邊講一大堆的佛法，什麼五蘊空、緣起性空，或者上得堂來講布施、持戒、忍辱，說：「你們如果不布施，就別上我們某某山來，你就不能得法。」那都是在籠罩人，學者所求得的也將是世間法而不是求佛法，都是門外漢。眞正的佛法，一言一語之下就要見得，這才是眞的佛法。如果一言一語無法使人見道，那都是聲聞法、羅漢法，要講一大堆才能見道。但是佛法不是這樣，佛法與羅漢法不同的，一言之下就能見道，這才是眞實佛法。所以禪師上堂說：「慧燈爍地」，乃至「光彌劫外」，就這麼十六個字，已經直示悟處了，所以接著就問：「會麼？」他就要問你會、不會。而這個確實可以使人會取，甚至於根本就連一句話都不講，連耍嘴皮都省了、都懶了；你看那外道上來，佛陀踞坐默然，也能讓人開悟，這樣才叫作佛法，否則都屬於羅漢法。什麼是羅漢法呢？緣起性空。這得要以語言講得一大堆，聽聞者才能懂得。然而，如果是否定了第八識來講緣起性空，那就不是羅漢法，那叫作落入識陰中的外道法；是什麼外道呢？常見外道。

接下來，雲獅雷水問了眾人會不會以後，就說：「如果會了的人，鼻孔雙垂，眉毛八字。」對不對呢？對啊！鼻孔確實是雙垂，眉毛一定是八字。八字有兩種，翹八與垂八，都還是八字。禪門不是有一句話說嗎：「到了實際理地，才知道說：原來眼橫鼻豎、鼻孔向下。」悟後隨你怎麼說都可以，你說：「眉毛是橫的。」他也可以說：「悟了以後才知道原來人是直著走的。」下一個人又怎麼答呢：「悟了才知道原來狗是橫著走的。」都可以啊！可是你如果還沒有悟，你就會落到語言文字上去。這就是佛法，只要這麼一著子通了，般若經就通了。所以你看，他就這麼問，會了就懂得什麼叫作鼻孔雙垂、眉毛八字。

雲獅禪師又說：「到了那種時節，伸出一隻手來，向無底船上去扶橈把柁。」有沒有無底的船？有啊！怎麼沒有？你們一個個都是無底船，就由那個無底船，載著你們到達將來佛地的境界去；到那時候只要一隻手就好，用這一隻手既可以扶著那個槳（橈就是船槳），也可以用這隻手去把住船的柁，確實是如此啊！那個時候就可以「游浪苦海，度盡眾生」。你就有能力在生死苦海裡面游來游去，在生死苦海裡面游浪都沒有關係，心中也不害怕，因爲你已經知道了：生從何來？從如來藏來；死往何處？往如來藏去。從來都是如此。小時候常常想說：「我到底是從哪裡來的？」爸爸說：「你從媽媽肚子裡來的。」請問：「我什麼時候進了媽媽的肚子？」他又不懂了，所以還是沒有弄清楚。那就去問媽媽，媽媽也不知道。你們當過媽媽的同修們，你們知道嗎？也不知道嘛！那你們今天悟後就知道了，那你還愁什麼？只管利樂有情就夠了。

這個時候可以「游浪苦海，度盡眾生」。可是度盡眾生的時候，從你所悟的實際理地來看，卻沒有一個眾生可度；這時就只好跟大肚老漢（大肚老漢是誰？）把手呵呵，牽著他的手歡喜地呵呵大笑。常常有人在佛法裡面，開示勸導眾生說：「要放下啦！一切都要放下啦！」然後就編出一句話來講，這句話就這樣留下來，變成好像諺語一樣說：「行也布袋、坐也布袋，放下布袋，何等自在。」有沒有？你們常常聽到這句話嘛！他們的意思是說，人家來找布袋和尚說：「請問，布袋下事如何？」布袋和尚就把那個棍子挑著的布袋放到地上來。有些人就解釋說：「這是何等自在。」自在他的頭！因爲布袋和尚根本不是這個意思，他不是在顯示自在。可是假使有人，有一天來問我說：「老師！他不是在顯示自在，那他在顯示什麼？」我就告訴他：「顯示布袋，顯示自在，自在即是布袋，布袋不是自在。」我且跟他打葛藤，他若是眞的會了，就可以度人天了。所以布袋下事不是自在，布袋下事就是布袋，會了就是這樣而已。「你說布袋下事就是布袋，好，我趕快去找個布袋來，挑一挑、放一放。」我就問你：「汝喚什麼作布袋？」那你得要記得把《金剛經》的公式拿來套用：所謂布袋，即非布袋，那才是布袋嘛！布袋就是那個，不是在講布袋，這才是佛法啦！講了老半天說：「放下就表示自在，對那個布袋都沒有罣礙。」其實都不對啦！那個叫作抱著指頭當月亮。

所以，這個時候是在講什麼？講的是「此經」。禪宗從初祖釋迦牟尼佛一直傳下來，都是在講此經，從來不離此經，此經就是如來藏。悟得此經，就能轉經；轉什麼經？轉如來藏經。所以祖師才會說：眞正悟了就會轉經，沒有悟的人就被經轉，一天到晚被如來藏轉得到處跑。可是你悟了，你就可以轉如來藏，這時候終於懂了：眞的是應物隨緣。你沒有找到如來藏的時候，講什麼應物隨緣，全都落在意識心上，既無法應物也無法隨緣，然後自以爲應物隨緣：「那簡單啦！上等根器來，教他上等法；下等根器，教他下等法。那就是應物隨緣。」他如果在馬祖大師面前這麼講，一定挨棒。所以若是眞的懂了，你就能轉經；能轉經就能應物而隨緣，無所不應、靡所不周。

《金剛經》〈化無所化分〉，若要眞的能夠「化無所化」，就必須要找到此經，才可能「化無所化」，否則在度眾時都會覺得很自滿：「我度化了幾萬人、幾十萬人。」心中既有度化多少人的念頭，顯然他是「化有所化」，不是三輪體空，是未證空性的凡夫。所以，一定是要證得此經以後，看到所度化的一切人，其實並沒有一個被度化的人，這樣才是眞的「**化無所化**」，這才是眞的三輪體空。在如來藏自身的立場來看，其實沒有所謂的度化，沒有人被你度化；佛也沒有度人，眾生也沒有被 佛化度；到最後是自己度了自己，度了以後卻沒有所度，這樣才能夠說是「**化無所化**」。所以眞的要實證《金剛經》講的「**化無所化**」，得要轉依此經—如來藏心—的立場來看待，你才可能是「**化無所化**」的。

因爲從二乘解脫道來說，所度化的眾生最後還是入涅槃去了，並沒有一個被化度的人繼續存在。菩薩度人成爲阿羅漢以後，他眼看著被度爲阿羅漢的那個人，他的如來藏其實沒有所化，也沒有能化者可說，所以菩薩的所見兼具阿羅漢的所見；並且不是在入涅槃後才說是被度化的人無所化，而是被度爲阿羅漢之後，那個阿羅漢還沒有入涅槃之前就說是「**無所化**」。這就是從如來藏本身的境界來說，沒有任何一個眾生被 佛所化度。實證了沒有任何一個眾生被 佛所化度的境界，才能夠說你是眞的被 佛所化度，這就是「**化**

無所化」的眞實義。

所以，並不是用意識去理解或者去解釋說：「只要我們度眾生的時候，不執著有多少人被我們所度化，那樣叫作化無所化。」那其實就像小孩子玩家家酒在辦結婚一樣，法律上是不承認的。不管他們小倆口怎麼樣認定說：「我們已經結婚了，將來長大以後一個非伊不娶，一個非他不嫁。」但父母不會認定，法律也不認定的。所以用意識去理解，在佛法中是不被認定的；必須是意識現觀到：「法界實際上就是那個樣子，眞的化無所化。」這樣才能夠被佛法所承認說他已經實證了。如果是用意識的境界說：「度了人以後，不要執著有誰被自己度了。」認爲如此就是「化無所化」，那就是玩家家酒的佛法，不是眞正的佛法。既然如此，必須要轉依於如來藏自己的境界，來確定眞的是「無所化」的，那當然就要先找到如來藏。至於如何才能找到如來藏而通達此經呢？來看看宗門中馬祖道一大師，他對這個部分是怎麼說的，《景德傳燈錄》卷二十八：

【江西大寂道一禪師示眾云：「道不用修，但莫污染。何爲污染？但有生死心造作趣向，皆是污染。若欲直會其道，平常心是道。謂平常心無造作、無是非、無取捨、無斷常，無凡無聖；經云：『非凡夫行，非賢聖行，是菩薩行。』只如今，行住坐臥應機接物，盡是道，道即是法界；乃至河沙妙用，不出法界；若不然者，云何言心地法門？云何言無盡燈？一切法皆是心法，一切名皆是心名；萬法皆從心生，心為萬法之根本。經云：『識心達本源，故號為沙門。』名等、義等，一切諸法皆等，純一無雜。若於教門中，得隨時自在建立，法界盡是法界；若立眞如，盡是眞如；若立理，一切法盡是理；若立事，一切法盡是事。舉一千從，理事無別，盡是妙用，更無別理，皆由心之迴轉。」〕

馬大師是禪宗鼎鼎有名的大師，有一天老婆心切，所以就講了一大堆。平常人家來問，他那個金口可是不隨便講許多話的，所以大梅法常來問：「如何是佛？」他就說：「即心即佛。」再也沒有別的開示。沒想到這個大梅法常以為說：「我知道了，我這個覺知心就是佛了。」走了，就自己開山去了。後來馬祖懷疑說：「這傢伙眞的這麼利嗎？」就派了徒弟去問，結果大梅法常說：「這個心就是佛了，你還要找什麼？」然後大梅法常就反問說：「馬大師近日說法怎麼樣？」馬大師這個徒弟就回答說：「馬大師近日說法又別。」

說馬大師又有不一樣底說法了。「那請問：馬大師怎麼說？」「馬大師說：非心非佛。」大梅法常聽了依舊自以為是，不曉得馬大師這是為他而說的，他還說：「馬大師講他的非心非佛，我這裡就只管即心即佛。」他還是不改、不肯檢討，所以後來落到許多眞悟的祖師手裡，就把他拿出來拈提、討論，求榮反辱。所以這個公案就流傳很久，在當時佛教界流來流去、傳來傳去；後來也有人來問法，馬大師又改了說法：「不是心，不是佛，不是物。」所以他也是夠老婆了，平常不這樣的。有一天晚上，他就是這麼老婆心切，講了一大堆；目的就是為大家建立正知正見、去黏解縛，否則聽到「即心即佛」時，膽子特大，就把覺知心當作是佛心，自以為悟，所以他才不得不下狠招改說「非心非佛」；後來乾脆又講「不是心，不是佛，不是物」，什麼都不是，這樣看來大梅法常就有問題了。那麼大家就會檢討說：到底哪個才是？

所以有一天他開示說：「其實，道不用修，但只不要有染汙的就對了。」因為不能講得太白，因此他就這麼講。可是一般人乃至大師們都會解釋說：「不用修道，你只要心好就好了！不要害人家，心裡面不要動壞念頭就不被染汙了，這就是道了。」諸位都聽過這樣的開示，到處都是這樣的大法師、大居士開示：「你們要放下，什麼煩惱都不要生起，把一切都給放下啦！沒有煩惱時，那就是開悟了。祖師不是說『道不用修，但莫汙染』嗎？」聽起來還眞的有道理，因爲聽起來眞的「好像」有道理，所以就叫作相似佛法；因爲其實眞的沒道理，是假的有道理。

所以馬大師也知道有人聽了一定會誤會，所以就特地解釋：「什麼是污染呢？只要有生死心去造作以及有所趣向，都是污染。」其實他要表達的意思很簡單，如果所悟的心，祂是會造作種種善惡心行的、會造作染淨心行的，然後想要捨離染污趣向清淨，想要捨離生死趣向涅槃解脫，那個就是污染心。可是講這麼白，還是有人誤會說：「你不要求開悟才能開悟，你求開悟就悟不了。」就這樣講。好了，不求開悟才能悟，請問：「不求開悟，難道就是每天到晚，傻傻地癡癡地在那邊坐嗎？這樣坐就能開悟嗎？」如果這樣坐就能開悟，佛陀不應該推翻那些從初禪到非非想定的外道們，因爲他們是眞正的不求什麼，他們一天到晚就是坐在定中一念不生，什麼都不求；結果佛陀說他們無法解脫，何況能悟得般若呢！

所以這是在告訴我們說，找到的心應該是什麼樣的心。所找到的那個心是本來就不會有取捨的：不會捨垢取淨，不會捨惡取善，是從來都沒有趣向的心。祂也不會說：「我想要解脫，我想要流轉生死。」完全沒有任何的趣向，這樣就是馬祖說的不污染。換句話說，馬祖道一是說：「只要落在覺知心、意識裡面，那就是污染了。」可憐的是，好多大師都把他的意思誤會了，都用意識心說：「放下一切才會開悟、才不污染。」放下一切的意識心、放下煩惱的覺知心，是不是有取捨？正是取淨捨垢的心，所以祂是有趣向的；祂希望能夠一直住在清淨的境界裡面一念不生，那就是污染。

「如果想要直接就領會到宗門所說的不必修的這個道，我就告訴你吧，平常心就是道。」這麼一講，還是有人誤會說：「我們要用平常心，不要看人家哪一位很富有，你就去攀緣；不要看到哪個人比較貧窮，你就瞧不起他。要用平常心來看待，這樣就是道。」有沒有？在宗教台的節目也有聽過，書上也有讀過，而且都是大師講的，可是卻錯得離譜。馬祖大師說：「什麼是平常心？是沒有造作的、也沒有是非觀念的、也從來沒有作取捨的、又是不斷也不常的；對這個心而言，無凡亦無聖。」這樣才是平常心，如果說放下一切煩惱，坐在那邊逍遙自在過一個早上或者過一個晌午，那到底是不是造作？是造作。如果不是造作，他怎麼會定在那邊不動？所以落在定裡面，把色身綁在那裡，然後把覺知心也綁在那裡；算他有定境好了，進入定中把身心綁在那裡，故意什麼事都不管，那是不是造作呢？顯然是造作，怎麼可以說他這境界是沒有造作呢？

這個住在定中的覺知心，如果坐到傍晚，廚房裡面切菜、炒菜、爆薑等等，香味來了，聲音來了，心裡起念：「原來快要晚餐了。」頭腦裡面都沒有語言文字，也是知道快要晚餐了；下一個念雖然還是沒有語言文字，已經知道肚子差不多餓了。都知道啊！就算不是那個時節好了，正在打坐，禪堂外面兩個人在那邊大呼小叫、爭辯是非時，他在那邊打坐，腦袋裡面一念都無；可是外面的人吵架，他聽得清清楚楚；最後他心裡面下了個判斷說：「那個聲音比較尖的人，眞的是強詞奪理，根本就不辨是非。」好了，請問：「他是不是有是非？」有嘛！就是這個覺知心有是非，怎麼沒有是非？即使自己心中一念不生，還是知道某個人是對的、某個人是錯的；他都能夠分辨是非，如何能說他「無是非」？他的無是非，只是嘴巴不去講而已，心裡面都很清楚誰對誰錯。既然知道是非，與馬祖的開示就不符合了。

再來說「無取捨」，當那兩個人吵過了，然後他忘了，又回到定境裡面住了。接著，聽到廚房那邊炒菜、餐廳裡面碗筷在擺放的聲音，他想：「不管！我繼續坐。」雖然覺知心中還是沒有語言文字，只是起個念繼續坐，而那個念也是沒有語言文字的；可是待會聽到人家在喊說：「老公！吃飯了，別坐了。」他是該下座還是不下座？若是不下座，繼續坐；好，人家把飯菜收了，他別怪人。請問：「他決定不下座的時候，是不是有取捨？」已經取坐捨吃，有取捨了。也許有人說：「那他下座不就得了？」下座還是取捨，因爲捨坐取吃，還是取捨；那顯然是妄心，這就是汙染心。因爲離念靈知的範圍很廣，從欲界定中的離念靈知，未到地定的離念靈知，初禪乃至非非想定中都是離念靈知。這個離念靈知到底是有斷還是不斷？是常或是非常？這都很容易判斷的。

以前曾經有人在網站上狡辯說：「蕭平實在書上說離念靈知會斷非常。其實不對，離念靈知只是睡著了，不是間斷了。」原來他對睡眠是那樣定義的，原來他的睡眠中是還有意識的；可是問到他說：「眠熟時意識哪裡去了？」又不知道了。意識在的時候，永遠都知道自己在，只有一個情形不知道自己在，那就是非非想定中。其他一切位中，意識只要在，都知道自己存在。離念靈知沒有不知道自己在的，除非他有能力進入非非想定中。所以這個離念靈知心，不管誰怎麼狡辯，他只要膽敢公然說：「離念靈知是常住不變的，是不分別的、無取捨的。」你就給他個五爪金龍，他一定會質問你：「你怎麼打我？」你就問他：「請問你知不知道我打了你？」他總不能夠答「不知道」吧？若是眞的不知道，他就不能責備你打他；他已經責備你了，當然要講「知道」，請問：「我打你之前，你是不是離念靈知？現在知道我打你了，知道我不該打你，是不是懂是非？」懂啊！因爲知道你打他，認爲你打錯了，所以他才會質問你：「爲什麼打我？」這離念靈知心是不是有取捨？有啊！他決定要責備你了，捨棄原來的離念境界了，所以這個心具足造作乃至斷常。

那離念靈知知道在行住坐臥中，都保持沒有語言文字妄想，當他看見他那個證悟離念靈知的師父來了，他心中雖然沒有語言文字，也知道「聖人」來了，因爲他的師父說：「聖人是不說謊的。」所以他知道：「我師父來了，聖人來了，趕快站起來。」還是沒有語言文字，卻分別得很清楚：他知道誰是凡、誰是聖。因爲當他看見一般人來的時候，他不太甩人，他覺得：「我開悟，悟得離念靈知了，你們都還不懂。」所以他大剌剌地坐著，不論誰來了，他都不甩；單單他師父來了，他就馬上站起來了，這顯然是「有凡有聖」。可是眞實心所住的境界裡是無凡也無聖的，因爲祂根本不在六塵中運作，怎麼會有凡聖的分別呢？所以眞心是本來無染的，祂是無凡也無聖的；不是要把妄心離念靈知修行變成無染，或者藉修行變成不知道凡與聖的差別。

所以，馬祖道一大師又舉出經文來說：「非凡夫行，非賢聖行，是菩薩行。」對阿羅漢來講，有賢聖、凡夫的差別，因爲他是從五陰來看，從五陰的執著已斷或未斷，來判定賢聖或凡夫，所以阿羅漢很清楚了知賢聖：哪些人是賢聖，哪些人是凡夫。他們心中有了別，因此他們的所行就與菩薩不同。菩薩的實際境界中是不分賢聖的，但無妨意識心在現象界中能了別凡夫與賢聖，這二種境界是同時並行的。可是，阿羅漢沒有辦法依止實際境界來說無凡無聖，他們如果要說無凡無聖，都是依入了涅槃以後來說無凡與無聖。菩薩則不是，菩薩現前存在，不入無餘涅槃就看見一切眾生都無賢聖之分；然後又無妨一切眾生都有賢聖的差別，這是同時存在的。

這就像「無分別智」，無分別怎麼可以稱爲智？既無分別，那就跟癡人一樣；可是無分別中卻是有智慧的，因為有一個無分別的心，他知道了，有了這個智慧就叫作無分別智。不是坐在那邊一念不生，叫作無分別智；而是這個意識心的智慧仍然存在、繼續存在而有智慧，可是同時證得另一個從來不分別底平等心，因此依那個平等心而深入觀察，了知那個心對一切法都不分別，因此他知道有另一個實相法界是從來沒有分別，卻是能生萬法的心，有這樣的智慧就叫作無分別智。而不是變成癡癡呆呆，什麼都不知道，說他叫作證得無分別。如果要照他們的講法，那應該剛出生的嬰兒是最有資格稱為聖人的，因為他幾乎全無分別，他的分別很少。他如果有分別時就是肚子餓了，不然就是尿片濕了，其他時間他都不分別。老爸來了，他也不管；媽媽來了，他也不管，他都不管的；照這樣看來，應該在他剛出生那一天聖位最高，然後每過一天聖性就降一點。對啊！依照他們所說的那個無分別來說，應該是這樣。所以我這一世初學佛，常常聽他們這樣開示，當我在路上行走時，我常常在想說：「這樣講好像不對。無分別、不要分別，說這樣才是聖人，可是聖人難道都是癡癡呆呆嗎？聖人不是應該更有智慧嗎？」我常常這樣想，可是現在的人好像都不想這個，很奇怪！大概會想這個問題的人都到正覺來了，因爲外面很難得找到會想這個問題的人。

所以菩薩的所見與阿羅漢不一樣，因爲阿羅漢是從五陰以及觀察五陰的智慧來看待的，可是菩薩不但從這個部分看待，還從五陰的根本，也就是無餘涅槃的實際，來看待說：原來無餘涅槃的實際就是此經、就是如來藏，而這個如來藏、阿賴耶識從來不分別、從來沒有生死、從來不造作、無取捨、無是非、無凡也無聖。所以眞悟的菩薩，他的所行「**非凡夫行，非賢聖行**」。非凡夫，是說他有法界實相的智慧，並且和阿羅漢一樣，能夠現觀五蘊十二處十八界都虛妄，所以說非凡夫；可是他又看到法界實相不斷地在運行，在運行的過程中，這法界實相的心從來沒有凡聖之分；依止這個心而不斷地運行於三界中，那他心中就沒有賢聖行可說了。所以一定離開凡夫行，也離開賢聖行，這樣才可能是眞的菩薩行。那麼由這裡來看，那些三明六通的大阿羅漢們，顯然不是菩薩行，所以不能用羅漢道、解脫道，來取代菩薩道、佛菩提道，因爲兩者是完全不同的。

馬祖道一大師接著又開示說：「**只如今，**」我看到現在這個情形，「**實際上行住坐臥應機接物，全部都是道。**」什麼人來了，菩薩就倒一杯茶：「請喝茶！渴不渴？」這也是道，應機接物，全部都是道。如果沒有人來，那麼早上起來洗把臉，弄點吃的；吃完了，散散步，讀讀經，中午再吃一餐；吃完了，洗洗碗，經行經行消食，打坐一會，也不錯；晚齋過後，洗洗澡，看看沒事，出了門外，天涼，秋天到了，「卻道天涼好個秋」。賞月賞完了，走一走，說：「也不錯啦！秋高氣爽，睡覺也很好。」這樣就是道。還要找什麼別的道？眞的這樣就是道。可是如果不知道，這就不是道。不知道的人，他就要好好弄清楚：「到底我是什麼地方不知道，所以不懂得佛菩提道？」得要去問禪師，沒想到趙州禪師聽了徒弟所問，竟然回答說：「我也不知道。」你若是眞的想要弄清楚這個不知道，那你就得要跟著禪師去經行賞月。所以眞要懂了，行住坐臥應機接物，全都是道；不懂的人也跟著人家行住坐臥應機接物，可是結果都不是道。

那麼馬祖大師說：「應機接物，都是道，道是什麼？道就是法界。」這是說，法的功能差別就是道。可是問題來了，法這麼多，廣有萬法；又說萬法一一都是道，是什麼緣故而說萬法一一都是道？這就值得探究了，一定有個緣由才會這麼說。馬祖大師又說：「乃至河沙妙用，不出法界；若不然者，云何言心地法門？云何言無盡燈？」所以禪門裡面其實沒什麼事情，清晨打過板，架房裡漱洗完了，上了方丈室來問訊，禪師就交代：「門前那些草該割一割了。」好，應個：「諾！」下去，馬上就去割。割完了，該過堂了，又去過堂；過堂完了，又上來方丈室問訊，和尚說：「竹園裡該培土了。」好，就去培土。就這樣，一天到晚就是作事，禪寺裡作事就是道，沒有別的道。很多人就安不住：「我出家就是要求道，每天和尚都不跟我開示，都叫我作事，欺負我不懂。」然而禪門裡面從來都是這樣，可是馬大師說了：「乃至河沙妙用，不出法界。」你去除草、去培土，不管你怎麼樣去作什麼事，都不出如來藏的功能差別之外，也就是「不出法界」，全都在如來藏裡面，誰能出得了如來藏法界之外？全都沒有啦！每一個人都在自己底如來藏法界中，不出法界之外。

能夠這樣實證、這樣現觀，才是眞的獲得無盡燈。如果不是這樣，怎麼可以說這叫作心地法門呢？所以如果你進了禪門要學心地法門，結果大師一天到晚都在跟你說這個法、說那個法；那其實不能叫作心地法門，那都是心外求法，全都落入生滅心中，不是在眞心上面求法。如果是眞悟的禪師，他跟你說了很多的法，講過一段期間，他一定要有個時間逛到園子裡，看你在竹園裡面培土培得怎麼樣；看你到了菜園裡澆水澆得怎麼樣，他一定要去看你的。如果他從來不去看你，那表示他只是一隻野狐。他如果去看你，一定會教你怎麼培土，也會教你怎麼摘菜，就看你會不會學。你別說：「**我是農家出身的，我怎麼不會培土？培土，我是專家。**」等你遇到了禪師來教你培土的時候，你才會知道原來你根本不會培土。不說培土，你連禪門裡的吃飯都不會吃。我告訴你，再怎麼聰明伶俐著作等身，即使是博士班的審核教授，到了禪師面前都不會了，所以說心地法門不同凡響。如果心地法門，是你到處都可以聽得到的，那一定是到了末法最後五十二年的時候；因為大家都快要不信了，因為密意已經到處流通了；那時不但書本裡有，網路上隨便一點就都有了；這樣讀來的，沒有斷三結的初果智慧，也沒有參禪體究的體驗，實相般若智慧起不來，光知道密意還是沒有功德受用。

所以說這個法一定是心地法門，它是直指心地；它告訴你的是這個眞實心在何處，要讓你瞭解這個。瞭解了這個，然後一代一代這樣傳下來，這就是無盡燈；你瞭解了這個，自己本身也吩咐一代一代地傳下去，這也是無盡燈，不要去找外面那些燈。只有愚癡人才會去弄了一大堆蠟燭來，我暗夜裡點了自己的燭，然後用我的燭來點了你的，你再去點別人的；那種燈點不了多久，不必到天亮，早就全部燒盡了，哪裡能得無盡？那些大道場裡，用世間燈來取代心燈，未免也太奇怪了！還有人點了以後說：「我今天得到無盡燈了。」很歡喜回去，竟不曉得無盡燈在他自己身上，不必由別人點世俗燈給他，所以馬大師說：「一切法皆是心法，一切名皆是心名。」我想有一些人是不願意信受這一句話的，心裡質疑說：「為什麼一切法都是心法？明明這個花就是物，為什麼又說它是心法？」可是到了諸地菩薩來說，這花也是心法，都不離心；乃至山河大地也都是心法，沒有金剛心就不會有山河大地，所以一切法都是心法。依這個心而有的山河大地、一切事、一切物來建立不同底名相，那些名相難道不是心名嗎？「依心而名」，若沒有這個心就沒有那些名可說了，因為萬法都從這個金剛心出生的，這個心是萬法的根本。

所以玄沙禪師才會說：「識心達本，故號沙門。」這段文字中，馬大師則說：「經云：『識心達本源，故號為沙門。』」以前你們常常讀到一些書，書裡面的自序，也就是作者自己寫的序文裡，最後署名「沙門某某某」，但他們眞的有資格自稱爲沙門嗎？依照經典的定義，他們其實沒有資格。經論中說：「識得眞實心，能夠通達萬法的本源，」能夠現前觀察到所找到的這個心就是萬法的本源，一切萬法莫不從祂而生，這叫作「識心達本源」，這樣的人才能叫作沙門。所以現在看來，全球佛教界只有我們正覺裡面有沙門，會外沒有眞實義的沙門；如果外面有，那一定是從我們這裡出去的，都是本廠的產品，以外沒有眞實沙門，只有表相沙門。

如果識心達本的時候，成爲眞實沙門以後就如同馬大師說的，會親自看見：「名等、義等，一切諸法皆等，純一無雜。」因爲所有的名，不管是受想行識的名，三界六道不同眾生的名，或者一切法安立的名，那都平等、平等，因爲全都依如來藏而建立。這就好像說，你身上每一個部分都平等。如果有人說：「我認爲全身上下還是有許多不平等啊！」「既然你認爲不平等，請指出哪個地方不平等而很下賤？我幫你把它挖掉，好不好？」一定不願意，絕對不願意。也許有人說：「平常最常用的最重要，頭皮都沒用到，根本不重要。」「那麼把頭皮剝掉，好不好？」也不願意呀！有好多人，光是不痛不癢的頭髮，叫他理掉成爲光頭，他們都不願意了。所以很多人進了正覺以後，心裡有想要改爲光頭，但仍然改不下來，於是先來剪短一點好了；剪短一點，過一段時間習慣了一點時，又說：「好啦！再剪短一些啦！」於是就剪了小平頭。成爲小平頭以後又過了好幾個月，最後才終於下定決心：「好啦！就全部理光了。」連不痛不癢的頭髮都如此重視了，何況說身體哪個部分會覺得不平等？因爲每一個部分都會覺得：那是我的身體。同樣的道理，一切名都是這樣；所以對身體的每一個部分都是平等看待，不會說到腳時就說腳最卑賤了，都踩在地上髒髒的東西，就認爲踩在地上的腳一定是不清淨的；可是如果腳有一點點小傷，還是會每天小心處理它，每天要擦藥呀！對不對？如果它是那麼不重要，爲什麼要那樣看重它呢？所以對你來說，身體每一個部分其實都平等。

同樣地，悟後從如來藏的立場來看諸法的時候，諸法莫非是如來藏裡的一部分，怎麼會有不平等？如果不平等，說：「這樣好了，我們六個識的功能，我看好像眼識比較重要，舌識不重要。」那麼請他把舌識捨掉，把舌識的功能捨了，好不好呢？當然不好，因爲不論吃什麼都沒味道，食物餿掉也不知道，就吃壞肚子了，一定不好；所以，每一個部分都不願意捨掉。如果有誰吃東西都沒味道，他一定會趕快去找醫生，你們當醫生的同修，應該都看多了。或者說，鼻子老是嗅不到味道，他忍不了幾年的：「我這個鼻子不行了，我一定要去處理。」上醫院去了。如果是眼睛，那更不得了，更不方便了，更要儘速處置了。所以諸法平等，沒有一法是誰願意捨掉的。由世間相的層次看諸法，難道不都是平等嗎？不管哪一個法的內容，你解說多麼清楚，其實每一個法不論深淺，不論是世間、出世間，所有的法都是平等的；因爲都依如來藏來，都是從如來藏中生，依如來藏存在，那麼有哪一個法是不平等的？所以說是「義等」。既然是這樣名等、義等，當然一切諸法皆等。

接著再從如來藏自己的立場來看，更沒有說哪一個法是不平等的；因爲如來藏從來都不分別祂所生的諸法有什麼高下，無始以來都不曾分別過，所以法等、名等、義等。也許有人說：「有啊！譬如說造了惡業輪轉三惡道，回到旁生道來、畜生道來，福報又很不好，去當了細菌，牠的諸法功能差別顯然差很多；那就是如來藏捨了某些法，祂就是對細菌不平等。」可是其實不然，細菌所有的諸法功能差別的種子都存在著，只是因爲業報使得牠得到那個有殘缺的根身，導致諸法的功能差別無法從如來藏中顯示出來，不是細菌的如來藏中原有的諸法不具足。

所以，有的人來到人間也很喜歡聽聞佛法，但是不論怎麼聽就是不懂，那是什麼緣故？就是他的勝義根的差別，並不是他的如來藏中的諸法種子有缺失，而是他的果報使他不得不然，那是果報。所以將來你成佛了，你所有佛地的一切功德法，也都不是外來的，都是在你自心中本然就存在的；是因爲你究竟清淨了，斷盡二種生死了，所以一切的諸法功能差別可以從你的如來藏中具足顯示出來，但還是本然就有的，所以一切法都平等。菩薩能這樣看，所以馬大師說「純一無雜」，都用如來藏來看一切法。

馬大師又說：「如果於教門中能夠隨時自在建立時，法界就全部都是法界；」換句話說，當你找到了此經，你就可以通教——通達教門了。通達了教門以後，才知道原來一切佛法都是在講這個心。也許有人說：「我知道了，你都是講那個心。」眞的知道嗎？不知道！等你問：「哪個心？」我說：「這個心啊！你也有這個心。」不是嗎？眞的有啊！不然你每天晚上睡覺的時候，怎麼覺得說「砰、砰、砰」好吵？然而我說的到底是哪個心？「是心臟嗎？」我就給你一棒。你再問：「那是哪個心？」我還是回答：「這個心！」

「你明明是講心臟，難道不是嗎？」原來還是誤會，只好再給你一棒。你要是還不死心，明天上來再問，我依舊回答：「這個心！」

這就是說，你如果在宗門通達了，那你在教門上面也會一分一分開始通達。教門中如果通達了，就可以隨時自在建立；能夠隨時自在建立了，那麼法界就全部都是法界了。也就是說，諸法的功能差別，你都會開始了知了。諸法的功能差別，就是法界，諸法的種子就是法界。這個時候就由著你來建立了。馬大師又說：「如果你建立說：一切法皆是眞如。那麼就全部都是眞如了。如果你建立說，一切法全都依理而生，依理而有，依理而運作，那就一切事相上的諸法也全部都是理。」你也可以說，一切法都是如來藏，你說：「對啊！一切法都是如來藏。」

那時候就由著你建立了，所以馬大師說：「如果從事相上去建立，那麼一切法都是事，沒有一法不是事。」因此，禪師接人往往依事顯理、以事接人。譬如有人見了趙州禪師，趙州就問：「來過沒有？」「來過。」「喫茶去！」又有人來，老趙州又問：「來過沒有？」「沒有來過。」「喫茶去！」他座下的院主搞不懂，爲什麼來過的人叫他喫茶去，沒來過的人也教他喫茶去？他就上來問：「來過的人，和尚您叫他喫茶去；沒來過的人，爲什麼也叫他喫茶去？」那趙州老和尚就大聲叫喚：「院主！」他就答應：「諾！」老趙州又說：「喫茶去！」過一段時間有人來了，結果老趙州就問：「喫過粥沒有？」「喫過了。」老趙州就說：「洗鉢去！」都是以事相來作法事，就是這樣啊！如果有人自作聰明說：「師父！我知道了，您講的就是說，吃飯的就是眞實心。」老趙州就給他一棒，吃飯的不是嘴巴嗎？嘴巴怎麼會是眞實心？吃飯的是覺知心，覺知心怎麼會是眞實心？對不對？所以悟後如果要建立事相，不管誰來了，都從事相打發回去就對了，因爲天下難得有一個能夠接你拄杖的人。像這樣子，就是馬大師說的：「若立事，一切法盡是事。」

所以馬大師又說：「舉一千從，理事無別，盡是妙用。」你若眞要找到如來藏，告訴你要領以後，由這個一提出來，一千條綱領全都跟著你顯現出來了，這就是「舉一千從」。到那個時節，理與事之間已經沒有差別了；理即事，事即理。可是遇到那些野狐狸來了，你就建立理、也建立事，好好把他收拾、收拾。所以說，面對諸方假名大師時，不管他們名氣有多大，你要理事分別也可以，你要理事無別也可以，全都由著你，全部都是你的妙用。

什麼妙用？如來藏的妙用。馬大師的意思其實是說：因爲如來藏含攝一切法，所以一切理與事全都在自己的如來藏中，再也沒有更高的妙理可以找得到；都是由你所找到的眞心如來藏，隨著你去迴轉。

這就是宗門可貴之處，否則的話 佛陀講經就好了，祂爲什麼弄出很多的教外別傳公案呢？這就可見說，單憑語言文字從經教之中要去實證佛法，非常困難。這也就是中國禪宗爲什麼能夠一直流傳不絕，乃至幾十年前的大陸不能待，咱們就生到台灣來，還是可以把禪宗的正法繼續傳下去；就因爲悟後可以理事無別、理事分別，都隨你建立，自在受用。由此可知中國禪宗的重要，它是大乘佛法的根本，它也能建立南傳佛法的二乘菩提不落入斷滅空。離了中國禪宗的實證而說他能有大乘法的親證，那都是騙人的，是自欺欺人。否定了禪宗所悟的第八識金剛心，而說他能夠證得解脫道的四果、三果下至初果，也都是騙人的，因爲他一定斷不了我見。

接下來，再來看宗門裡面，大珠慧海禪師的說法，《景德傳燈錄》卷二十八：**【大珠慧海　人問：「將心修行，幾時得解脫？」師曰：「將心修行，喻如滑泥洗垢。般若玄妙，本自無生；大用現前，不論時節。」曰：「凡夫亦得**

如此否？」師曰：「見性者即非凡夫，頓悟上乘、超凡越聖。迷人論凡論聖，悟人超越生死涅槃。迷人說事說理，悟人大用無方。迷人求得求證，悟人無得無求。迷人期遠劫，悟人頓見。」】

諸位從大珠慧海這一段開示中可以回憶看看，你學佛以來，外面那一些大師們的落處，是不是都在大珠這一段開示中被講過了？那些現象確實都在這些話裡面，所以那些現象不是現在才有，是古時候就已經如此了。有人來問說：「用我們這個心來修行，修到什麼時候可以得解脫？」這不就是現代佛教界的現象嗎？大家都用這個覺知心修行，努力修行要把覺知心給綁死，要求覺知心對什麼都不要去分別；可是下了座以後分別更多，那他顯然下座以後就不是在修行了。像這樣子，到底是在修什麼行呢？因為他修來修去永遠是這個識陰六識或意識染汙心、分別心，修行怎能修得好？他怎麼可能達到實相般若說的無分別境界？像他們那樣修，是要求對任何事都不分別，是不是教大家應該都要越修越笨，才是悟境越來越好？對啊！依他們的說法，就是越來越笨才是悟境越來越好，因為都應該修到像剛出生的嬰兒那樣癡癡呆呆，見了爸爸媽媽來了，也認不得而不懂得稱呼，這樣就是修行最好，因爲幾乎都無分別了。然而佛法修的是智慧，顯然不是他們教的那樣嘛！因爲修學大乘法是求智慧，是要智慧越來越好，那才是修行。如果一直都在覺知心上面來修，想要修成無分別心，而這個覺知心又去不了下一世，死後所修的一切全部歸於空無，這麼辛苦修行幹嘛呀！那不是傻瓜嗎？

本來好好的一個聰明人，越修越傻，眞沒道理欸！可是，現代佛門裡面確實是這樣的狀況。你們看，好多電機學博士、物理學博士、化學博士，什麼學、什麼學的博士，在社會上很有地位；甚至有許多人是社會上響叮噹的大人物，沒想到他們一進了佛門全都變迷信了，眞的好奇怪呵！問題就出在覺知心上。所以大珠說：「**用這個心修行，打個比方說，就好像衣服上有污垢時，他拿了一把泥巴來當作清潔用品而想要把衣服上的汙垢洗掉一樣。**」本來那個汙垢還不明顯，被他用這泥巴一洗，比原來的汙垢更明顯、更髒。所以有些凡夫大師教導徒眾說，應該要怎麼修行、怎麼修行時，眞悟的祖師聽了就評論說：「**泥水洗土塊。**」用泥水要把土塊洗乾淨，要等到什麼時候才洗得淨？你再怎麼洗，它都是泥水；土塊本身再怎麼洗還是土，永遠沒有乾淨的時候。大珠禪師就是講這個道理，說禪宗的眞實修行不是在覺知心上面去用功啦！在覺知心上面用功是悟後的事，是悟後轉依如來藏心的本來清淨自性。大乘見道的修行不在覺知心上用功，覺知心只是個修行底工具；要以覺知心作為修行底工具，把參禪時該有的功夫與知見建立起來了，然後要去把此經找出來。只要能把如來藏找出來了，實相般若就能通了；否則，若是落入覺知心中，老把覺知心當作修行之標的，永遠都是「滑泥洗垢」。

所以，大珠慧海說：「般若是很玄很妙，卻是本自無生。」妙是因為悟了所以知道它妙，玄是因為不知道所以覺得好玄。所以你說要找個眞心如來藏，我卻把心臟指給你說：「就是這個心。」你明明知道我不是在講心臟，可是我卻偏偏指的是心臟，你就是弄不懂。等你以後眞悟了，卻說：「哎呀！原來如此，那時您早就明白告訴我了。」然而，到那時，你悟的卻不是覺知心生滅法，而是本來就沒有出生過的第八識眞心；所以說，這個般若雖然非常玄妙，可是般若本自無生，這是從理來建立事。

般若以什麼為理體？以如來藏為理體；若是離開了此經如來藏，就沒有實相般若可說了。所以說，有好些人演講般若法義，或者寫著作說：「般若就是一切法空，只是從阿含諸經中說的緣起性空，再施設方便去建立般若，所以般若只有名而無實體，所說的全都是名言。」所以才會判定般若只是性空唯名，意思是說般若不是眞實法，其性本空而只有名相。依他們這樣的說法，般若應該就是虛妄法、虛相法了，就不該說是實相。因爲性空唯名其實就是戲論。所以印順的想法是說：般若所講的內容跟四阿含講的一樣，只是施設方便而從不同的面向再講一遍聲聞解脫道罷了；所以般若是性空唯名，其實就是戲論；你們只要修四阿含講的解脫道，就是在修成佛之道了。

可是當他提出這個論點時，其中有好多的死結打死在那邊，他自己也打不開。我們有智慧幫他打開來，他卻還不願意打開，還重新把它綁回去，而且綁得更緊，所以他到死不改。我們明明幫他打開他的死結了，可是他根本不願意打開，又偷偷把它綁緊了，我們對他眞的無可奈何！所以我才會懷疑說他到底是什麼人往生來人間的。因爲他很聰明，他絕對不是愚笨的人。我們的書寫了那麼多，我們照例每一本都會寄給他（不曉得現在推廣組還有沒有在寄—他已經死了—我不知道，因爲他以前是被我列在正覺的贈書名單裡面），但他始終不改。所以般若不是虛相法，它是本來無生的，卻是法界中的實相，不是斷滅空。如果依照印順的定義，那麼般若就是有生的了，因爲性空而只有名相，當然是有生的法了。印順判定般若是性空而只有名相，這些名相從什麼時候有的呢？從 佛陀講出來以後才有，那就變成有生了。可是眞悟的祖師都說「般若無生」，本來就沒有生，那才是般若。如果把有生的法給滅掉可以叫作般若，那其實不是般若，那是戲論。

接著又說：「**大用現前，不論時節。**」意思是說，悟了般若以後隨時可以大用現前，不必管什麼時節都可以大用現前。你找到如來藏以後，發覺無時無刻都是大用現前，沒有過一剎那是大用不現前的。等你證實了，隨時隨地可以大用現前，你就能夠眞的大機大用。所以由祖師的開示裡面，可以很容易地判斷，那一些大師們說上座一念不生時叫作開悟，下座以後說悟境會漸漸退失掉，那他們有沒有符合大珠慧海的開示？當然相違背了。大珠慧海說的是：大用的現前，不論時節。那些修離念靈知的人，他們常常說：開悟是會退失的。他們的退失跟我們講的退失不一樣，我們講的是說：他找到如來藏以後，信心不夠、體驗不夠，於是把祂推翻了，要另外去找另一個不可能存在的想像中的如來藏，這種人是永遠再也找不到另一個如來藏的。所以，不管他怎麼樣毀謗，到最後，他們還是要偷偷回歸到我教他們證得的如來藏上來，只是不敢公開講出來；除此以外，他們沒有別的路可以走。這顯示他們的退失並不是所悟的內容退失了，而是自己體驗不夠所以不敢承擔，改爲心外求法，所以說他們退失了；但原來的所悟還是存在，只要體驗夠了而回歸原來的所悟，智慧就又重新生起了。

可是那些大師們講的退失，卻是說：一念不生的境界有沒有退失。這就像日本六、七十年前的禪學大師鈴木大拙，他跟人家印證開悟說：「心花開了就是開悟，怎麼樣心花開呢？我們每天打坐，妄想一大堆都止不了；後來有一天終於可以很長的時間不起妄想，所以好歡喜，心花朵朵開，就是大悟徹底了。」當徒弟修到這樣一念不生了，很歡喜了，他就幫徒弟印證開悟了，也說他見性了。這就是日本近代的禪，這還是禪學大師鈴木大拙教導的。二十年前台北有個大禪師也是這樣，所以徒弟上座了，可以一念不生，什麼煩惱都不起了，就印證爲開悟了；又說，下座以後心散亂了，就說他悟境退失了。因爲他教的是，起了念就是離開悟境，沒有起念就是住在悟境中。所以當你起了念想要求開悟，你有這個求悟的語言妄念時，你就是沒有開悟，就悟不了。

所以他常常開示說：「你不可以求開悟，你若是想要開悟，你就不可能開悟；想要開悟，就是沒有悟。」因爲想要開悟時就有語言出現在心中了，當然就在悟境以外了。他的理論是這樣的。然而問題是，請問：他坐在那邊一直保持一念不生，不算是求開悟嗎？不算是保持開悟嗎？是呀！而且他下座以後就吩咐徒弟說：「某某師！去吩咐誰把什麼事作好。」又對另一位法師說：「某某師！去吩咐某一個人去作什麼事。」請問：他的悟境退失了沒？退了呵！因爲他心中又生起語言妄念了。那這樣子，有時開悟，有時不能悟；也是每天進入悟境又退出悟境，成爲生滅無常的悟，要那個悟幹什麼？

我們要悟的心，是本來就言語道斷，本來已經離念的清淨心；祂是永遠都如此，本來就如此，不是修行以後才如此；而祂的言語道斷境界是永遠不會變的，悟前悟後都是如此的，這樣的開悟才是眞常之法，才是常住法。祂無始劫以來就是這樣，現在是這樣，悟了還是這樣，悟後不論你怎麼樣修行，祂還是這樣；那個眞如離言境界並不是藉種種因緣修來的，是本來就這樣的；所以將來假使修行的因緣壞了，祂還是這樣；像這樣的悟境就不會像他們那樣退失悟境——不會再生起語言妄念了，而且也是永遠眞實與如如，中國禪宗要修的應該是這樣。所以末法時代大師們藉著色身、覺知心的因緣來靜坐，才能打成一片、一念不生；但這是藉著因緣而修成的，若是將來因緣散壞了，譬如不能打坐時，不能不作事情、不能不說話時，那個打坐的緣壞了，他的離念境界就壞了；所以那是藉緣而得的法，不是眞實法。眞實法是本來就一念不生的，不必去壓抑自己；不管你怎麼樣打妄想，乃至跟人家吵架吵得一塌糊塗，你那個眞實法還是繼續一念不生、言語道斷、不生不滅；這不是藉緣修得的，是本來就如此的，這樣才是眞實法。

大珠慧海說：「**見性者即非凡夫，頓悟上乘、超凡越聖。**」所以迷人不知這個道理，但是見到了眞實性的人（或者說見到了這個眞實心具備成佛之性，沒有一絲一毫的欠缺，這就是見性者。這不是講眼見佛性，這是說看見了金剛心如來藏的成佛之性；因爲成佛要靠祂，不靠祂就沒有辦法成佛，祂具足了讓人可以成佛的自性），看到了眞實心的成佛之性的人，他就不再是凡夫了，所以那個人問說：「**凡夫亦得如此否？**」大珠慧海答覆說：「**見性者即非凡夫。**」凡是看見這個眞實心的成佛之性了，這個人就不是凡夫，因爲他頓悟上乘、超凡越聖。在二乘法中有凡有聖的差別，阿羅漢依其所見而說：「**某某人是阿羅漢，跟我一樣。這是某某人，還沒有見道，是個凡夫。」他沒有辦法去看說我跟他無凡也無聖，因爲他依解脫道的法義所觀行的對象是五陰，有五陰就會有凡聖之分。所以只有菩薩能夠現前觀見是凡是聖之中同時無妨無凡無聖、超凡越聖，因爲凡與聖都是五陰的境界；但是從菩薩證悟如來藏之後轉依如來藏境界，然後從如來藏的立場來看凡聖的時候，完全沒有凡聖存在；然後從自己的覺知心來看的時候又無妨凡聖分明；但是覺知心再轉依如來藏來看的時候，又超越於凡與聖之上，所以叫作超凡越聖，大珠慧海說這樣才是頓悟上乘的人。

如果有人開示說：「聖人說話是不欺誑的。」你就知道，他心中是有凡也有聖，他一定落在意識心上。所以你們要聽到我講一句說：「聖人說話是不騙人的。」絕對沒有機會，縱使有一天太陽打從西邊出來了，你也聽不到我這麼說。太陽打從西邊出來很容易，只要突然來了一顆很大的彗星把地球給一撞，它方向就轉了；雖然死傷很大，但是方向不就轉了嗎？對呀！可是你若想要聽到我講那句話，絕對聽不到。因爲依如來藏來看，沒有凡與聖可說，爲什麼要說「我聖人講話不騙人」？實際理地，沒有凡沒有聖，哪來的聖？這才是頓悟上乘。迷惑的人、還沒有眞悟的人喜歡論凡論聖，所以他見了人，第一個分別就是說：「他還沒有悟，還在凡夫位。」這是他的第一個分別，見了同樣錯悟而自以爲悟的人，他就說：「這個人跟我一樣，早就悟了。」那就是落在凡聖裡面，那表示他完全悟錯了。或者只知道密意，是打聽來的，他根本沒有轉依成功；沒有轉依成功就不是證悟者，光知道密意也沒有用，所以還在分別凡與聖，我說這種人依舊是迷人。

如果是眞正開悟的人，他是超越生死與涅槃的。對所有大師們來說，生死與涅槃是兩回事，你們曾經讀過誰寫書出來說：「生死、涅槃都依如來藏建立？」沒有啊！我早期弘法時，也沒有讀過多少經論，但我從自心裡面知道了，直接講出來，所以我說：「生死就是涅槃，因爲生死是如來藏，涅槃也是如來藏。」所以，我才敢說：「阿羅漢沒有證涅槃。」我當時這樣直接說出來，對當時的佛教界是一個大衝擊，特別是對大陸的佛教界。因爲那時大陸有人發心印了兩千本或三千本《邪見與佛法》，往全中國寺院、道場都寄，可是每十本就有九本被燒掉，他們認爲這樣講就是邪見——竟然敢說阿羅漢沒有入涅槃。他們認爲我當時說的是邪見，所以那本書在大陸停了好幾年都沒有人再印，因爲印了還會被燒掉。

但是等到我們其他的書漸漸印出來，他們也偷偷讀過許多了，漸漸才瞭解：阿羅漢果然沒有入無餘涅槃。因爲他們原來以爲的入涅槃，是由覺知心去入住涅槃，等到我們寫了很多書證明說：「入涅槃是身心滅盡、十八界都滅盡了，涅槃中沒有阿羅漢存在了，怎麼還會有阿羅漢進入涅槃中安住？」經過十幾年了，現在才終於漸漸接受，所以《邪見與佛法》被大陸佛教界接受是這幾年的事。這就是說，沒有證得如來藏的人，他永遠落在生死與涅槃之中。可是當你證得如來藏以後，你就超越了生死與涅槃；對你來說，那時已經沒有涅槃可說，也沒有生死可說；因爲你轉依了如來藏以後，如來藏沒有生死，以後無妨一世又一世出生了五陰，然後又死掉，但如來藏依舊沒有生死。斷盡思惑之後將來入了無餘涅槃，無餘涅槃中還是如來藏，所以無餘涅槃是依如來藏不生五陰來施設無餘涅槃。

無餘涅槃裡面既然是如來藏獨存，而如來藏本來就沒有生死，你何必急著要把五陰滅掉入涅槃，心裡是想要幹什麼？因爲滅掉五陰入了涅槃以後還是如來藏獨住，可是如來藏在你眼前很清楚是沒有生死的，所以取證涅槃其實不必滅掉自己，像這樣實證涅槃時才會有般若智慧，這就是證得不共二乘聖人的本來自性清淨涅槃。那麼這樣子，又何必滅掉自己？眞的不必滅掉自己，可以繼續不斷受生而行菩薩道了；雖然辛苦一點，有生死之苦也沒有關係，但最後可以成佛，何不就留下最後一分思惑去繼續投胎、繼續生死呢？所以這樣就超越了生死與涅槃。因爲生死是五陰在生死，如來藏沒有生死，所以依如來藏是超越生死的。依五陰說有入涅槃，可是依如來藏沒有入涅槃，因爲涅槃本身就是如來藏，何須再入？既然這樣，你就超越了涅槃。

你依如來藏就超越涅槃，所以般若經裡面不是說：「**設復有法過於涅槃，我亦說如幻如夢。**」意思是說：「假使有一個法，有人說這個法可以超越涅槃，我須菩提也同樣說這個能夠超越涅槃的法是如幻如夢。」因爲那一定還是依如來藏來施設的，所以涅槃是虛幻的。並沒有一個東西可以叫作涅槃，全都是由於如來藏的不生不滅而叫作涅槃；而一切不迴心阿羅漢入了無餘涅槃以後，還是他們自己的如來藏獨存而無生無死。既然是這樣，何必急著滅盡五陰？無妨就留著一分思惑，讓自己未來一世又一世都有五陰，陪著眾生生死苦樂都沒關係，但是可以把眾生一步一步帶向佛地，這才重要。

「迷人說事說理，悟人大用無方。」迷惑的人他會說事說理。所以有很多錯悟者在解釋公案時，禪宗祖師們都會罵他們是鋸解秤錘。中國禪宗的公案其實表裡如一，自始至終都在告訴你如來藏金剛心。有的人不懂，就解釋說：「這一句在講理，這一句在講事。」那叫作鋸解秤錘。他以為公案裡面還有什麼其他意思，其實沒有，從裡到外都是如來藏，從頭到尾都是如來藏。可是他不懂啊！就會在那邊亂作解釋；解釋的時候，那一整座的金山他放著不管，都在祖師講的那一些偏中去的語句上面去作文章，等於是向泥地裡拾取一些小鐵塊。所以祖師就罵這種人「鋸解秤錘」，那顆秤錘拿來全部鋸，不論鋸到多小，乃至鋸到全部變成鐵灰了，它還是鐵，完全沒有黃金。所以，不求證悟如來藏而專門研究公案道理的人，都叫作愚癡人，那種人解釋禪宗公案，就是大珠慧海說的「迷人說事說理」。

眞悟的人卻可以「大用無方」，所以婆子派人送來好多錢財供養，條件是什麼呢？只是要請老趙州轉經。如果是當代這些大師們接了錢財，比如說接到了五千萬元時，人家說：「請你轉經。」他一定把《金剛經》或者什麼經拿來講一座，可能要講上半年、一年，這樣賺得五千萬元。我說像他那樣賺講經的錢，太辛苦了！人家老趙州不用，老趙州收了錢財，下了禪床走一圈，隨即又上座，就告訴那個侍者說：「請你回去稟告婆子，我老趙州轉經轉完了。」婆子就接受了。哪天如果誰送了三百萬元來，說：「請蕭老師轉經。」我一樣下座轉個圈再坐上來，回答說：「轉經完畢，請你回去稟報。」他一定罵我：「神經病！」現在人的根器不如以前，這是我被罵過的話；這眞的不是胡扯，不過已被我寫在書裡面。我相信，如果再有這麼一回事，我下了法座再上來坐，當我說「轉經已畢」時，現在應該不會有人再罵我神經病了；因爲這類事情，我已經在書裡寫過二、三遍了。

所以眞悟的人，他就像老趙州這樣大用無方，隨便用什麼方法都可以，怎麼樣轉都對。如果哪天誰送來五萬塊錢：「請蕭老師轉經。」我就從桌上拿起杯子來喝一口說：「轉經已畢。」因爲你包得少。如果你包多一點，譬如包一億元來供養的話，我就轉到門外再轉回來上座（大眾笑…），這才是眞悟之人大用無方。對世間人來講，你必須如此，否則的話，他們一定會抗議：「他只有五萬塊錢，我供養三千萬元，你怎麼也是只喝一口水？」所以你必須要走遠一點。但是對我來講，喝一口茶、走遠一點，其實沒有差別；可是迷人就有差別了，事實也是這樣，所以說迷人會說事說理。可是等你哪一天悟了，你說：「原來我並沒有得到什麼。」我相信一定有人禪三證悟回來，老爸問說：「你這回開悟了，得到什麼？」一定有人被問過的，結果說：「我沒有得到什麼。」老爸如果粗魯一點就說：「你沒得到什麼，去那邊辛苦四天三夜幹什麼？爲什麼這麼歡喜？」我想，他一定會回答說：「正因爲沒有得，所以我才這麼歡喜。」老爸可能會罵他說：「神經病，越學越回去了。」其實不是這樣，眞的是無得。所以說：「迷人求得求證，悟人無得無求。」

一般人聽到無所得三字，一定說：「那你失掉了什麼？」結果卻也無失，因爲祂本來就是你自家的東西，怎麼會有所得？那是不是沒有悟的人就有所失呢？也沒有啊！沒有悟的人還是有這個眞實法，只是自家本有而說無得亦無失啊！所以大珠慧海說「悟人無得無求」。無得無失就不必求，不必向外去求個什麼如來藏，因爲如來藏在你家裡，從來不在外面。可是「迷人求得求證」，他一定得求個什麼東西，希望求得的那個東西可以炫耀：「等我悟了以後，馬上就可以飛行了。」或者說：「我這一悟，在禪三道場就能立刻看見我老媽在家裡煮什麼菜。」這樣就叫作迷人。

所以二○○三年時，不是有人離開同修會以後炫耀說：「眞正開悟的話，這一刀割了會流血，但我叫它不流血，它就不流血，這才是眞悟。」那到底是有爲法還是無爲法？是有爲嘛！可是他卻又說所悟的如來藏必須是純無爲，又說這種有爲法是純無爲。明明是有爲法，還要說是純無爲，眞的是顚倒！所以大珠慧海說的沒錯：「迷人求得求證，悟人無得無求。」這眞實心是你自家本有的，不必向外求。要求，是因爲你還沒有向自家五陰所在之中找到，所以要依止善知識來幫你找出自家的東西，不是往外求來的。

「迷人期遠劫，悟人頓見。」幾年前（其實大概有十幾年了），□□山的果□師來找我；那時他們禪七剛打完，立刻央求張老師一起要見我。我說：「如果是來作說客，那就免了。若是來求法，可以相見。」張老師就跟他確認，他說是要來求法，我回答說：「既是要來求法，是可以相見。」好，他就與張老師一起來了。來到了我家，講了老半天，原來還是來作說客，只是希望我們那本《念佛三昧修學次第》不要出版（我們那本書原來宣講時的主題是《念佛法要》，後來印書時才改成現在的書名），我聽了就說：「我們沒有辦法接受。」因爲，道不同，不相爲謀。當然他還提出很優惠的條件作爲交換，以我們那時候的規模來講，那時只有在台北市三個地方有人在共修，攏攏總總加起來也才只有一百多人而已，比現在台北講堂新開課的一班人數還要少，可是那本書的內容對他的師父有殺傷力，因此就開出了交換條件。至於是什麼交換條件，我這裡就不用公開談論。

然後，因爲被我拒絕了，後來他就說：「你們說什麼半年就明心又見性了，這不可能是眞的。明心、見性哪有那麼簡單？以我來講，我認爲，如果三十年後能夠明心，我就很滿足了，不敢談見性。」當時我就像大溪祖師堂那尊 克勤祖師像的手勢一樣，當場把手一砍，說：「好，就給你三十年。」這也夠好了，三十年後就可以悟，已經很好了；你們看古今多少大德，少小出家，在叢林裡參到白頭都沒辦法悟，含恨而終。我這樣對他，已經夠好了，所以我也算慷慨。我講了這個十幾年前的眞實故事，是在說明什麼呢：「迷人期遠劫。」都不知道說：開悟時只是一剎那間事，何須三十年？

一剎那間找到了如來藏，那就是可以現觀眞如，就是眞悟了，智慧就生起了，般若諸經就通了，教門就開始通了，所以大珠慧海說「悟人頓見」。眞悟的人都是一剎那頓時就看見：「哎呀！如來藏在這裡！」一把抓住，再也逃不掉了。當你找到如來藏時，把祂一把抓住，連繩子都不用綁祂，祂就永遠跟著你，都不會跑掉，你都不必害怕。這就是「悟人頓見」，哪有像十牛圖講的說：「先看到牛的腳跡，循著腳跡再去找，找到尾巴，終於找到後腿，最後才找到牛頭、牛角。」那是什麼修法？那是修離念、放下的法，落入意識境界中，所以那都是錯誤的。悟人都是頓見，沒有漸見，這樣講很白了！被我印證過的人都說：「老師！您都明講了。」那是因爲你悟了，對你來講就是明講的；你要是還沒有悟，依舊是又玄又妙。再來看看，雲門匡眞禪師是怎麼說，《雲門匡眞禪師廣錄》卷上：

【問：「如何是佛法大意？」師云：「一佛、二菩薩。」】

人家來問佛法大意，就是來請問：般若是什麼？他就答覆說：「一尊佛有兩尊菩薩。」對嘛！每一尊佛旁邊都有兩尊大菩薩。你看，釋迦佛不是有文殊、普賢嗎？阿彌陀佛不是有 觀音、勢至嗎？雲門禪師說：「一佛、二菩薩。」說這樣就是佛法大意。你們看，參禪人要從哪裡下手？簡直沒下手處。也許那弟子第二天上來又問：「師父！請問如何是一佛、二菩薩？」師父也許告訴他說：「一桿秤、一個秤鉈。」現在不是一對二了，變成一對一了。

如果還弄不懂，過幾天又上來問：「如何是一桿秤、一個秤鉈？」師父就說：「一根扁擔、兩個籮筐。」你要從哪裡下手？所以古來中國禪門裡面，因為不想養很多弟子，所以覺得只要有兩個、三個就夠了；一生之中只要度得兩個、三個徒弟證悟了，他們就認為已經足夠了；所以在中國禪宗裡面，你想要求悟是很困難的。

像這樣開悟，最少都要十幾年，沒有像我們二三年、四五年就開悟了。所以如果來到同修會四年、五年、六年可以開悟，你都應該歡喜大笑了。古時祖師們給你的機鋒，通常是偏中去的機鋒，大約沒有你下手之處；不論你要怎麼搖、怎麼轉，都沒辦法悟入。但我們同修會因為想要使正法久住，要為末法時代的佛弟子作很多事，需要有很多人來作事，所以我們手頭才會這麼寬鬆。雲門禪師指示說：「一佛、二菩薩。」請問大家：什麼處能下手？思量看看！若是下不了手，那不然說：「一根扁擔、兩個籮筐。」要如何下手？道理其實一樣的。只是，如同蚊子上鐵牛，無汝下嘴處。對呀！蚊子飛到鐵牛身上，要下嘴去吸血，該從哪裡下手？真的沒有下嘴的地方。禪師們給的機鋒大約都是一個樣，只要他家有了一個孩子，再來就是要精挑細選了；所以接下來就要挑三揀四了，若不是絕頂的根器，他可就不想要了，於是他就都用這一種很難悟入底機鋒。

【問：「如何是雪嶺泥牛吼？」師云：「山河走。」進云：「如何是雲門木馬嘶？」師云：「天地黑。」】

有一天，又有人上來問：「如何是雪嶺泥牛吼？」字面意思是，白雪山頭有一條用泥巴做的牛在那邊吼叫；你如果能夠找到這樣一條牛來，我保證你一定開悟。但這僧人因爲找不到，所以他就上來問。雲門禪師答覆說：「山河走。」這是閩南話：山河也會走動。走的意思，不是現代國語走路的走；閩南語的走，以現在的北京話來說就叫作跑。雲門指示說「山河跑」，那僧人還是弄不懂，沒有下嘴處，所以又問：「如何是雲門木馬嘶？」你們有沒有聽過木馬在叫？那僧人竟然上來問這個東西，沒想到雲門禪師不罵他笨，竟開示說：「天地黑。」不懂的人就會解釋說：「對啊！竟然有人上來問這種東西，世間哪有這個東西？你聽到了，一張臉都黑掉了，直得天昏地暗。」其實不是這個道理啦！他們總是亂講一通，不懂裝懂。凡是意識猜測的，就會講出那種不關緊要的話；其實佛法都不是他們依文解義說底道理，而雲門禪師其實已經都把眞實道理給說了。

【問：「如何是兄弟添十字？」師云：「我共汝說葛藤。」】

又有人上來問：「如何是兄弟添十字？」請問兄弟哪來添個十字？這也是世間找不到的東西，因爲連聽都聽不懂了，哪能有個兄弟懂得來爲你添個十字？禪門裡說：「一字不著畫。」意謂眞實心不畫在紙上，這個一字就是指眞如心；可是禪師這樣說了以後，卻有家裡人回答說：「兄弟添十字。」說他的兄弟一來，就在那一張沒有寫「一」字的畫紙上，提筆再添了一豎而成個「十」字。這禪師更是老婆，只是那僧人不會，只好來問。然而當他問了以後，雲門禪師卻答覆說：「我跟你一起扯葛藤。」竟然沒有解釋，只是這麼一句「我共汝說葛藤」就開示完了。想要在禪師座下開悟還眞是難！可是，話說回來，這個開示最親切；如果從這個下得了手，能夠從這個開示裡找到一個地方，能夠使蚊子下得了嘴、吸血成功，那一定是上上根器，將來正是人天師範。

可是，哪一天眞的有這個人天師範來到正覺講堂，我說：「正好來當我的徒弟。」這不是自大，因爲這個徒弟在你家裡都有。這樣，懂了嗎？爲了讓大家會取這段〈化無所化分〉的經文，我攏攏總總講了這麼多，今晚可都在宗門裡面講；只要在這裡面其中一則悟入了，禪宗千百則公案，你就都會了，什麼一佛、二菩薩，什麼舉一千從，理事無別，這些你就都會了；因爲你只要找到了根源，順藤摸瓜，一定摸得到。那時你可以說：「**我要摘南瓜，雖然我還不知道南瓜在這裡，但是我已經找到南瓜的根頭了。**」你順著這個根頭就可以摸到藤，從藤再摸出去，一定會摸到南瓜，因爲你已經找到根源了，還怕找不到瓜嗎？

所以說，如果會得其一，所有的理，你就都知道了。如果會不得，你眞的想會，不妨爲你自己或爲別人問問看；那你就當面提出來問，我就告訴你吧！沒有人想要問啊？會的人不必問，不會的才要問。誰要問問看？（等了二秒鐘，沒有人提問。）不然我就自代，好不好？（平實導師停頓了一會兒說：）**我今晚已經跟你扯了一大堆的葛藤了。**

〈了身非相分〉第二十六

【「須菩提！於意云何？可以三十二相觀如來不？」須菩提言：「如是！如是！以三十二相觀如來。」佛言：「須菩提！若以三十二相觀如來者，轉輪聖王則是如來。」須菩提白佛言：「世尊！如我解佛所說義，不應以三十二相觀如來。」爾時世尊而說偈言：

若以色見我，以音聲求我；是人行邪道，不能見如來。】

講記：「須菩提！於你的意下認爲如何呢？可以用三十二種大人相來觀察眞實如來嗎？」須菩提回答說：「就像您說的這樣！就像您說的這樣！應該以三十二種大人相來觀察如來。」佛陀說：「須菩提啊！如果是以三十二種大人相來觀察眞實如來的話，那麼轉輪聖王同樣也是如來了。」須菩提隨即稟白 佛陀說：「世尊！如果我眞的瞭解佛陀所說的眞實義，不應該以三十二種大人相來觀察眞實如來。」這個時候 世尊就以一首偈重說一遍：

如果有人是以色身的表相來見眞實我，或是以音聲求見眞實我；這種人其實是行於邪道之中，不可能看得見眞實如來。

「了身非相」，好多人辨別眞佛與假佛，大多是用身相來辨別，要看有沒有三十二種大人相。可是法身無相，這個無相的才是眞實佛身，有身相的並不是眞實的佛身。以前有人見了 佛陀，心中懷疑說：「這可能不是眞的佛，因爲沒有具足三十二大人相，所以我看釋迦牟尼不是佛。」因爲他不論怎麼看，都只看到三十相，少了兩個相。釋迦牟尼佛有兩個相，是他看不見的：一個是馬陰藏相，另一個是不見頂相。不見頂相，當然他看不見，因爲不見頂相是法身如來的法相。馬陰藏相，他當然也看不見；不過 佛爲了度他，用神通刻意讓他看見。可是這個不見頂相，他就無法看見。不過因爲 世尊以神通力使他看見了馬陰藏相，他終於也信受了，這也是度人的方便。這表示說，那個人還在凡夫位，才會用三十二相來度量 釋迦牟尼佛。眞實法身非身，非身之身才能稱爲眞身。很多人不瞭解這個道理，所以在事相上廣作文章，他心裡面先建立一個觀念說：「眞正的善知識一定是男人，女人不是善知識。」那表示他落到二乘法去當凡夫了，因爲他只從色身表相來看。然後又認為說：「眞正的大善知識，應該要冬天來了不怕冷，夏天來了不怕熱。」他都在事相上判斷。這樣的人就會被迷惑，所以他會從各種事相上去判斷是不是善知識，他無法從你所說的法義裡面去作判斷，所以這種人根本不具備〈了身非相分〉所說的智慧。

我們上週《金剛經》第二十六品〈了身非相分〉，品題還沒有說完，今晚繼續再來講「了身非相」。什麼是「身」？一般來說，都從表相來看身，所以先要看看，這善知識究竟是個男人或是個女人；如果一看是個女人，他就先排除掉：「這一定不是善知識。」有的人接著看到善知識是個男人，可是又想：「他的出身太低了，既不是身價幾百億的大富翁，而且又不是什麼高官，又不是社會上很有名望的人，我看他大概也不是善知識。」又有一天，看見某一位好像是眞的善知識，至少他剃了髮、穿了僧衣，住在寺院裡面。可是轉念一想：「他的名氣那麼小，大概也不是善知識。」終於有一天，找到一位覺得很有名氣的大師：「這個人山頭大、徒眾多，寺廟又多，名聲又響亮，這應該是善知識了。」終於下定決心，乾脆跟著他出家去了。等到出家久了以後，才知道原來那位大師暗中都在搞雙身法；於是大失所望，只好又還俗去了，又回復居士之身。像這樣的學佛人其實還不在少數，這問題都出在哪裡呢？都是因爲先從表相去看。所以說，眾生要看表相，可是看表相時就會有一個狀況，就是道業的成就將會很緩慢；因爲他一定會等到有一位眞正的善知識弘法三十年以後，名聲大到不得了，誰都無法挑戰他，然後他才肯重新認定說：「**我在二十年前沒跟隨他，眞的錯了！**」現在終於下定決心要跟隨了，但是已經先浪費二十年光陰了，這就是從身相上去作判斷所產生的過失。

但是有很多人不瞭解，大乘法與二乘法是截然不同的，在大乘法中《華嚴經》善財大士五十三參，其實已經把大乘法的精神告訴我們了。那一些菩薩們教導了善財童子：「**童子**」二字不是指小孩子，是說他修童子行；所以善財童子是個出家人，不是在家人，雖然他的裝束打扮跟在家人全都一樣，也沒有住在寺中，因爲他修的是菩薩行。但他修童子行，不修在家法，所以他實際上是個出家人；善財童子五十三參去參訪善知識時，根本就不管對方是什麼身分；只要是眞的善知識，他就恭敬渴求；甚至於有一些善知識是販夫走卒，還有一些專門把罪犯剁腳後跟的宰官，表相上看來似乎很沒有慈悲；甚至於那公關女郎婆須蜜多，是個高級妓女，也是眞善知識；但他都是很恭敬、很敬仰，心中一點點的慢心都沒有。他就這樣去追隨很多善知識，都不看表相而去修學；正因爲這樣，才能夠一世之中到達等覺位。

所以善知識有時候也示現外道相，就像薩遮尼犍子，他是故意示現外道相；以外道的身分才能親近國王，然後向國王讚歎 佛陀的功德，冒著生命危險而說法，說到後來國王都對他生氣了，可能會把他斬首了，然後他故意示現有一點畏怯的樣子，讓國王相信說他對國王還是很尊敬的，所以不會謊言欺瞞國王，這樣使國王信受：「**像這樣的善知識都信受釋迦牟尼佛了，何況我國王只是個凡夫。**」那薩遮尼犍子在二乘法中，都被罵成是外道；但他其實不是，因爲他能說出勝妙法，能夠把 佛的功德讚歎到淋漓盡致，外道哪裡作得到？所以不應該從身相來判斷善知識。將來也許哪一天，有一個外道出來弘揚佛法，他所弘揚的也確實是了義法，而他也是以三寶爲依歸，也受了菩薩戒而弘揚正法、破斥外道法；雖然他示現了外道的身相，但他還是菩薩。

所以我從來不在身相上面看人，因此我們會裡面也有很多人是從外道轉過來的；只要轉過來之後，他確實眞的歸依了三寶，受了菩薩戒，他就有得法的機會（當然，如果是盜法的，我們一定要排除）。所以善知識不一定現什麼身相，用身相來判斷善知識，絕對是錯誤的觀念。因爲善知識的本質就是依止如來藏，只要他已經依止了如來藏，他就一定會認同佛教三寶和三歸戒、菩薩戒，那他就是眞的善知識，不管他現什麼身相。如果哪一天來了一隻通人語的狗，而牠能夠爲我們大家講出比我更好的法，我就下座拜牠爲師，雖然牠只是一隻狗。我的觀念是這樣，我不管善知識是什麼身分，學法本來就應當如此。可是如果將來眞的有那麼一條狗，牠絕對不會去跟十八王公攀交情，牠也不會歸依釋提桓因（也就是玉皇上帝），更不會歸依一貫道或其他外道。牠將不會歸依任何人，只歸依如來藏，那牠就是三寶之一；所以牠只有歸依於 佛，以外無所歸。要這樣來判斷誰是善知識，不應該從外表的身相來看。所以哪一天如果眞的有一條狗是那樣的話，我一定拜牠爲師，因爲牠的證量既然比我高，我管牠的身相幹什麼。然後每週二換我下座聽經，由牠上座來說法；因爲如果證量比我高，牠一定是大菩薩示現，沒有第二種可能。如果眞的有一天遇到了，我眞把牠請回家供養，每週二我就載著牠來講經，應該就是這樣啊！

本來菩薩就是這樣的觀念，不看身相的，佛陀也這樣教我們：「了身非相。」「了」是說不只從表面上瞭解，而是很徹底去瞭解，那才叫作「了」。所以，對這個部分的瞭解應該要很深入；我不曉得那些人讀華嚴、講華嚴，他們到底是懂什麼？因爲他們都在身相上來衡量，不是在實質上來判斷善知識。所以說，「身」絕對不是眞實有，應該要知道一切身全都虛妄。譬如 佛說有情的五陰身，第一個部分是色陰；不管色陰是莊嚴相或者是醜陋相，全部都虛妄，所以不該以身相來作衡量。接下來識陰身，識陰的表現，譬如口才辨給、語言伶俐，世間智慧極爲聰明，這就是好的識陰；識陰能夠顯現出這樣的功德性來，那就是識陰身。所以能言善道不一定是善知識，而是法義通達才是善知識。可是法義的通達，不是靠能言善道來顯示，而是靠著依止如來藏才能發揮出來；所以單憑識陰的聰明與否，不足以判斷他是否爲善知識；因此不該因爲某某人口才不很好，就說他不是善知識；因爲你不瞭解他的證量時，怎能夠說他不是眞的善知識呢？可是有的人口才非常好，上得台來說法如雲如雨，不知道的人還以爲他眞的是法雲地菩薩；可是等到叫他寫起東西來，且不說一本書，光是寫一篇文章，他就沒辦法下筆了，所以善知識不該從識陰的身相上面來判斷。

色陰身不許用作判斷善知識的依據，識陰身也不許用作判斷依據；再來看受陰、想陰、行陰，是不是從一個人的氣質可以來判斷是否為善知識呢？如果要用氣質來判斷的話，那麼我每週二來上課，應該要這樣子說法：「說——法——的——時——候——不——可——以——講——太——快——。」（大眾笑…）是不是要這樣講才能顯示我是眞正的善知識？這就是說，你色陰身固然不可以作爲判斷的標準，在受想行三蘊上面顯示出來的氣質，仍然不可以拿來作爲判斷的標準。且看華嚴五十三參，那麼多的菩薩們，有些菩薩是不跟你講氣質的；所以五陰身不足爲憑，而要看他的實證本質。所以，如果從五蘊身想要來瞭解對方是否善知識，那樣的判斷都不免會出錯。出錯了，在法上就會耽誤很久，等到最後大家都公認說：「這蕭平實眞的是善知識。」「好啊！下一班開課再三個月就到了，我三個月後就去報名了。」等到他眞的報名了，距離他第一次聽聞我的名號時，已經過了三、四十年了；當他才剛一報名，沒想到蕭平實走了（大眾笑…），連見一面都不行。哎呀！

那時眞的是，只能夠感嘆自己以前愚癡。

還好！我們正覺同修會的正法，不會因爲人走了就跟大家說再見了，同修會還會繼續存在，亡羊補牢猶未爲晚。由這個地方可以給大家作一個觀察的基準，拿這個作基準去觀察外面那一些學佛人，是否大多數都無法「了身非相」，是否大多數人都從身相來看誰是善知識。所以一、二年前，還有一句話流傳在許多聲聞道場裡面，他們都說：「我們不看居士寫的書。」但我不知道他們到底讀不讀《維摩詰經》，因爲《維摩詰經》也是居士講的；不幸的是，這位居士是妙覺菩薩，而且是如來倒駕慈航來當居士。我也不曉得他們讀不讀《瑜伽師地論》，《瑜伽師地論》是在兜率陀天的 彌勒居士講的，無著菩薩把它記下來，就在人間流通。所以，「法」其實有很多地方都在告訴我們說：不應該以身相來衡量善知識。

《金剛經》有很多人是拿來作早課用的，可是每天在誦〈了身非相分〉時：「須菩提！於意云何……」每天不中斷地持誦著，竟都沒有想到「了身非相」四個字是什麼意思。所以，你如果懂了這個道理，就不會太在意身相了；對於善知識的身相如何，都不在意。所以我這個人不看重身相，並不是這一世才這樣，一世又一世我都是這樣；只看對方是否能利益眾生，只看他的法是對是錯，身相則在所不計。所以，有些人也許私底下覺得奇怪，說：**「有的人是外道進來的，爲什麼你這麼照顧他？」**我說因爲他有菩薩種性，只是這一世因緣使得他在外道法裡面混；如今他既然已經改變了，成爲三寶弟子了，爲什麼還要把他點個油、作個記號說是外道？他既然進了佛門，捨離了外道法，那就不再是外道了，爲什麼要計較他以前的事？人家不是說**「放下屠刀、立地成佛」**嗎？佛法就是這樣，特別是大乘法。

在二乘法裡面放下屠刀了，他還是個凡夫；在大乘法裡面，這個殺人惡魔把屠刀放下了，眞的就成佛了；成什麼佛？這在六即佛裡面是成哪個佛？一般世俗人還沒有聽過佛法，那就叫作理即佛。聽到了善知識說他也有佛性，本來是佛，心想：**「我也有佛性，我也是佛。」**這叫作名字即佛。有的人開始在努力修行，開始在參禪了，但還沒有找到自性佛，就叫作觀行即佛。結果悟了以後，找到自性佛了，這叫作什麼佛？相似即佛。當他放下屠刀的時候這麼一悟，也就夠了，那不就是自性佛了嗎？在大乘法中才有這種奇特事。假使有人拿了刀準備要砍人，突然起了一念而了知自性佛了，就把刀子放下，不殺人了，他就是證悟的菩薩了，所以不要管他什麼身相。因此 佛陀特地要告誡大家，不要去在意身相；因爲身相與眞實如來無關，眞實如來沒有身相，那我們爲什麼還要從身相去判斷善知識呢？想要找到眞實如來，就不應該落在身相上，落在身相等表相裡面就找不到眞實如來。

所以 佛陀說：「須菩提！你的意下如何呢？可以用三十二相來觀察如來嗎？」須菩提這時猶如禪宗祖師說的「一時不在」，一時不住在眞心境界而落入現象界裡，於是回答說：「就像您說的這樣子啊！世尊啊！用三十二相可以判斷是不是如來。」佛陀就反問說：「須菩提！如果以三十二相可以觀察是不是如來的話，那麼轉輪聖王也有三十二相，他是不是如來呢？」須菩提這才想到要回歸此經金剛心，就說：「世尊！如果我眞的瞭解佛陀您所說的道理，那就不應該以三十二相來觀如來。」然後 世尊就說了一首偈：「如果有人以色相來看我，以音聲來求我，這個人是行於邪道之中，他不可能看見如來的。」這段經文，諸位都聽人家講解過了，跟我剛剛的解釋一樣的；我剛才就學著他們這麼講解，也依文解義照樣講一遍。如果像這樣從文字表面意思來講解，說這樣就是大乘佛法的般若，我還是勸大家甭學了；因爲這樣的大乘佛法原來就是依文解義的意思而已，並沒有眞正講到它的法要。如果大乘佛法眞的是這樣，那不如去學二乘解脫道，至少還可以免得生死。如果大乘佛法眞的這樣，那就生生世世流轉不已生死無量，那就哀悲無量了，我們再來看看實際上應該是怎麼說的。

佛陀問說：「須菩提！你的意下如何呢？當一個人想要觀察善知識，說這個善知識是不是如來的時候，是不是可以用三十二種大人相的具足或不具足來判斷呢？」須菩提一時忘了金剛心自心如來的境界，就從事相上來答覆說：「就像佛陀您所說的這樣，應該用三十二大人相來觀察如來。」這意思是說，假使有個人自稱是無上師，你就要先觀察他有沒有三十二種大人相。假使看不到三十二相，至少也要有三十相；因爲如果是無見頂相，佛陀的無見頂相沒有人看得見的，如來藏是沒有頂的，但是阿羅漢不知道，因爲他們還沒有實證無形無相的「此經」第八識。但是，五蘊身上外表顯現出來的三十種大人相，卻是可以看得見的；所以如果有人自稱無上師，那就是自稱成佛了，成佛時最少要有三十種大人相被人檢驗。

三十二個大人相之中有兩種是平常看不見的，第一個是不見頂相，無法被看見，只有證悟者才能知道；另一個是馬陰藏相，從外表上也看不見；那至少還有三十個大人相，請問他們自稱成佛的人究竟有沒有？全都沒有啊！既然沒有，就知道他們都是大妄語人。這是從事相上來判斷，第一個部分馬上可以現前檢驗的。所以，以後再遇到有誰自稱說他成佛了，先看他的三十個大人相，其他兩個就暫時不用看了。如果達賴喇嘛哪天來了，你問他說：「你是不是佛？」「不是。」「那爲什麼你是最高的法王？你們密宗還有很多人自稱成佛，你們在搞什麼鬼？」要問他搞什麼鬼。他們一定是搞鬼，除了搞鬼，沒有第二句話可說，因爲都是裝神弄鬼嘛！所以從事相上就可以作一個初步的判斷。須菩提就是先用事相上作判斷，所以他先從事相上回答，說可以用三十二相來觀如來。這個叫作剔除法，如果他有大人相，咱們就一點一點來檢驗他。再不然的話，也可以邀他去游泳，看他手掌有沒有縵網相？如果有的話，他游泳比賽一定第一名。

這是說有智慧的人可以從事相上先作初步的判斷，然後 佛陀再說：「須菩提！如果用三十二相來觀察如來的話，那麼轉輪聖王就是如來了。」因爲轉輪聖王也有三十二相，只是不像 佛陀那麼圓滿而已，他每一相都有。所以，須菩提當然知道　佛這樣講的意思是什麼，也就是仍然要回歸眞實如來，不是從應化如來的層面而觀察如來。也就是說，眞實如來是第八識無垢識「此經」，不是那個應化之五蘊身。爲了應化而來人間取得的五蘊身，那個如來是因爲感應眾生得度的因緣，所以受生於人間變現來的，那不是眞實如來，那叫作應化如來。所以若是想要見眞正的如來，是見無所見，是看到了第八識的所在；而第八識無形無色，你找到祂了，這叫作見無所見，這個才是眞實如來。

所以回歸到理上來，須菩提聽了就向　佛稟白說：「世尊！如果我能夠如實瞭解佛所說的法義，就不應該以三十二相來觀察如來。」他終於知道　佛陀言外之意了，所以　佛陀就講了一首偈說：「如果有人以色陰之相，或以色身之相的觀察而想要來見這個眞實的『我』；如果有人從語言文字、從音聲相中想要求證這個眞實『我』，那麼這個人不是修行佛道的人，他其實是行於邪道之中，這個人不可能看得見眞實如來。」所以這裡講的是說，不能用五蘊身的法相而想要看見眞實如來，可是以前常常有假名善知識說：「如果你想要眞的見佛，不能夠用色相，不能夠用音聲來求，所以你要求佛感應給你看見的話，想要求佛陀感應來開示你的話，你要在心裡面默念，不要講出嘴來。」這叫作依文解義，但其實這裡講的「我」是眞實我，也就是說，你如果想要找到你自己的眞實我，想要找出你自己身中的眞實如來，不應該從色相上去找，不應該從音聲上面去找。

請問諸位：人類的眼耳鼻舌身意總共六個識，合起來叫作識陰；這識陰六個識跟色相、音聲之相，乃至觸塵相、嗅塵相（就是香塵相），以及法塵相，會不會相應？識陰是不是都落在六塵相裡面？是啊！這六個識沒有一個識可以離開六塵而存在的，一定都住在六塵裡面。眼識一定在色塵裡面存在，只要現起了就住在色塵裡面運作；這是因爲沒有色塵就不可能有眼識現起，所以眼識現起的時候，一定是住在色塵裡面。不信的話，晚上要記得先給自己一個作意：「我明早醒來一定先要觀察，當我眼識現起的時候有沒有色塵？」晚上睡覺前先給自己一個作意，要記得明天早上一醒來就要看。可是不管哪一天等你醒來的時候，你都會發覺：沒有色塵就沒有眼識。因爲在眼識出現之時，色塵已經在那裡了；而眼識一定離不開色塵的境界，因爲眼識是依色塵爲藉緣而生起的。耳識、鼻舌身意識也都是如此，這意思在告訴我們說，識陰這六個識不管有沒有打妄想、有沒有雜念，都不離色塵相、音聲等六塵相，永遠都住在六塵相中。既然都住在六塵相中，顯然是依六塵作爲藉緣才能生起的；有生即有滅，把識陰裡面的任何一個識建立作眞實我，那就是錯悟者，無法與《金剛經》相應，無法通過《金剛經》的檢驗。

由這裡來看，那些大師們跟徒眾們印證說：「**你開悟了，因爲你悟得離念靈知了**。」那麼離念靈知心有沒有落在色相、音聲等相中呢？都落在裡面了！因爲這個覺知心不管是有念或離念，乃至最短的前念過去、後念還未起來，那短暫的、剎那的離念，也都不離六塵；若沒有六塵就沒有這個有念或離念的靈知心，那他們顯然就是以色見「我」，以音聲求「我」。更何況有個大師說：「**師父在這裡說法，諸位在下面聽法，這說法的一念心、聽法的一念心就是眞如佛性**。」那他是不是以音聲求「我」？正好是以音聲求「我」；結果好多人被他蓋了那個冬瓜印，還沾沾自喜。可是有智慧的人，去那邊連著打了兩個七七四十九天的禪七，被印證開悟了回來說：「**我怎麼還是看不懂禪宗開悟底公案？這可能有問題呵！**」所以他一點歡喜都沒有。所以有智慧的人不會以色見「我」、以色求「我」，更不會以音聲求「我」，都不會將能與六塵相應的心當作眞實的自我。眞實佛法中要求證的這個眞實我，一定是離六塵的。

所以如果你找到一個眞實我，祂是在六塵之外，才可以少分相信：這可能就是眞實我，這才是眞實如來。但是還要小心求證，還要去找善知識弄個清楚；萬一自以爲是，正好成爲大妄語人，那將來該怎麼收拾呢？眞的很難收拾。所以如果要找到眞實我、眞實如來，不要從色法相應的心上面去找，不要從聲香味觸法塵相應的心上面去找；與六塵相應的心絕對是虛妄法，一定是五陰身所攝。如果在五陰之中去找一個心，在六塵相應的六個識裡面要找出一個眞實如來，這個人當然是行於邪道的人；行於邪道的人永遠看不見眞實如來，這才是〈**了身非相分**〉所要說的眞實義。

講到這裡，再來看看補充資料，先在理上來說第一個部分。假使執著在家、出家身相的話，他就是以色見我，行於邪道，這不是眞正的出家人，他永遠都不可能看到自己的眞實如來。所以你們以後如果見到有哪個法師跟你說：「**我們出家人不看在家人寫的書。**」你就直接告訴他：「**你就是在家人。**」他一定會問你：「**你爲什麼這樣講？**」你就告訴他：「**因爲你是以身相來判斷**

善知識，《金剛經》說『了身非相』，你卻用身相來判斷，那你的想法、你的知見觀念就是在家人。眞正出家的人是心已經出三界家了，不是色身出家。」這麼一講，他才有可能會接受你送給他的正覺同修會的書。否則，他們一看到作者是蕭平實，立刻就說：「這是在家人寫的，我不要看。我們師父說，我們不看在家人寫的書。」所以你就告訴他：「師父！你這樣就是以色見如來，行於邪道。你是以色要尋找眞實我，那是行於邪道。」然後再奉送一句告訴他說：「出家人跟在家人的自心如來是不是一樣呢？」他們聽到你這一句話，就知道遇到高人了。原來你是高人，卻還不知道自己是高人。所以你們每個人都可以當高人——佛教裡面的高人。也許你這樣想：「高在哪裡？我不過長個五尺出頭之身，又不是七尺之身。」不必這樣長他人志氣，滅自己威風，因爲你有個廣大身，高不見頂，爲什麼要這麼作踐自己呢？

在《集一切福德三昧經》卷下有一段記載：【文殊師利言：「……那羅延！如琉璃寶器，隨所在處不失其性。如是，那羅延！若有菩薩住是三昧，雖復在家，當說是人名爲出家，能不失是法界體性。」】

在《集一切福德三昧經》中 文殊師利菩薩這麼開示說：「就像琉璃所作

成的寶器。」譬如說一個琉璃鉢，這琉璃鉢絕對是稀世奇珍；因爲你想想看，你去銀樓買一個琉璃當戒指，才這麼小小一顆就要花好多錢。如果那個琉璃大到可以作鉢，那你想，絕對是稀世寶器。這個琉璃鉢寶器就是可以裝東西的一個容器，這個琉璃作成的容器，隨所在處不管拿到哪裡去，它都是琉璃；不會說拿到甲地就變化而不再是琉璃，也不會拿到乙地就變成不是琉璃；不管拿到哪裡，它都是琉璃。也就是說，不論是誰，當他在天上當天主時，他的自心如來還是自心如來，祂的體性永遠不會改變。這個自心如來，假使祂所變現的五陰因爲謗法而下了無間地獄去，他的自心如來還是一樣的體性，祂仍然顯示出那些清淨的體性出來而不會被染汙。乃至說地獄業受完了，幾十劫過去了，來到人間當畜生、當餓鬼時都一樣，他的自心如來仍然是同樣的清淨體性，不會改變。所以說，證得這個三昧的人轉依成功了，住在這個大乘的空、無相、無願三昧中，他就是出家人。

　　金剛心如來藏空無形色，可是有清淨自性而且具有能生萬法的自性，永遠都會保持祂的涅槃性，這個體性是永遠不壞、不會改變的。那麼住於這樣的空三昧時，也就不需要去追求任何的表相；所以他不會追求說：「我要營造出大名聲來，這樣我一世才沒有白來。」一定不會。他也不想營造說：「我要建世界第一高的寺廟，或者要蓋世界最大的道場。」他都不會。因爲轉依了自心如來而得到空三昧了，就有了無相三昧；有這個無相三昧時，心無所作，沒有任何的希求，就不需要心裡面希望有什麼世間法中的名聞、利養等，他心中都無所願，這就是無願三昧。文殊菩薩說：「空、無相、無願三昧成就，住於這個三昧中，這樣的菩薩雖然是在家，應當說這個人名爲出家人。」因爲他不論出家或在家，都不會失掉這個依自心如來所得的空、無相、無作（無願）三昧的清淨體性。

這是 文殊菩薩講的，我不曉得學聲聞法的那些人，他們到底信不信。雖然他們都說自己是出家菩薩，可是在我看來，他們都是出家的聲聞；因爲他們的心態是聲聞，所學的法也是聲聞法，卻自稱是大乘法，自稱是菩薩。這是 文殊菩薩講的，到底他們信不信呢？我想有很多人不信，所以他們不拜 文殊菩薩，他們寧可去請了一尊大迦葉尊者，請了一尊阿難尊者，放在 佛陀聖像兩邊供起來，絕對不供 文殊與普賢，因爲他們認爲 文殊、普賢都是在家人。其實錯了，文殊、普賢都是出家人，他們是示現在家相的出家人，都是行童子行的出家人；因為不受聲聞法、不受聲聞戒，只受菩薩戒，可是他們是最究竟的出家人。所以有好多人被台灣的印順法師等人給誤導了，都把 文殊、普賢當作在家人，所以乾脆就把大乘法給推翻掉。

文殊菩薩說的是什麼呢？是說證得這個三昧的人，永遠不會失去法界體性。哪個法界體性？這個如來藏妙心的法界體性。所以實證「此經」金剛心如來藏的菩薩們，每一剎那都是具足空三昧、無相三昧、無作三昧；從無量劫以來一直到無量劫以後，每一剎那都具足三三昧的，因為這個法界體性是永遠存在的。這樣子證，才是真實證得大乘佛法，才是親見自心如來真實我的人。所以說真實法是遍於一切有情的，而且於一切有情的十二處中都具足遍滿。如果講遍滿十二處還不夠的話，不然就說遍三世十方世界一切處，也可以通。也許有人想：**「你講話有一點誇大吧！那太空裡面沒有有情啊！如果到了一個星球上面真的有有情眾生，你可以說有這個心，有這個真實體性，可是虛空中哪裡有？」**不然，我請你、我拜託你，你就用你的神通飛到虛空中看看，那裡是不是有這個空三昧、無相三昧、無作三昧？你飛到虛空去，那虛空裡面一定還是可以看得見，真的有這個真實法界體性的；因為當你所到之處就有這個，還怕沒有嗎？所以你到太虛空中去看，一定還是有；只要你到了，大人就到了；你不去，大人也不去；所以你到了，如來就到了，就是這樣啊！所以祂眞的遍一切處。這個一切處，不管你怎麼解釋都可以；只要眞實親證了，你解釋了都通；若是還沒有證，就會亂解釋，永遠不通。因此說這是遍一切處的，所有的有情都有；只要能夠證悟這個金剛法界的體性，你就有法界體性智，你就是菩薩了，就是眞正出家人了，何必要分什麼身相上的出家、在家呢？如果一定要在家或出家才能證悟，那麼 佛陀應該叫所有人在家或所有人都出家，就不應該有出家、在家二眾。

如果說一定要出家才能證得自心如來，那麼華嚴 善財童子五十三參，那些善知識都應該是出家人，不應該有那麼多的在家人。他們爲什麼沒想到這一點？因爲他們不想去研讀《華嚴經》，因爲他們讀不懂，也不想去瞭解它的眞實義，乾脆一口否定就沒事了。就像有人告訴他說：「你家著火了，趕快去滅火吧！」「我家著火了，沒關係啦！我沒看見，沒看見就沒著火了。」那些人就是這樣，不想去弄清楚說：這二、三轉法輪的經教，爲什麼流傳這麼久而不滅亡？他們都不去探究，都是用掩耳盜鈴的方法在研究佛法，這樣怎能研究出眞正佛法呢？所以應當要瞭解到眞實法、了義法，是遍一切有情、遍一切處，遍於十方三世的；只要能夠眞實證得了，那你就是出家菩薩，不必從身相上面分什麼出家、在家。

既是眞正底菩薩，都是 佛陀的兒子，還要分家幹嘛？所以如果有人把佛的教法分門別派，那就是在破和合僧，是在出佛身血。娑婆世界的佛法本來只有一派，叫作釋迦派，沒有第二派，爲何還要去分宗、分部、分派？那是在破壞佛法。佛法是完整的，兼具三乘菩提，也兼具人天善法，那才是眞正佛法。如果只有二乘菩提，那叫作羅漢道、緣覺道，不是成佛之道。所以我們正覺同修會永遠都不會立宗立派，我們就叫作佛教正覺同修會；將來也不可能成爲正覺派、正覺宗，永遠不會。因爲那樣就表示把廣大無垠的大乘佛法侷限了，不是函蓋整體的佛法。

所以 文殊、普賢、觀音、勢至，他們都是出家人；可是你看他們現什麼相？都現在家相，一個個長髮飄逸，頭戴寶冠，胸佩瓔珞，還有臂釧、手環，然後天衣飄飄，足下還有蓮華輪寶。如果你畫一尊羅漢像，站在蓮華上，像什麼樣子？眞的不像樣！所以菩薩是不管身相怎麼樣的，出家就出家，在家就在家，穿什麼衣服都無所謂。因爲大乘法中的出家是指心出家，而大乘法是心地法門，不是聲聞羅漢道觀行的五陰法門；二乘法中的觀行對象是五陰法門，不是心地法門。也就是說，在二乘菩提中，你要現觀色陰、受想行識五陰是虛妄的，然後斷除我執出三界，這不是五陰法門嗎？是蘊處界法門。可是菩薩所證的是金剛心如來藏，是自心如來，是法界的實相；不是五陰所攝的覺知心，是眞實如來這個第八識金剛心，這才是心地法門。好啦！有人傳授心地法門，結果卻在傳授離念靈知，落入識陰之中，那它不就是五陰法門了嗎？那不叫心地法門，而且是落入錯誤的五陰法門中。

所以要像大乘菩薩們這樣，出家亦得，在家亦得；所以維摩詰菩薩二千五百多年前來地球示現，他示現爲一個在家人，他根本就無所謂，他只觀察說，佛陀身邊有文殊、普賢出家輔佐就夠了，於是這樣想：「**我要來幫釋迦牟尼佛弘化，我就示現爲在家人。**」所以示現娶妻營生，而且生了一個女兒叫作月上女，因爲她的緣故也講出一部經來，也利益了好多人。這就是菩薩，不必管什麼身分。所以大乘法中的出家人都是丈夫，男人也得，女人也得。妳們女眾可別說：「**我們是女人，怎麼叫作大丈夫？不行吧？**」眞的可以，妳只要證悟了，並且轉依金剛心如來藏成功了；而如來藏就是大丈夫，祂從來都不怕死，是眞實的大丈夫；當妳轉依了祂，怎麼還可以說妳不是大丈夫？所以當妳轉依成功的時候，就不要扭扭捏捏地說：「沒有啦！**我不敢說我開悟啦！**」那麼當妳明明開悟了，卻不敢承認開悟而客氣說沒有開悟，那妳也是妄語欸！十五天內得要找人在 佛陀聖像前懺悔，因爲妳已經妄語了。我們每兩個月誦一次菩薩戒，那妳就得在兩個月內要找人來佛像前懺悔，不然妳又參加誦戒，就會增加一項覆藏罪。所以只要眞實證得了，你轉依了祂，心出三界家，於世間法無所貪著，那不就是出家了嗎？

所以身出家與心出家，這兩種出家一定要作抉擇。譬如有人出家了以後，每天的功課就是要打坐，可是每天打坐的時候都在想：「**中午弄什麼菜才比較好吃？**」那叫作身出家、心在家。可是有人每天爲他的師父在炒菜，但他是依止如來藏在炒菜；他雖然沒有出家，服侍他出家的師父，每天送飯菜去隔壁寺院給師父吃；他雖然都在飲食上面用功，而他是依止如來藏在飲食上面用功，那叫作身沒有出家、心出家。請問諸位：「**你要當哪一個？如果只有這兩種可以選擇，你要選哪一個？**」對嘛！你們有智慧，寧可去選心出家、身在家。這沒關係，去奉侍那位身出家、心在家的和尚，因爲你是在種福田。所以從身出家與心出家，身在家與心在家來劃分，就會有四種人。所以佛法裡面才有心地法門，二乘法中沒有心地法門，都是蘊處界法門，因爲觀行的對象都是蘊處界。只有大乘法才是佛法，才能使人成佛，才有心地法門。所以有這麼多菩薩示現給我們看，釋迦世尊的脅侍 文殊、普賢都現在家相，雖然他們都是眞正的出家人；而極樂世界 阿彌陀佛也有兩位脅侍，觀音與勢至也都示現在家相，但都同樣是出家人；然後 維摩詰、善財大士二位，維摩詰是出家人現在家相，善財大士也是出家人現在家相，其實全都是出三界家的人。這意思是說明什麼？是在示現說，大乘法中沒有身相；只要落在身相裡面，那個人就是不懂《金剛經》的人。

所以將來你們如果送什麼書給那些聲聞法中的出家人，他們如果說：「我們不讀居士寫的書。」妳就告訴他：「那你就是在家人。」「妳爲什麼說我是在家人？」「因爲你不懂《金剛經》。」「爲什麼我不懂《金剛經》？豈有此理！我每天在課誦，我都知道。」「師父！你就是不懂，因爲你有四相。」「我哪裡有四相？我都是虛假的，妳也是虛假的，哪來四相？」「師父！你剛剛說，在家人寫的書，你不看。你是出家人，寫書的人是在家人，那你不就有四相了嗎？」這一下，他會覺得說：「這某某師姊，我才多久沒看見她，今天智慧這麼好。」其實已經過了一年多、兩年，他竟然忘了，因爲他一向都沒注意到妳的存在或不存在。他說：「才幾天沒看到妳，怎麼講話都不一樣了？」妳才告訴他：「才不多久沒見，我講話就不一樣。可是師父！你其實可以講得比我更好，就看你要不要讀這本書。」

（未完，詳續第八輯解說。）

佛菩提二主要道次第概要表——二道並修，以外無別佛法

佛菩提道——大菩提道

遠波羅蜜多

十信位修集信心——一劫乃至一萬劫

資糧位

初住位修集布施功德（以財施爲主）。

二住位修集持戒功德。

三住位修集忍辱功德。

四住位修集精進功德。

五住位修集禪定功德。

六住位修集般若功德（熏習般若中觀及斷我見，加行位也）。

（外門廣修六度萬行）

見道位

七住位明心般若正觀現前，親證本來自性清淨涅槃。

八住位於一切法現觀般若中道。漸除性障。

十住位眼見佛性，世界如幻觀成就。

一至十行位，於廣行六度萬行中，依般若中道慧，現觀陰處界猶如陽焰，至第十行滿心位，陽焰觀成就。

一至十迴向位熏習一切種智；修除性障，唯留最後一分思惑不斷。第十迴向滿心位成就菩薩道如夢觀。

（內門廣修六度萬行）

初地：第十迴向位滿心時，成就道種智一分（八識心王一一親證後，領受五法、三自性、七種第一義、七種性自性、二種無我法）復由勇發十無盡願，成通達位菩薩。復又永伏性障而不具斷，能證慧解脫而不取證，由大願故留惑潤生。此地主修法施波羅蜜多及百法明門。證「猶如鏡像」現觀，故滿初地心。

二地：初地功德滿足以後，再成就道種智一分而入二地；主修戒波羅蜜多及一切種智。滿心位成就「猶如光影」現觀，戒行自然清淨。

解脫道：二乘菩提

→ 斷三縛結，成初果解脫

→ 薄貪瞋癡，成二果解脫

→ 斷五下分結，成三果解脫

入地前的四加行令煩惱障現行悉斷，成四果解脫，留惑潤生。分段生死已斷，煩惱障習氣種子開始斷除，兼斷無始無明上煩惱。

近波羅蜜多

修道位

三地：二地滿心再證道種智一分，故入三地。此地主修忍波羅蜜多及四禪八定、四無量心、五神通。能成就俱解脫果而不取證，留惑潤生。滿心位成就「猶如谷響」現觀及無漏妙定意生身。

四地：由三地再證道種智一分故入四地。主修精進波羅蜜多，於此土及他方世界廣度有緣，無有疲倦。進修一切種智，滿心位成就「如水中月」現觀。

五地：由四地再證道種智一分故入五地。主修禪定波羅蜜多及一切種智，斷除下乘涅槃貪。滿心位成就「變化所成」現觀。

六地：由五地再證道種智一分故入六地。此地主修般若波羅蜜多——依道種智現觀十二因緣一一有支及意生身化身，皆自心眞如變化所現，「非有似有」，成就細相觀，不由加行而自然證得滅盡定，成俱解脫大乘無學。

七地：由六地「非有似有」現觀，再證道種智一分故入七地。此地主修一切種智及方便波羅蜜多，由重觀十二有支一一支中之流轉門及還滅門一切細相，成就方便善巧，念念隨入滅盡定。滿心位證得「如犍闥婆城」現觀。

七地滿心斷除故意保留之最後一分思惑時，煩惱障所攝色、受、想三陰有漏習氣種子全部斷盡。

大波羅蜜多

八地：由七地極細相觀成就故再證道種智一分而入八地。此地主修一切種智及願波羅蜜多。至滿心位純無相觀任運恆起，故於相土自在，滿心位復證「如實覺知諸法相意生身」故。

九地：由八地再證道種智一分故入九地。主修力波羅蜜多及一切種智，成就四無礙，滿心位證得「種類俱生無行作意生身」。

十地：由九地再證道種智一分故入此地。此地主修一切種智——智波羅蜜多。滿心位起大法智雲，及現起大法智雲所含藏種種功德，成受職菩薩。

等覺：由十地道種智成就故入此地。此地應修一切種智，圓滿等覺地無生法忍；於百劫中修集極廣大福德，以之圓滿三十二大人相及無量隨形好。

煩惱障所攝行、識二陰無漏習氣種子任運漸斷，所知障所攝上煩惱任運漸斷。

圓滿波羅蜜多

究竟位

妙覺：示現受生人間已斷盡煩惱障一切習氣種子，並斷盡所知障一切隨眠，永斷變易生死無明，成就大般涅槃，四智圓明。人間捨壽後，報身常住色究竟天利樂十方地上菩薩；以諸化身利樂有情，永無盡期，成就究竟佛道。

斷盡變易生死成就大般涅槃

圓滿成就究竟佛果

佛子蕭平實 謹製
（二〇〇九、〇二 修訂）
（二〇一二、〇二 增補）

佛教正覺同修會〈修學佛道次第表〉

第一階段

* 以憶佛及拜佛方式修習動中定力。
* 學第一義佛法及禪法知見。
* 無相拜佛功夫成就。
* 具備一念相續功夫—動靜中皆能看話頭。
* 努力培植福德資糧，勤修三福淨業。

第二階段

* 參話頭，參公案。
* 開悟明心，一片悟境。
* 鍛鍊功夫求見佛性。
* 眼見佛性〈餘五根亦如是〉親見世界如幻，成就如幻觀。
* 學習禪門差別智。
* 深入第一義經典。
* 修除性障及隨分修學禪定。
* 修證十行位陽焰觀。

第三階段

* 學一切種智眞實正理—楞伽經、解深密經、成唯識論…。
* 參究末後句。
* 解悟末後句。
* 透牢關—親自體驗所悟末後句境界，親見實相，無得無失。
* 救護一切衆生迴向正道。護持了義正法，修證十迴向位如夢觀。
* 發十無盡願，修習百法明門，親證猶如鏡像現觀。
* 修除五蓋，發起禪定。持一切善法戒。親證猶如光影現觀。
* 進修四禪八定、四無量心、五神通。進修大乘種智，求證猶如谷響現觀。

佛教正覺同修會 共修現況 及 招生公告　2017/12/21

一、共修現況：（請在共修時間來電，以免無人接聽。）

台北正覺講堂 103 台北市承德路三段 277 號九樓 捷運淡水線圓山站旁 Tel..總機 02-25957295（晚上）（**分機：九樓**辦公室 10、11；知客櫃檯 12、13。 **十樓**知客櫃檯 15、16；書局櫃檯 14。 **五樓**辦公室 18；知客櫃檯 19。**二樓**辦公室 20；知客櫃檯 21。）Fax..25954493

第一講堂 台北市承德路三段 277 號九樓

禪淨班：週一晚班、週三晚班、週四晚班、週五晚班、週六下午班、週六上午班（共修期間二年半，全程免費。皆須報名建立學籍後始可參加共修，欲報名者詳見本公告末頁。）

進階班：週一晚班、週三晚班、週四晚班、週五晚班（禪淨班結業後轉入共修）。

增上班：瑜伽師地論詳解：每月單數週之週末 17.50～20.50。平實導師講解，2003 年 2 月開講至今，預計 2019 年圓滿，僅限已明心之會員參加。

禪門差別智：每月第一週日全天　平實導師主講（事冗暫停）。

大法鼓經詳解　詳解末法時代大乘佛法修行之道。佛教正法消毒妙藥塗於大鼓而以擊之，凡有眾生聞之者，一切邪見鉅毒悉皆消殞；此經即是大法鼓之正義，凡聞之者，所有邪見之毒悉皆滅除，見道不難；亦能發起菩薩無量功德，是故諸大菩薩遠從諸方佛土來此娑婆聞修此經。平實導師主講，定於 2017 年 12 月底起，每逢周二晚上開講，第一至第六講堂都可同時聽聞，歡迎已發成佛大願的菩薩種性學人，攜眷共同參與此殊勝法會現場聞法，不限制聽講資格。本會學員憑上課證進入第一至第四講堂聽講，會外學人請以身分證件換證進入聽講（此爲大樓管理處安全管理規定之要求，敬請諒解）；第五及第六講堂（B1、B2）對外開放，不需出示任何證件，請由大樓側門直接進入。

第二講堂 台北市承德路三段 267 號十樓。

禪淨班：週一晚上班。

進階班：週三晚班、週四晚班、週五晚班、週六下午班。禪淨班結業後轉入共修。

大法鼓經詳解：平實導師講解。每週二 18.50~20.50 影像音聲即時傳輸

第三講堂 台北市承德路三段 277 號五樓。

禪淨班：週六下午班。

進階班：週一晚班、週三晚班、週四晚班、週五晚班。

大法鼓經詳解：平實導師講解。每週二 18.50~20.50 影像音聲即時傳輸

第四講堂 台北市承德路三段 267 號二樓。

進階班：週一晚上班、週三晚上班、週四晚上班（禪淨班結業後轉入共修）。

大法鼓經詳解：平實導師講解。每週二 18.50~20.50 影像音聲即時傳輸

第五、第六講堂

念佛班　每週日晚上，第六講堂共修（B2），一切求生極樂世界的三寶弟子皆可參加，不限制共修資格。

進階班：週一晚班、週三晚班、週四晚班。

大法鼓經詳解：平實導師講解。每週二 18.50~20.50 影像音聲即時傳輸。第五、第六講堂爲**開放式講堂**，不需以身分證件換證即可進入聽講，台北市承德路三段 267 號地下一樓、地下二樓。每逢週二晚上講經時段開放給會外人士自由聽經，請由大樓側面梯階逕行進入聽講。**聽講者請尊重講者的著作權及肖像權，請勿錄音錄影，以免違法；若有錄音錄影被查獲者，將依法處理。**

正覺祖師堂　大溪鎮美華里信義路 650 巷坑底 5 之 6 號（台 3 號省道 34 公里處 妙法寺對面斜坡道進入）電話 03-3886110　傳眞 03-3881692 本堂供奉 克勤圓悟大師，專供會員每年四月、十月各三次精進禪三共修，兼作本會出家菩薩掛單常住之用。除禪三時間以外，每逢單月第一週之週日 9:00~17:00 開放會內、外人士參訪，當天並提供午齋結緣。教內共修團體或道場，得另申請其餘時間作團體參訪，務請事先與常住確定日期，以便安排常住菩薩接引導覽，亦免妨礙常住菩薩之日常作息及修行。

桃園正覺講堂（第一、第二講堂）：桃園市介壽路 286、288 號 10 樓（陽明運動公園對面）電話：03-3749363(請於共修時聯繫，或與台北聯繫)

禪淨班：週一晚上班（1）、週一晚上班（2）、週三晚上班、週四晚上班、週五晚上班。

進階班：週四晚班、週五晚班、週六上午班。

增上班：雙週六晚上班（增上重播班）。

大法鼓經詳解：平實導師講解。每週二晚上，以台北正覺講堂所錄 DVD 放映；歡迎會外學人共同聽講，不需出示身分證件。

新竹正覺講堂　新竹市東光路 55 號二樓之一　電話 03-5724297（晚上）

第一講堂：

禪淨班：週一晚上班、週五晚上班、週六上午班。

進階班：週三晚上班、週四晚上班（由禪淨班結業後轉入共修）。

增上班：單週六晚上班。雙週六晚上班（重播班）。

大法鼓經詳解：平實導師講解。每週二晚上，以台北正覺講堂所錄 DVD 放映。歡迎會外學人共同聽講，不需出示身分證件。

第二講堂：

禪淨班：週三晚上班、週四晚上班。

大法鼓經詳解：每週二晚上與第一講堂同時播放佛藏經詳解 DVD。

第三、第四講堂：裝修完畢，即將開放。

台中正覺講堂　04-23816090（晚上）

第一講堂　台中市南屯區五權西路二段 666 號 13 樓之四（國泰世華銀行樓上。鄰近縣市經第一高速公路前來者，由五權西路交流道可以快速到達，大樓旁有停車場，對面有素食館）。

禪淨班：週三晚上班、週四晚上班。

進階班：週一晚上班、週六上午班（由禪淨班結業後轉入共修）。

增上班：**增上班**：單週六晚上班。雙週六晚上班（重播班）。

大法鼓經詳解：平實導師講解。每週二晚上，以台北正覺講堂所錄 DVD 放映。歡迎會外學人共同聽講，不需出示身分證件。

第二講堂　台中市南屯區五權西路二段 666 號 4 樓

禪淨班：週一晚上班、週三晚上班、週六上午班。

進階班：週五晚上班（由禪淨班結業後轉入共修）。

大法鼓經詳解：每週二晚上與第一講堂同時播放佛藏經詳解 DVD。

第三講堂、第四講堂：台中市南屯區五權西路二段 666 號 4 樓。

嘉義正覺講堂　嘉義市友愛路 288 號八樓之一　電話：05-2318228

第一講堂：

禪淨班：週一晚上班、週四晚上班、週五晚上班、週六上午班。

進階班：週三晚上班（由禪淨班結業後轉入共修）。

增上班：單週六晚上班。雙週六晚上班（重播班）。

大法鼓經詳解：平實導師講解。每週二晚上，以台北正覺講堂所錄 DVD 放映。歡迎會外學人共同聽講，不需出示身分證件。

第二講堂　嘉義市友愛路 288 號八樓之二。

台南正覺講堂

第一講堂　台南市西門路四段 15 號 4 樓。06-2820541（晚上）

禪淨班：週一晚上班、週三晚上班、週四晚上班、週五晚上班、週六下午班。

增上班：**增上班**：單週六晚上班。雙週六晚上班（重播班）。

大法鼓經詳解：平實導師講解。每週二晚上，以台北正覺講堂所錄 DVD 放映。歡迎會外學人共同聽講，不需出示身分證件。

第二講堂　台南市西門路四段 15 號 3 樓。

大法鼓經詳解：每週二晚上與第一講堂同時播放佛藏經詳解 DVD。

第三講堂　台南市西門路四段 15 號 3 樓。

進階班：週三晚上班、週四晚上班、週六上午班（由禪淨班結業後轉入共修）。

大法鼓經詳解：每週二晚上與第一講堂同時播放佛藏經詳解 DVD。

高雄正覺講堂 高雄市新興區中正三路 45 號五樓 07-2234248（晚上）

第一講堂（五樓）：

禪淨班：週一晚班、週三晚班、週四晚班、週五晚班、週六上午班。

增上班：單週週末下午，以台北增上班課程錄成 DVD 放映之，限已明心之會員參加。

大法鼓經詳解：平實導師講解。每週二晚上，以台北正覺講堂所錄 DVD 放映。歡迎會外學人共同聽講，不需出示身分證件。

第二講堂（四樓）：

進階班：週三晚上班、週四晚上班、週六上午班（由禪淨班結業後轉入共修）。

大法鼓經詳解：每週二晚上與第一講堂同時播放佛藏經詳解 DVD。

第三講堂（三樓）：

進階班：週四晚班（由禪淨班結業後轉入共修）。

香港正覺講堂 ☆**已遷移新址**☆

九龍觀塘，成業街 10 號，電訊一代廣場 27 樓 E 室。

（觀塘地鐵站 B1 出口，步行約 4 分鐘）。電話：(852) 23262231

英文地址：Unit E，27th Floor, TG Place, 10 Shing Yip Street, Kwun Tong, Kowloon

禪淨班：雙週六下午班 14:30-17:30，已經額滿。
雙週日下午班 14:30-17:30。
單週六下午班 14:30-17:30，已經額滿。

進階班：雙週五晚上班（由禪淨班結業後轉入共修）。

增上班：單週週末上午，以台北增上班課程錄成 DVD 放映之。

增上重播班：雙週週末上午，以台北增上班課程錄成 DVD 放映之。

大法鼓經詳解：平實導師講解。雙週六 19:00-21:00，以台北正覺講堂所錄 DVD 放映；歡迎會外學人共同聽講，不需出示身分證件。

美國洛杉磯正覺講堂 ☆**已遷移新址**☆

825 S. Lemon Ave Diamond Bar, CA 91789 U.S.A.

Tel. (909) 595-5222（請於週六 9:00~18:00 之間聯繫）

Cell. (626) 454-0607

禪淨班：每逢週末 15：30~17：30 上課。

進階班：每逢週末上午 10：00~12：00 上課。

大法鼓經詳解：平實導師講解。每週六下午 13：00~15：00 以台北所錄 DVD 放映。歡迎各界人士共享第一義諦無上法益，不需報名。

二、招生公告 本會台北講堂及全省各講堂、香港講堂，每逢四月、十月下旬開新班，每週共修一次（每次二小時。開課日起三個月內仍可插班）；但美國洛杉磯共修處之禪淨班得隨時插班共修。各班共修期間皆爲二年半，全程免費，欲參加者請向本會函索報名表（各共修處皆於共修時間方有人執事，非共修時間請勿電詢或前來洽詢、請書），或直接從本會官方網站(http://www.enlighten.org.tw/newsflash/class)或成佛之道網站下載報名表。共修期滿時，若經報名禪三審核通過者，可參加四天三夜之禪三精進共修，有機會明心、取證如來藏，發起般若實相智慧，成爲實義菩薩，脫離凡夫菩薩位。

三、新春禮佛祈福 農曆年假期間停止共修：自農曆新年前七天起停止共修與弘法，正月 8 日起回復共修、弘法事務。新春期間正月初一～初七 9.00～17.00 開放台北講堂、正月初一~初三開放桃園、新竹、台中、嘉義、台南、高雄講堂，以及大溪禪三道場（正覺祖師堂），方便會員供佛、祈福及會外人士請書。美國洛杉磯共修處之休假時間，請逕詢該共修處。

密宗四大派修雙身法，是外道性力派的邪法；又以生滅的識陰作為常住法，是常見外道，是假的藏傳佛教。

西藏覺囊巴以他空見弘揚第八識如來藏勝法，才是真藏傳佛教

佛教正覺同修會　弘法行事表

2017/12/07

1、**禪淨班**　以無相念佛及拜佛方式修習動中定力，實證一心不亂功夫。傳授解脫道正理及第一義諦佛法，以及參禪知見。共修期間：二年六個月。每逢四月、十月開新班，詳見招生公告表。

2、**進階班**　禪淨班畢業後得轉入此班，進修更深入的佛法，期能證悟明心。各地講堂各有多班，繼續深入佛法、增長定力，悟後得轉入增上班修學道種智，期能證得無生法忍。

3、**增上班　瑜伽師地論**詳解　詳解論中所言凡夫地至佛地等 17 師之修證境界與理論，從凡夫地、聲聞地……宣演到諸地所證無生法忍、一切種智之眞實正理。由平實導師開講，每逢一、三、五週之週末晚上開示，僅限已明心之會員參加。2003 年二月開講至今，預定 2019 年講畢。

4、**大法鼓經**詳解　詳解末法時代大乘佛法修行之道。佛教正法消毒妙藥塗於大鼓而以擊之，凡有眾生聞之者，一切邪見鉅毒悉皆消殞；此經即是大法鼓之正義，凡聞之者，所有邪見之毒悉皆滅除，見道不難；亦能發起菩薩無量功德，是故諸大菩薩遠從諸方佛土來此娑婆聞修此經。平實導師主講。定於 2017 年 12 月底開講，歡迎已發成佛大願的菩薩種性學人，攜眷共同參與此殊勝法會聽講。

本經破「有」而顯涅槃，以此名爲眞實的「法」；眞法即是第八識如來藏，《金剛經》《法華經》中亦名之爲「此經」。若墮在「有」中，皆名「非法」，「有」即是五陰、六入、十二處、十八界及內我所、外我所，皆非眞實法。若人如是俱說「法」與「非法」而宣揚佛法，名爲擊大法鼓；如是依「法」而捨「非法」，據以建立山門而爲眾說法，方可名爲眞正的法鼓山。此經中說，以「此經」爲菩薩道之本，以證得「此經」之正知見及法門作爲度人之「法」，方名眞實佛法，否則盡名「非法」。本經中對法與非法、有與涅槃，有深入之闡釋，歡迎教界一切善信（不論初機或久學菩薩），一同親沐 如來聖教，共沾法喜。由平實導師詳解。不限制聽講資格。

5、**精進禪三**　主三和尚：平實導師。於四天三夜中，以克勤圓悟大師及大慧宗杲之禪風，施設機鋒與小參、公案密意之開示，幫助會員剋期取證，親證不生不滅之眞實心——人人本有之如來藏。每年四月、十月各舉辦二個梯次；平實導師主持。僅限本會會員參加禪淨班共修期滿，報名審核通過者，方可參加。並選擇會中定力、慧力、福德三條件皆已具足之已明心會員，給以指引，令得眼見自己無形無相之佛性遍布山河大地，眞實而無障礙，得以肉眼現觀世界身心悉皆如幻，具足成就如幻觀，圓滿十住菩薩之證境。

6、**不退轉法輪經**詳解　本經所說妙法極爲甚深難解，時至末法，已然無有知者；而其甚深絕妙之法，流傳至今依舊多人可證，顯示佛學眞是義學而非玄談，其中甚深極妙令人拍案稱絕之第一義諦妙義，平實導師將會加以解說。待《大法鼓經》宣講完畢時繼續宣講此經。

7、**阿含經**詳解　選擇重要之阿含部經典，依無餘涅槃之實際而加以詳解，令大眾得以現觀諸法緣起性空，亦復不墮斷滅見中，顯示經中所隱說之涅槃實際—如來藏—確實已於四阿含中隱說；令大眾得以聞後觀行，確實斷除我見乃至我執，證得**見到**眞現觀，乃至**身證**……等眞現觀；已得大乘或二乘見道者，亦可由此聞熏及聞後之觀行，除斷我所之貪著，成就慧解脫果。由平實導師詳解。不限制聽講資格。

8、**解深密經**詳解　重講本經之目的，在於令諸已悟之人明解大乘法道之成佛次第，以及悟後進修一切種智之內涵，確實證知三種自性性，並得據此證解七眞如、十眞如等正理。每逢週二 18.50~20.50 開示，由平實導師詳解。將於《大法鼓經》講畢後開講。不限制聽講資格。

9、**成唯識論**詳解　詳解一切種智眞實正理，詳細剖析一切種智之微細深妙廣大正理；並加以舉例說明，使已悟之會員深入體驗所證如來藏之微密行相；及證驗見分相分與所生一切法，皆由如來藏—阿賴耶識—直接或展轉而生，因此證知一切法無我，證知無餘涅槃之本際。將於增上班《瑜伽師地論》講畢後，由平實導師重講。僅限已明心之會員參加。

10、**精選如來藏系經典**詳解　精選如來藏系經典一部，詳細解說，以此完全印證會員所悟如來藏之眞實，得入不退轉住。另行擇期詳細解說之，由平實導師講解。僅限已明心之會員參加。

11、**禪門差別智**　藉禪宗公案之微細淆訛難知難解之處，加以宣說及剖析，以增進明心、見性之功德，啓發差別智，建立擇法眼。每月第一週日全天，由平實導師開示，僅限破參明心後，復又眼見佛性者參加（事冗暫停）。

12、**枯木禪**　先講智者大師的《小止觀》，後說《釋禪波羅蜜》，詳解四禪八定之修證理論與實修方法，細述一般學人修定之邪見與岔路，及對禪定證境之誤會，消除枉用功夫、浪費生命之現象。已悟般若者，可以藉此而實修初禪，進入大乘通教及聲聞教的三果心解脫境界，配合應有的大福德及後得無分別智、十無盡願，即可進入初地心中。親教師：平實導師。未來緣熟時將於正覺寺開講。不限制聽講資格。

註：本會例行年假，自 2004 年起，改爲每年農曆新年前七天開始停息弘法事務及共修課程，農曆正月 8 日回復所有共修及弘法事務。新春期間（每日 9.00~17.00）開放台北講堂，方便會員禮佛祈福及會外人士請書。大溪區的正覺祖師堂，開放參訪時間，詳見〈正覺電子報〉或成佛之道網站。本表得因時節因緣需要而隨時修改之，不另作通知。

佛教正覺同修會　贈閱書籍 目錄　　2015/09/29

1.**無相念佛**　平實導師著　回郵 10 元
2.**念佛三昧修學次第**　平實導師述著　回郵 25 元
3.**正法眼藏—護法集**　平實導師述著　回郵 35 元
4.**真假開悟簡易辨正法&佛子之省思**　平實導師著　回郵 3.5 元
5.**生命實相之辨正**　平實導師著　回郵 10 元
6.**如何契入念佛法門**（**附：印順法師否定極樂世界**）平實導師著　回郵 3.5 元
7.**平實書箋**—答元覽居士書　平實導師著　回郵 35 元
8.**三乘唯識**—如來藏系經律彙編　平實導師編　回郵 80 元
（精裝本　長 27 cm　寬 21 cm　高 7.5 cm　重 2.8 公斤）
9.**三時繫念全集**—修正本　回郵掛號 40 元（長 26.5 cm×寬 19 cm）
10.**明心與初地**　平實導師述　回郵 3.5 元
11.**邪見與佛法**　平實導師述著　回郵 20 元
12.**菩薩正道**—回應義雲高、釋性圓…等外道之邪見　正燦居士著 回郵 20 元
13.**甘露法雨**　平實導師述　回郵 20 元
14.**我與無我**　平實導師述　回郵 20 元
15.**學佛之心態**—修正錯誤之學佛心態始能與正法相應 孫正德老師著 回郵35元
附錄：平實導師著**《略說八、九識並存…等之過失》**
16.**大乘無我觀**—《悟前與悟後》別說　平實導師述著　回郵 20 元
17.**佛教之危機**—中國台灣地區現代佛教之真相（附錄：公案拈提六則）
平實導師著　回郵 25 元
18.**燈　影**—燈下黑（覆「求教後學」來函等）　平實導師著　回郵 35 元
19.**護法與毀法**—覆上平居士與徐恒志居士網站毀法二文
張正圜老師著　回郵 35 元
20.**淨土聖道**—兼評選擇本願念佛　正德老師著　**由正覺同修會購贈** 回郵25 元
21.**辨唯識性相**—對「紫蓮心海《辯唯識性相》書中否定阿賴耶識」之回應
正覺同修會 台南共修處法義組 著　回郵25 元
22.**假如來藏**—對法蓮法師《如來藏與阿賴耶識》書中否定阿賴耶識之回應
正覺同修會 台南共修處法義組 著　回郵 35 元
23.**入不二門**—公案拈提集錦 第一輯（於平實導師公案拈提諸書中選錄約二十則，
合輯爲一冊流通之）平實導師著　回郵 20 元
24.**真假邪說**—西藏密宗索達吉喇嘛《破除邪說論》真是邪說
釋正安法師著　回郵 35 元
25.**真假開悟**—真如、如來藏、阿賴耶識間之關係　平實導師述著　回郵 35 元
26.**真假禪和**—辨正釋傳聖之謗法謬說　孫正德老師著　回郵 30 元

27.**眼見佛性**—駁慧廣法師眼見佛性的含義文中謬說

游正光老師著　回郵 25 元

28.**普門自在**—公案拈提集錦 第二輯（於平實導師公案拈提諸書中選錄約二十則，合輯爲一冊流通之）平實導師著　回郵 25 元

29.**印順法師的悲哀**—以現代禪的質疑為線索　恒毓博士著　回郵 25 元

30.**識蘊真義**—現觀識蘊內涵、取證初果、親斷三縛結之具體行門。

—依《成唯識論》及《惟識述記》正義，略顯安慧《大乘廣五蘊論》之邪謬

平實導師著　回郵 35 元

31.**正覺電子報** 各期紙版本　免附回郵　每次最多函索三期或三本。

（已無存書之較早各期，不另增印贈閱）

32.**現代人應有的宗教觀**　蔡正禮老師 著　回郵 3.5 元

33.**遠惑趣道**—正覺電子報般若信箱問答錄　第一輯　回郵 20 元

34.**遠惑趣道**—正覺電子報般若信箱問答錄　第二輯　回郵 20 元

35.**確保您的權益**—器官捐贈應注意自我保護　游正光老師 著　回郵 10 元

36.**正覺教團電視弘法三乘菩提 DVD 光碟（一）**

由正覺教團多位親教師共同講述錄製 DVD 8 片，MP3 一片，共 9 片。有二大講題：一爲「三乘菩提之意涵」，二爲「學佛的正知見」。內容精闢，深入淺出，精彩絕倫，幫助大眾快速建立三乘法道的正知見，免被外道邪見所誤導。有志修學三乘佛法之學人不可不看。（製作工本費 100 元，回郵 25 元）

37.**正覺教團電視弘法 DVD 專輯（二）**

總有二大講題：一爲「三乘菩提之念佛法門」，一爲「學佛正知見（第二篇）」，由正覺教團多位親教師輪番講述，內容詳細闡述如何修學念佛法門、實證念佛三昧，以及學佛應具有的正確知見，可以幫助發願往生西方極樂淨土之學人，得以把握往生，更可令學人快速建立三乘法道的正知見，免於被外道邪見所誤導。有志修學三乘佛法之學人不可不看。（一套 17 片，工本費 160 元。回郵 35 元）

38.**佛藏經** 燙金精裝本 每冊回郵 20 元。正修佛法之道場欲大量索取者，請正式發函並蓋用大印寄來索取（2008.04.30 起開始敬贈）

39.**喇嘛性世界**—揭開假藏傳佛教譚崔瑜伽的面紗　張善思 等人合著

由正覺同修會購贈　回郵 20 元

40.**假藏傳佛教的神話**—性、謊言、喇嘛教　張正玄教授編著　回郵 20 元

由正覺同修會購贈　回郵 20 元

41.**隨　緣**—理隨緣與事隨緣　平實導師述　回郵 20 元。

42.**學佛的覺醒**　正枝居士 著　回郵 25 元

43.**導師之真實義**　蔡正禮老師 著　回郵 10 元

44.**淺談達賴喇嘛之雙身法**—兼論解讀「密續」之達文西密碼

吳明芷居士 著　回郵 10 元

45.**魔界轉世**　張正玄居士 著　回郵 10 元

46.**一貫道與開悟**　蔡正禮老師 著　回郵 10 元

47.**博愛**—愛盡天下女人　正覺教育基金會 編印　回郵 10 元

48.**意識虛妄經教彙編**—實證解脫道的關鍵經文　正覺同修會編印　回郵 25 元

49.**邪箭囈語**—破斥藏密外道多識仁波切《破魔金剛箭雨論》之邪說

陸正元老師著　上、下冊回郵各 30 元

50.**真假沙門**—依 佛聖教闡釋佛教僧寶之定義

蔡正禮老師著　俟正覺電子報連載後結集出版

51.**真假禪宗**—藉評論釋性廣《印順導師對變質禪法之批判

及對禪宗之肯定》以顯示真假禪宗

附論一：凡夫知見 無助於佛法之信解行證

附論二：世間與出世間一切法皆從如來藏實際而生而顯

余正偉老師著　俟正覺電子報連載後結集出版　回郵未定

52.**假鋒虛焰金剛乘**—揭示顯密正理，兼破索達吉師徒《般若鋒兮金剛焰》。

釋正安 法師著　俟正覺電子報連載後結集出版

★ 上列贈書之郵資，係台灣本島地區郵資，大陸、港、澳地區及外國地區，請另計酌增（大陸、港、澳、國外地區之郵票不許通用）。尚未出版之書，請勿先寄來郵資，以免增加作業煩擾。

★ 本目錄若有變動，唯於後印之書籍及「成佛之道」網站上修正公佈之，不另行個別通知。

函索書籍請寄：佛教正覺同修會　103 台北市承德路 3 段 277 號 9 樓

台灣地區函索書籍者請附寄郵票，無時間購買郵票者可以等值現金抵用，但不接受郵政劃撥、支票、匯票。大陸地區得以人民幣計算，國外地區請以美元計算（請勿寄來當地郵票，在台灣地區不能使用）。欲以掛號寄遞者，請另附掛號郵資。

親自索閱：正覺同修會各共修處。　★請於共修時間前往取書，餘時無人在道場，請勿前往索取；共修時間與地點，詳見書末正覺同修會共修現況表（以近期之共修現況表爲準）。

註：正智出版社發售之局版書，請向各大書局購閱。若書局之書架上已經售出而無陳列者，請向書局櫃台指定洽購；若書局不便代購者，請於正覺同修會共修時間前往各共修處請購，正智出版社已派人於共修時間送書前往各共修處流通。 郵政劃撥購書及 大陸地區 購書，請詳別頁正智出版社發售書籍目錄最後頁之說明。

成佛之道 網站：http://www.a202.idv.tw　正覺同修會已出版之結緣書籍，多已登載於 成佛之道 網站，若住外國、或住處遙遠，不便取得正覺同修會贈閱書籍者，可以從本網站閱讀及下載。　書局版之《宗通與說通》亦已上網，台灣讀者可向書局洽購，售價 300 元。《狂密與眞密》第一輯~第四輯，亦於 2003.5.1.全部於本網站登載完畢；台灣地區讀者請向書局洽購，每輯約 400 頁，售價 300 元（網站下載紙張費用較貴，容易散失，難以保存，亦較不精美）。

＊＊假藏傳佛教修雙身法，非佛教＊＊

正智出版社 籌募弘法基金發售書籍目錄　2018/05/13

1.**宗門正眼**—公案拈提 第一輯 重拈　平實導師著　500 元
因重寫內容大幅度增加故，字體必須改小，並增爲 576 頁 主文 546 頁。比初版更精彩、更有內容。初版《禪門摩尼寶聚》之讀者，可寄回本公司免費調換新版書。免附回郵，亦無截止期限。（2007 年起，每冊附贈本公司精製公案拈提〈超意境〉CD 一片。市售價格 280 元，多購多贈。）
2.**禪淨圓融**　平實導師著　200 元（第一版舊書可換新版書。）
3.**真實如來藏**　平實導師著　400 元
4.**禪—悟前與悟後**　平實導師著　上、下冊，每冊 250 元
5.**宗門法眼**—公案拈提 第二輯　平實導師著　500 元
（2007 年起，每冊附贈本公司精製公案拈提〈超意境〉CD 一片）
6.**楞伽經詳解**　平實導師著　全套共 10 輯　每輯 250 元
7.**宗門道眼**—公案拈提 第三輯　平實導師著　500 元
（2007 年起，每冊附贈本公司精製公案拈提〈超意境〉CD 一片）
8.**宗門血脈**—公案拈提 第四輯　平實導師著　500 元
（2007 年起，每冊附贈本公司精製公案拈提〈超意境〉CD 一片）
9.**宗通與說通**—成佛之道 平實導師著 主文 381 頁 全書 400 頁售價 300 元
10.**宗門正道**—公案拈提 第五輯　平實導師著　500 元
（2007 年起，每冊附贈本公司精製公案拈提〈超意境〉CD 一片）
11.**狂密與真密** 一～四輯　平實導師著　西藏密宗是人間最邪淫的宗教，本質不是佛教，只是披著佛教外衣的印度教性力派流毒的喇嘛教。此書中將西藏密宗密傳之男女雙身合修樂空雙運所有祕密與修法，毫無保留完全公開，並將全部喇嘛們所不知道的部分也一併公開。內容比大辣出版社喧騰一時的《西藏慾經》更詳細。並且函蓋藏密的所有祕密及其錯誤的中觀見、如來藏見……等，藏密的所有法義都在書中詳述、分析、辨正。每輯主文三百餘頁　每輯全書約 400 頁　售價每輯 300 元
12.**宗門正義**—公案拈提 第六輯　平實導師著　500 元
（2007 年起，每冊附贈本公司精製公案拈提〈超意境〉CD 一片）
13.**心經密意**—心經與解脫道、佛菩提道、祖師公案之關係與密意 平實導師述 300 元
14.**宗門密意**—公案拈提 第七輯　平實導師著　500 元
（2007 年起，每冊附贈本公司精製公案拈提〈超意境〉CD 一片）
15.**淨土聖道**—兼評「選擇本願念佛」　正德老師著　200 元
16.**起信論講記**　平實導師述著　共六輯　每輯三百餘頁　售價各 250 元
17.**優婆塞戒經講記**　平實導師述著 共八輯 每輯三百餘頁 售價各 250 元
18.**真假活佛**—略論附佛外道盧勝彥之邪說（對前岳靈犀網站主張「盧勝彥是證悟者」之修正）　正犀居士（岳靈犀）著　流通價 140 元
19.**阿含正義**—唯識學探源　平實導師著　共七輯　每輯 300 元

20.**超意境** CD 以平實導師公案拈提書中超越意境之頌詞，加上曲風優美的旋律，錄成令人嚮往的超意境歌曲，其中包括正覺發願文及平實導師親自譜成的黃梅調歌曲一首。詞曲雋永，殊堪翫味，可供學禪者吟詠，有助於見道。內附設計精美的彩色小冊，解說每一首詞的背景本事。每片 280 元。【每購買公案拈提書籍一冊，即贈送一片。】

21.**菩薩底憂鬱** CD 將菩薩情懷及禪宗公案寫成新詞，並製作成超越意境的優美歌曲。 1.主題曲〈菩薩底憂鬱〉，描述地後菩薩能離三界生死而迴向繼續生在人間，但因尚未斷盡習氣種子而有極深沈之憂鬱，非三賢位菩薩及二乘聖者所知，此憂鬱在七地滿心位方才斷盡；本曲之詞中所說義理極深，昔來所未曾見；此曲係以優美的情歌風格寫詞及作曲，聞者得以激發嚮往諸地菩薩境界之大心，詞、曲都非常優美，難得一見；其中勝妙義理之解說，已印在附贈之彩色小冊中。 2.以各輯公案拈提中直示禪門入處之頌文，作成各種不同曲風之超意境歌曲，值得玩味、參究；聆聽公案拈提之優美歌曲時，請同時閱讀內附之印刷精美說明小冊，可以領會超越三界的證悟境界；未悟者可以因此引發求悟之意向及疑情，眞發菩提心而邁向求悟之途，乃至因此眞實悟入般若，成眞菩薩。 3.正覺總持咒新曲，總持佛法大意；總持咒之義理，已加以解說並印在隨附之小冊中。本 CD 共有十首歌曲，長達 63 分鐘。每盒各附贈二張購書優惠券。每片 280 元。

22.**禪意無限** CD 平實導師以公案拈提書中偈頌寫成不同風格曲子，與他人所寫不同風格曲子共同錄製出版，幫助參禪人進入禪門超越意識之境界。盒中附贈彩色印製的精美解說小冊，以供聆聽時閱讀，令參禪人得以發起參禪之疑情，即有機會證悟本來面目而發起實相智慧，實證大乘菩提般若，能如實證知般若經中的眞實意。本 CD 共有十首歌曲，長達 69 分鐘，每盒各附贈二張購書優惠券。每片 280 元。

23.**我的菩提路**第一輯　釋悟圓、釋善藏等人合著　售價 300 元

24.**我的菩提路**第二輯　郭正益、張志成等人合著　售價 300 元

25.**我的菩提路**第三輯　王美伶等人合著　售價 300 元

26.**我的菩提路**第四輯　陳晏平等人合著　售價 300 元

27.**鈍鳥與靈龜**—考證後代凡夫對大慧宗杲禪師的無根誹謗。

平實導師著　共 458 頁　售價 350 元

28.**維摩詰經講記**　平實導師述　共六輯　每輯三百餘頁　售價各 250 元

29.**真假外道**—破劉東亮、杜大威、釋證嚴常見外道見　正光老師著　200 元

30.**勝鬘經講記**—兼論印順《勝鬘經講記》對於《勝鬘經》之誤解。

平實導師述　共六輯　每輯三百餘頁　售價250 元

31.**楞嚴經講記**　平實導師述　共 **15** 輯，每輯三百餘頁　售價 300 元

32.**明心與眼見佛性**—駁慧廣〈蕭氏「眼見佛性」與「明心」之非〉文中謬說

正光老師著　共 448 頁　售價 300 元

33.**見性與看話頭**　黃正倖老師 著，本書是禪宗參禪的方法論。

內文 375 頁，全書 416 頁，售價 300 元。

34.**達賴真面目**—玩盡天下女人 白正偉老師 等著 中英對照彩色精裝大本 800 元
35.**喇嘛性世界**—揭開假藏傳佛教譚崔瑜伽的面紗 張善思 等人著 200 元
36.**假藏傳佛教的神話**—性、謊言、喇嘛教 正玄教授編著 200 元
37.**金剛經宗通** 平實導師述 共九輯 每輯售價 250 元。
38.**空行母**—性別、身分定位，以及藏傳佛教。
珍妮・坎貝爾著 呂艾倫 中譯 售價 250 元
39.**末代達賴**—性交教主的悲歌 張善思、呂艾倫、辛燕編著 售價 250 元
40.**霧峰無霧**—給哥哥的信 辨正釋印順對佛法的無量誤解
游宗明 老師著 售價 250 元
41.**第七意識與第八意識？**—穿越時空「超意識」
平實導師述 每冊 300 元
42.**黯淡的達賴**—失去光彩的諾貝爾和平獎
正覺教育基金會編著 每冊 250 元
43.**童女迦葉考**—論呂凱文〈佛教輪迴思想的論述分析〉之謬。
平實導師 著 定價 180 元
44.**人間佛教**—實證者必定不悖三乘菩提
平實導師 述，定價 400 元
45.**實相經宗通** 平實導師述 共八輯 每輯 250 元
46.**真心告訴您(一)**—達賴喇嘛在幹什麼？
正覺教育基金會編著 售價 250 元
47.**中觀金鑑**—詳述應成派中觀的起源與其破法本質
孫正德老師著 分爲上、中、下三冊，每冊 250 元
48.**藏傳佛教要義**—《狂密與真密》之簡體字版 平實導師 著 上、下冊
僅在大陸流通 每冊 300 元
49.**法華經講義** 平實導師述 共二十五輯 每輯 300 元
已於 2015/05/31 起開始出版，每二個月出版一輯
50.**西藏「活佛轉世」制度**—附佛、造神、世俗法
許正豐、張正玄老師合著 定價 150 元
51.**廣論三部曲** 郭正益老師著 定價 150 元
52.**真心告訴您(二)**—達賴喇嘛是佛教僧侶嗎？
—補祝達賴喇嘛八十大壽
正覺教育基金會編著 售價 300 元
53.**次法**—實證佛法前應有的條件
張善思居士著 分爲上、下二冊，每冊 250 元
54.**涅槃**—解說四種涅槃之實證及內涵 平實導師著 上下冊 各 350 元
預定 2018/09/30 出版上冊，11 月底出版下冊
55.**廣論之平議**—宗喀巴《菩提道次第廣論》之平議 正雄居士著
約二或三輯 俟正覺電子報連載後結集出版 書價未定
56.**末法導護**—對印順法師中心思想之綜合判攝 正慶老師著 書價未定

57.**菩薩學處**—菩薩四攝六度之要義　陸正元老師著　出版日期未定。
58.**八識規矩頌**詳解　○○居士 註解　出版日期另訂　書價未定。
59.**印度佛教史**—法義與考證。依法義史實評論印順《印度佛教思想史、佛教史地考論》之謬說　正偉老師著　出版日期未定　書價未定
60.**中國佛教史**—依中國佛教正法史實而論。○○老師 著　書價未定。
61.**中論正義**—釋龍樹菩薩《中論》頌正理。
孫正德老師著　出版日期未定　書價未定
62.**中觀正義**—註解平實導師《中論正義頌》。
○○法師（居士）著　出版日期未定　書價未定
63.**佛藏經講記**　平實導師述　出版日期未定　書價未定
64.**阿含經講記**—將選錄四阿含中數部重要經典全經講解之，講後整理出版。
平實導師述　約二輯　每輯300元　出版日期未定
65.**寶積經講記**　平實導師述　每輯三百餘頁 優惠價300元　出版日期未定
66.**解深密經講記**　平實導師述 約四輯　將於重講後整理出版
67.**成唯識論略解**　平實導師著　五～六輯　每輯300元　出版日期未定
68.**修習止觀坐禪法要講記**　平實導師述　每輯三百餘頁
將於正覺寺建成後重講、以講記逐輯出版　出版日期未定
69.**無門關**—《無門關》公案拈提　平實導師著　出版日期未定
70.**中觀再論**—兼述印順《中觀今論》謬誤之平議。正光老師著 出版日期未定
71.**輪迴與超度**—佛教超度法會之真義。
○○法師（居士）著　出版日期未定　書價未定
72.**《釋摩訶衍論》平議**—對偽稱龍樹所造《釋摩訶衍論》之平議
○○法師（居士）著　出版日期未定　書價未定
73.**正覺發願文**註解—以真實大願為因 得證菩提
正德老師著　出版日期未定　書價未定
74.**正覺總持咒**—佛法之總持　正圜老師著　出版日期未定　書價未定
75.**三自性**—依四食、五蘊、十二因緣、十八界法，說三性三無性。
作者未定　出版日期未定
76.**道品**—從三自性說大小乘三十七道品　作者未定　出版日期未定
77.**大乘緣起觀**—依四聖諦七真如現觀十二緣起 作者未定　出版日期未定
78.**三德**—論解脫德、法身德、般若德。　作者未定　出版日期未定
79.**真假如來藏**—對印順《如來藏之研究》謬說之平議　作者未定 出版日期未定
80.**大乘道次第**　作者未定　出版日期未定　書價未定
81.**四緣**—依如來藏故有四緣。　作者未定　出版日期未定
82.**空之探究**—印順《空之探究》謬誤之平議　作者未定 出版日期未定
83.**十法義**—論阿含經中十法之正義　作者未定　出版日期未定
84.**外道見**—論述外道六十二見　作者未定　出版日期未定

正智出版社有限公司 書籍介紹

禪淨圓融：言淨土諸祖所未曾言，示諸宗祖師所未曾示；禪淨圓融，另闢成佛捷徑，兼顧自力他力，闡釋淨土門之速行易行道，亦同時揭櫫聖教門之速行易行道；令廣大淨土行者得免緩行難證之苦，亦令聖道門行者得以藉著淨土速行道而加快成佛之時劫。乃前無古人之超勝見地，非一般弘揚禪淨法門典籍也，先讀爲快。平實導師著 200元。

宗門正眼—**公案拈提**第一輯：繼承克勤圜悟大師碧巖錄宗旨之禪門鉅作。先則舉示當代大法師之邪說，消弭當代禪門大師鄉愿之心態，摧破當今禪門「世俗禪」之妄談；次則旁通教法，表顯宗門正理；繼以道之次第，消弭古今狂禪；後藉言語及文字機鋒，直示宗門入處。悲智雙運，禪味十足，數百年來難得一睹之禪門鉅著也。平實導師著 500元（原初版書《禪門摩尼寶聚》，改版後補充爲五百餘頁新書，總計多達二十四萬字，內容更精彩，並改名爲《宗門正眼》，讀者原購初版《禪門摩尼寶聚》皆可寄回本公司免費換新，免附回郵，亦無截止期限）（2007年起，凡購買公案拈提第一輯至第七輯，每購一輯皆贈送本公司精製公案拈提〈超意境〉CD一片，市售價格280元，多購多贈）。

禪—悟前與悟後：本書能建立學人悟道之信心與正確知見，圓滿具足而有次第地詳述禪悟之功夫與禪悟之內容，指陳參禪中細微淆訛之處，能使學人明自眞心、見自本性。若未能悟入，亦能以正確知見辨別古今中外一切大師究係眞悟？或屬錯悟？便有能力揀擇，捨名師而選明師，後時必有悟道之緣。一旦悟道，遲者七次人天往返，便出三界，速者一生取辦。學人欲求開悟者，不可不讀。平實導師著。上、下冊共500元，單冊250元。

眞實如來藏：如來藏眞實存在，乃宇宙萬有之本體，並非印順法師、達賴喇嘛等人所說之「唯有名相、無此心體」。如來藏是涅槃之本際，是一切有智之人竭盡心智、不斷探索而不能得之生命實相；是古今中外許多大師自以爲悟而當面錯過之生命實相。如來藏即是阿賴耶識，乃是一切有情本自具足、不生不滅之眞實心。當代中外大師於此書出版之前所未能言者，作者於本書中盡情流露、詳細闡釋。眞悟者讀之，必能增益悟境、智慧增上；錯悟者讀之，必能檢討自己之錯誤，免犯大妄語業；未悟者讀之，能知參禪之理路，亦能以之檢查一切名師是否眞悟。此書是一切哲學家、宗教家、學佛者及欲昇華心智之人必讀之鉅著。平實導師著 售價400元。

宗門法眼—**公案拈提**第二輯：列舉實例，闡釋土城廣欽老和尚之悟處；並直示這位不識字的老和尚妙智橫生之根由，繼而剖析禪宗歷代大德之開悟公案，解析當代密宗高僧卡盧仁波切之錯悟證據，並例舉當代顯宗高僧、大居士之錯悟證據（凡健在者，爲免影響其名聞利養，皆隱其名）。藉辨正當代名師之邪見，向廣大佛子指陳禪悟之正道，彰顯宗門法眼。悲勇兼出，強捋虎鬚；慈智雙運，巧探驪龍；摩尼寶珠在手，直示宗門入處，禪味十足；若非大悟徹底，不能爲之。禪門精奇人物，允宜人手一冊，供作參究及悟後印證之圭臬。本書於2008年4月改版，增寫為大約500頁篇幅，以利學人研讀參究時更易悟入宗門正法，以前所購初版首刷及初版二刷舊書，皆可免費換取新書。平實導師著 500元（2007年起，凡購買公案拈提第一輯至第七輯，每購一輯皆贈送本公司精製公案拈提〈超意境〉CD一片，市售價格280元，多購多贈）。

宗門道眼—**公案拈提**第三輯：繼宗門法眼之後，再以金剛之作略、慈悲之胸懷、犀利之筆觸，舉示寒山、拾得、布袋三大士之悟處，消弭當代錯悟者對於寒山大士……等之誤會及誹謗。亦舉出民初以來與虛雲和尚齊名之蜀郡鹽亭袁煥仙夫子——南懷瑾老師之師，其「悟處」何在？並蒐羅許多眞悟祖師之證悟公案，顯示禪宗歷代祖師之睿智，指陳部分祖師、奧修及當代顯密大師之謬悟，作爲殷鑑，幫助禪子建立及修正參禪之方向及知見。假使讀者閱此書已，一時尚未能悟，亦可一面加功用行，一面以此宗門道眼辨別眞假善知識，避開錯誤之印證及歧路，可免大妄語業之長劫慘痛果報。欲修禪宗之禪者，務請細讀。平實導師著 售價500元（2007年起，凡購買公案拈提第一輯至第七輯，每購一輯皆贈送本公司精製公案拈提〈超意境〉CD一片，市售價格280元，多購多贈）。

楞伽經詳解：本經是禪宗見道者印證所悟眞僞之根本經典，亦是禪宗見道者悟後起修之依據經典；故達摩祖師於印證二祖慧可大師之後，將此經典連同佛缽祖衣一併交付二祖，令其依此經典佛示金言、進入修道位，修學一切種智。由此可知此經對於眞悟之人修學佛道，是非常重要之一部經典。此經能破外道邪說，亦破佛門中錯悟名師之謬說，亦破禪宗部分祖師之狂禪：不讀經典、一向主張「一悟即成究竟佛」之謬執。並開示愚夫所行禪、觀察義禪、攀緣如禪、如來禪等差別，令行者對於三乘禪法差異有所分辨；亦糾正禪宗祖師古來對於如來禪之誤解，嗣後可免以訛傳訛之弊。此經亦是法相唯識宗之根本經典，禪者悟後欲修一切種智而入初地者，必須詳讀。 平實導師著，全套共十輯，已全部出版完畢，每輯主文約320頁，每冊約352頁，定價250元。

宗門血脈—**公案拈提第四輯**：末法怪象—許多修行人自以爲悟，每將無念靈知認作眞實；崇尚二乘法諸師及其徒眾，則將**外於如來藏之緣起性空**—無因論之無常空、斷滅空、一切法空—錯認爲 佛所說之般若空性。這兩種現象已於當今海峽兩岸及美加地區顯密大師之中普遍存在；人人自以爲悟，心高氣壯，便敢寫書解釋祖師證悟之公案，大多出於意識思惟所得，言不及義，錯誤百出，因此誤導廣大佛子同陷大妄語之地獄業中而不能自知。彼等書中所說之悟處，其實處處違背第一義經典之聖言量。彼等諸人不論是否身披袈裟，都非佛法宗門血脈，或雖有禪宗法脈之傳承，亦只徒具形式；猶如螟蛉，非眞血脈，未悟得根本眞實故。禪子欲知佛、祖之眞血脈者，請讀此書，便知分曉。平實導師著，主文452頁，全書464頁，定價500元（2007年起，凡購買公案拈提第一輯至第七輯，每購一輯皆贈送本公司精製公案拈提〈超意境〉CD一片，市售價格280元，多購多贈）。

宗通與說通：古今中外，錯誤之人如麻似粟，每以常見外道所說之靈知心，認作眞心；或妄想虛空之勝性能量爲眞如，或錯認物質四大元素藉冥性（靈知心本體）能成就吾人色身及知覺，或認初禪至四禪中之了知心爲不生不滅之涅槃心。此等皆非通宗者之見地。復有錯悟之人一向主張「宗門與教門不相干」，此即尚未通達宗門之人也。其實宗門與教門互通不二，宗門所證者乃是眞如與佛性，教門所說者乃說宗門證悟之眞如佛性，故教門與宗門不二。本書作者以宗教二門互通之見地，細說「宗通與說通」，從初見道至悟後起修之道、細說分明；並將諸宗諸派在整體佛教中之地位與次第，加以明確之教判，學人讀之即可了知佛法之梗概也。欲擇明師學法之前，允宜先讀。平實導師著，主文共381頁，全書392頁，只售成本價300元。

宗門正道—**公案拈提**第五輯：修學大乘佛法有二果須證解脫果及大菩提果。二乘人不證大菩提果，唯證解脫果；此果之智慧，名爲聲聞菩提、緣覺菩提。大乘佛子所證二果之菩提果爲佛菩提，故名大菩提果，其慧名爲一切種智函蓋二乘解脫果。然此大乘二果修證，須經由禪宗之宗門證悟方能相應。而宗門證悟極難，自古已然；其所以難者，咎在古今佛教界普遍存在三種邪見：1.以修定認作佛法，2.以無因論之緣起性空—否定涅槃本際如來藏以後之一切法空作爲佛法，3.以常見外道邪見（離語言妄念之靈知性）作爲佛法。如是邪見，或因自身正見未立所致，或因邪師之邪教導所致，或因無始劫來虛妄熏習所致。若不破除此三種邪見，永劫不悟宗門眞義、不入大乘正道，唯能外門廣修菩薩行。平實導師於此書中，有極爲詳細之說明，有志佛子欲摧邪見、入於內門修菩薩行者，當閱此書。主文共496頁，全書512頁。售價500元（2007年起，凡購買公案拈提第一輯至第七輯，每購一輯皆贈送本公司精製公案拈提〈超意境〉CD一片，市售價格280元，多購多贈）。

狂密與真密：密教之修學，皆由有相之觀行法門而入，其最終目標仍不離顯教經典所說第一義諦之修證；若離顯教第一義經典、或違背顯教第一義經典，即非佛教。西藏密教之觀行法，如灌頂、觀想、遷識法、寶瓶氣、大聖歡喜雙身修法、喜金剛、無上瑜伽、大樂光明、樂空雙運等，皆是印度教兩性生生不息思想之轉化，自始至終皆以如何能運用交合淫樂之法達到全身受樂爲其中心思想，純屬欲界五欲的貪愛，不能令人超出欲界輪迴，更不能令人斷除我見；何況大乘之明心與見性，更無論矣！故密宗之法絕非佛法也。而其明光大手印、大圓滿法教，又皆同以常見外道所說離語言妄念之無念靈知心錯認爲佛地之眞如，不能直指不生不滅之眞如。西藏密宗所有法王與徒眾，都尚未開頂門眼，不能辨別眞僞，以依人不依法、依密續不依經典故，不肯將其上師喇嘛所說對照第一義經典，純依密續之藏密祖師所說爲準，因此而誇大其證德與證量，動輒謂彼祖師上師爲究竟佛、爲地上菩薩；如今台海兩岸亦有自謂其師證量高於 釋迦文佛者，然觀其師所述，猶未見道，仍在觀行即佛階段，尚未到禪宗相似即佛、分證即佛階位，竟敢標榜爲究竟佛及地上法王，誑惑初機學人。凡此怪象皆是狂密，不同於眞密之修行者。近年狂密盛行，密宗行者被誤導者極眾，動輒自謂已證佛地眞如，自視爲究竟佛，陷於大妄語業中而不知自省，反謗顯宗眞修實證者之證量粗淺；或如義雲高與釋性圓…等人，於報紙上公然誹謗眞實證道者爲「騙子、無道人、人妖、癩蛤蟆…」等，造下誹謗大乘勝義僧之大惡業；或以外道法中有爲有作之甘露、魔術……等法，誑騙初機學人，狂言彼外道法爲眞佛法。如是怪象，在西藏密宗及附藏密之外道中，不一而足，舉之不盡，學人宜應愼思明辨，以免上當後又犯毀破菩薩戒之重罪。密宗學人若欲遠離邪知邪見者，請閱此書，即能了知密宗之邪謬，從此遠離邪見與邪修，轉入眞正之佛道。

平實導師著 共四輯 每輯約400頁（主文約340頁）每輯售價300元。

宗門正義—公案拈提第六輯：佛教有六大危機，乃是藏密化、世俗化、膚淺化、學術化、宗門密意失傳、悟後進修諸地之次第混淆；其中尤以宗門密意之失傳，爲當代佛教最大之危機。由宗門密意失傳故，易令世尊本懷普被錯解，易令世尊正法被轉易爲外道法，以及加以淺化、世俗化，是故宗門密意之廣泛弘傳與具緣佛弟子，極爲重要。然而欲令宗門密意之廣泛弘傳予具緣之佛弟子者，必須同時配合錯誤知見之解析、普令佛弟子知之，然後輔以公案解析之直示入處，方能令具緣之佛弟子悟入。而此二者，皆須以公案拈提之方式爲之，方易成其功、竟其業，是故平實導師續作宗門正義一書，以利學人。　全書500餘頁，售價500元（2007年起，凡購買公案拈提第一輯至第七輯，每購一輯皆贈送本公司精製公案拈提〈超意境〉CD一片，市售價格280元，多購多贈）。

心經密意—心經與解脫道、佛菩提道、祖師公案之關係與密意。二乘菩提所證之解脫道，實依第八識心之斷除煩惱障現行而立解脫之名；大乘菩提所證之佛菩提道，實依親證第八識如來藏之涅槃性、清淨自性、及其中道性而立般若之名；禪宗祖師公案所證之眞心，即是此第八識如來藏；是故三乘佛法所修所證之三乘菩提，皆依此如來藏心而立名也。此第八識心，即是《心經》所說之心也。證得此如來藏已，即能漸入大乘佛菩提道，亦可因證知此心而了知二乘無學所不能知之無餘涅槃本際，是故《心經》之密意，與三乘佛菩提之關係極爲密切、不可分割，三乘佛法皆依此心而立名故。今者平實導師以其所證解脫道之無生智及佛菩提之般若種智，將《心經》與解脫道、佛菩提道、祖師公案之關係與密意，以演講之方式，用淺顯之語句和盤托出，發前人所未言，呈三乘菩提之眞義，令人藉此《心經密意》一舉而窺三乘菩提之堂奧，迴異諸方言不及義之說；欲求眞實佛智者、不可不讀！主文317頁，連同跋文及序文…等共384頁，售價300元。

宗門密意—公案拈提第七輯：佛教之世俗化，將導致學人以信仰作爲學佛，則將以感應及世間法之庇祐，作爲學佛之主要目標，不能了知學佛之主要目標爲親證三乘菩提。大乘菩提則以般若實相智慧爲主要修習目標，以二乘菩提解脫道爲附帶修習之標的；是故學習大乘法者，應以禪宗之證悟爲要務，能親入大乘菩提之實相般若智慧中故，般若實相智慧非二乘聖人所能知故。此書則以台灣世俗化佛教之三大法師，說法似是而非之實例，配合眞悟祖師之公案解析，提示證悟般若之關節，令學人易得悟入。平實導師著，全書五百餘頁，售價500元（2007年起，凡購買公案拈提第一輯至第七輯，每購一輯皆贈送本公司精製公案拈提〈超意境〉CD一片，市售價格280元，多購多贈）。

淨土聖道—兼評日本本願念佛：佛法甚深極廣，般若玄微，非諸二乘聖僧所能知之，一切凡夫更無論矣！所謂一切證量皆歸淨土是也！是故大乘法中「聖道之淨土、淨土之聖道」，其義甚深，難可了知；乃至眞悟之人，初心亦難知也。今有正德老師眞實證悟後，復能深探淨土與聖道之緊密關係，憐憫眾生之誤會淨土實義，亦欲利益廣大淨土行人同入聖道，同獲淨土中之聖道門要義，乃振奮心神、書以成文，今得刊行天下。主文279頁，連同序文等共301頁，總有十一萬六千餘字，正德老師著，成本價200元。

起信論講記：詳解大乘起信論**心生滅門**與**心眞如門**之眞實意旨，消除以往大師與學人對起信論所說**心生滅門**之誤解，由是而得了知眞心如來藏之非常非斷中道正理；亦因此一講解，令此論以往隱晦而被誤解之眞實義，得以如實顯示，令大乘佛菩提道之正理得以顯揚光大；初機學者亦可藉此正論所顯示之法義，對大乘法理生起正信，從此得以眞發菩提心，眞入大乘法中修學，世世常修菩薩正行。平實導師演述，共六輯，都已出版，每輯三百餘頁，售價250元。

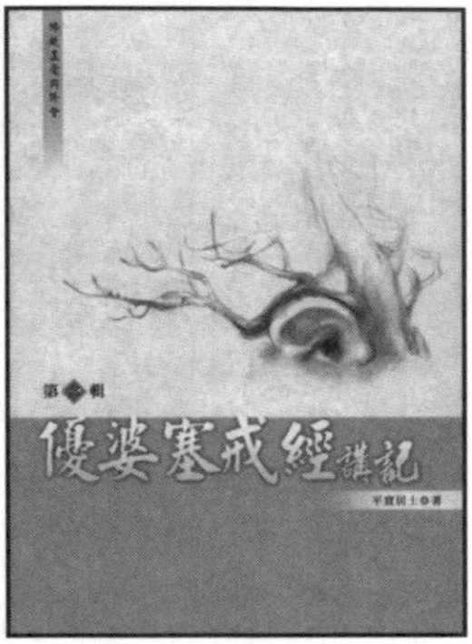

優婆塞戒經講記：本經詳述在家菩薩修學大乘佛法，應如何受持菩薩戒？對人間善行應如何看待？對三寶應如何護持？應如何正確地修集此世後世證法之福德？應如何修集後世「行菩薩道之資糧」？並詳述第一義諦之正義：五蘊非我非異我、自作自受、異作異受、不作不受……等深妙法義，乃是修學大乘佛法、行菩薩行之在家菩薩所應當了知者。出家菩薩今世或未來世登地已，捨報之後多數將如華嚴經中諸大菩薩，以在家菩薩身而修行菩薩行，故亦應以此經所述正理而修之，配合《楞伽經、解深密經、楞嚴經、華嚴經》等道次第正理，方得漸次成就佛道；故此經是一切大乘行者皆應證知之正法。平實導師講述，每輯三百餘頁，售價各250元；共八輯，已全部出版。

真假活佛——略論附佛外道盧勝彥之邪說：人人身中都有眞活佛，永生不滅而有大神用，但眾生都不了知，所以常被身外的西藏密宗假活佛籠罩欺瞞。本來就眞實存在的眞活佛，才是眞正的密宗無上密！諾那活佛因此而說禪宗是大密宗，但藏密的所有活佛都不知道、也不曾實證自身中的眞活佛。本書詳實宣示眞活佛的道理，舉證盧勝彥的「佛法」不是眞佛法，也顯示盧勝彥是假活佛，直接的闡釋第一義佛法見道的眞實正理。眞佛宗的所有上師與學人們，都應該詳細閱讀，包括盧勝彥個人在內。正犀居士著，優惠價140元。

阿含正義——唯識學探源：廣說四大部《阿含經》諸經中隱說之眞正義理，一一舉示佛陀本懷，令阿含時期初轉法輪根本經典之眞義，如實顯現於佛子眼前。並提示末法大師對於阿含眞義誤解之實例，一一比對之，證實唯識增上慧學確於原始佛法之阿含諸經中已隱覆密意而略說之，證實 世尊確於原始佛法中已曾密意而說第八識如來藏之總相；亦證實 世尊在四阿含中已說此藏識是名色十八界之因、之本—證明如來藏是能生萬法之根本心。佛子可據此修正以往受諸大師（譬如西藏密宗應成派中觀師：印順、昭慧、性廣、大願、達賴、宗喀巴、寂天、月稱、……等人）誤導之邪見，建立正見，轉入正道乃至親證初果而無困難；書中並詳說三果所證的**心解脫**，以及四果**慧解脫**的親證，都是如實可行的具體知見與行門。全書共七輯，已出版完畢。平實導師著，每輯三百餘頁，售價300元。

超意境CD：以平實導師公案拈提書中超越意境之頌詞，加上曲風優美的旋律，錄成令人嚮往的超意境歌曲，其中包括正覺發願文及平實導師親自譜成的黃梅調歌曲一首。詞曲雋永，殊堪翫味，可供學禪者吟詠，有助於見道。內附設計精美的彩色小冊，解說每一首詞的背景本事。每片280元。【每購買公案拈提書籍一冊，即贈送一片。】

鈍鳥與靈龜：鈍鳥及靈龜二物，被宗門證悟者說爲二種人：前者是精修禪定而無智慧者，也是以定爲禪的愚癡禪人；後者是或有禪定、或無禪定的宗門證悟者，凡已證悟者皆是靈龜。但後來被人虛造事實，用以嘲笑大慧宗杲禪師，說他雖是靈龜，卻不免被天童禪師預記「患背」痛苦而亡：「**鈍鳥離巢易，靈龜脫殼難。**」藉以貶低大慧宗杲的證量。同時將天童禪師實證如來藏的證量，曲解爲意識境界的離念靈知。自從大慧禪師入滅以後，錯悟凡夫對他的不實毀謗就一直存在著，不曾止息，並且捏造的假事實也隨著年月的增加而越來越多，終至編成「鈍鳥與靈龜」的假公案、假故事。本書是考證大慧與天童之間的不朽情誼，顯現這件假公案的虛妄不實；更見大慧宗杲面對惡勢力時的正直不阿，亦顯示大慧對天童禪師的至情深義，將使後人對大慧宗杲的誣謗至此而止，不再有人誤犯毀謗賢聖的惡業。書中亦舉證宗門的所悟確以第八識如來藏爲標的，詳讀之後必可改正以前被錯悟大師誤導的參禪知見，日後必定有助於實證禪宗的開悟境界，得階大乘眞見道位中，即是實證般若之賢聖。全書459頁，售價350元。

我的菩提路第一輯：凡夫及二乘聖人不能實證的佛菩提證悟，末法時代的今天仍然有人能得實證，由正覺同修會釋悟圓、釋善藏法師等二十餘位實證如來藏者所寫的見道報告，已爲當代學人見證宗門正法之絲縷不絕，證明大乘義學的法脈仍然存在，爲末法時代求悟般若之學人照耀出光明的坦途。由二十餘位大乘見道者所繕，敘述各種不同的學法、見道因緣與過程，參禪求悟者必讀。全書三百餘頁，售價300元。

我的菩提路第二輯：由郭正益老師等人合著，書中詳述彼等諸人歷經各處道場學法，一一修學而加以檢擇之不同過程以後，因閱讀正覺同修會、正智出版社書籍而發起抉擇分，轉入正覺同修會中修學；乃至學法及見道之過程，都一一詳述之。其中張志成等人係由前現代禪轉進正覺同修會，張志成原爲現代禪副宗長，以前未閱本會書籍時，曾被人藉其名義著文評論 平實導師（詳見《宗通與說通》辨正及《眼見佛性》書末附錄…等）；後因偶然接觸正覺同修會書籍，深覺以前聽人評論平實導師之語不實，於是投入極多時間閱讀本會書籍、深入思辨，詳細探索中觀與唯識之關聯與異同，認爲正覺之法義方是正法，深覺相應；亦解開多年來對佛法的迷雲，確定應依八識論正理修學方是正法。乃不顧面子，毅然前往正覺同修會面見平實導師懺悔，並正式學法求悟。今已與其同修王美伶（亦爲前現代禪傳法老師），同樣證悟如來藏而證得法界實相，生起實相般若眞智。此書中尚有七年來本會第一位眼見佛性者之見性報告一篇，一同供養大乘佛弟子。全書共四百頁，售價300元。

我的菩提路第三輯：由王美伶老師等人合著。自從正覺同修會成立以來，每年夏初、冬初都舉辦精進禪三共修，藉以助益會中同修們得以證悟明心發起般若實相智慧；凡已實證而被平實導師印證者，皆書具見道報告用以證明佛法之眞實可證而非玄學，證明佛法並非純屬思想、理論而無實質，是故每年都能有人證明正覺同修會的「實證佛教」主張並非虛語。特別是眼見佛性一法，自古以來中國禪宗祖師實證者極寡，較之明心開悟的證境更難令人信受；至2017年初，正覺同修會中的證悟明心者已近五百人，然而其中眼見佛性者至今唯十餘人爾，可謂難能可貴，是故明心後欲冀眼見佛性者實屬不易。黃正偉老師是懸絕七年無人見性後的第一人，她於2009年的見性報告刊於本書的第二輯中，爲大衆證明佛性確實可以眼見；其後七年之中求見性者都屬解悟佛性而無人眼見，幸而又經七年後的2016冬初，以及2017夏初的禪三，復有三人眼見佛性，希冀鼓舞四衆佛子求見佛性之大心，今則具載一則於書末，顯示求見佛性之事實經歷，供養現代佛教界欲得見性之四衆弟子。全書四百頁，售價300元，預定2017年6月30日發行。

我的菩提路第四輯：由陳晏平等人著。中國禪宗祖師往往有所謂「見性」之言，所言多屬看見如來藏具有能令人發起成佛之自性，並非《大般涅槃經》中 如來所說之眼見佛性。眼見佛性者，於親見佛性之時，即能於山河大地眼見自己佛性，亦能於他人身上眼見自己佛性及對方之佛性，如是境界無法爲尚未實證者解釋；勉強說之，縱使眞實明心證悟之人聞之，亦只能以自身明心之境界想像之，但不論如何想像多屬非量，能有正確之比量者亦是稀有，故說眼見佛性極爲困難。眼見佛性之人若所見極分明時，在所見佛性之境界下所眼見之山河大地、自己五蘊身心皆是虛幻，自有異於明心者之解脫功德受用，此後永不思證二乘涅槃，必定邁向成佛之道而進入第十住位中，已超第一阿僧祇劫三分有一，可謂之爲超劫精進也。今又有明心之後眼見佛性之人出於人間，將其明心及後來見性之報告，連同其餘證悟明心者之精彩報告一同收錄於此書中，供養眞求佛法實證之四衆佛子。全書380頁，售價300元，預定2018年6月30日發行。

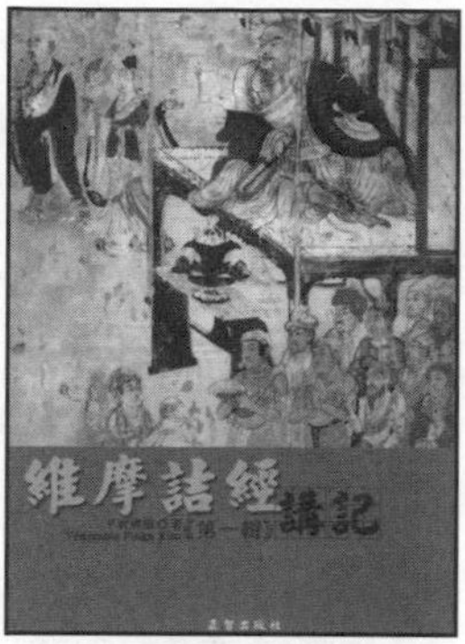

維摩詰經講記：本經係 世尊在世時，由等覺菩薩維摩詰居士藉疾病而演說之大乘菩提無上妙義，所說函蓋甚廣，然極簡略，是故今時諸方大師與學人讀之悉皆錯解，何況能知其中隱含之深妙正義，是故普遍無法爲人解說；若強爲人說，則成依文解義而有諸多過失。今由平實導師公開宣講之後，詳實解釋其中密意，令維摩詰菩薩所說大乘不可思議解脫之深妙正法得以正確宣流於人間，利益當代學人及與諸方大師。書中詳實演述大乘佛法深妙不共二乘之智慧境界，顯示諸法之中絕待之實相境界，建立大乘菩薩妙道於永遠不敗不壞之地，以此成就護法偉功，欲冀永利娑婆人天。已經宣講圓滿整理成書流通，以利諸方大師及諸學人。全書共六輯，每輯三百餘頁，售價各250元。

真假外道：本書具體舉證佛門中的常見外道知見實例，並加以教證及理證上的辨正，幫助讀者輕鬆而快速的了知常見外道的錯誤知見，進而遠離佛門內外的常見外道知見，因此即能改正修學方向而快速實證佛法。游正光老師著。成本價200元。

勝鬘經講記：如來藏爲三乘菩提之所依，若離如來藏心體及其含藏之一切種子，即無三界有情及一切世間法，亦無二乘菩提緣起性空之出世間法；本經詳說無始無明、一念無明皆依如來藏而有之正理，藉著詳解煩惱障與所知障間之關係，令學人深入了知二乘菩提與佛菩提相異之妙理；聞後即可了知佛菩提之特勝處及三乘修道之方向與原理，邁向攝受正法而速成佛道的境界中。平實導師講述，共六輯，每輯三百餘頁，售價各250元。

楞嚴經講記：楞嚴經係密教部之重要經典，亦是顯教中普受重視之經典；經中宣說明心與見性之內涵極爲詳細，將一切法都會歸如來藏及佛性—妙眞如性；亦闡釋佛菩提道修學過程中之種種魔境，以及外道誤會涅槃之狀況，旁及三界世間之起源。然因言句深澀難解，法義亦復深妙寬廣，學人讀之普難通達，是故讀者大多誤會，不能如實理解佛所說之明心與見性內涵，亦因是故多有悟錯之人引爲開悟之證言，成就大妄語罪。今由平實導師詳細講解之後，整理成文，以易讀易懂之語體文刊行天下，以利學人。全書十五輯，全部出版完畢。每輯三百餘頁，售價每輯300元。

明心與眼見佛性：本書細述明心與眼見佛性之異同，同時顯示了中國禪宗破初參明心與重關眼見佛性二關之間的關聯；書中又藉法義辨正而旁述其他許多勝妙法義，讀後必能遠離佛門長久以來積非成是的錯誤知見，令讀者在佛法的實證上有極大助益。也藉慧廣法師的謬論來教導佛門學人回歸正知正見，遠離古今禪門錯悟者所墮的意識境界，非唯有助於斷我見，也對未來的開悟明心實證第八識如來藏有所助益，是故學禪者都應細讀之。游正光老師著　共448頁　售價300元。

菩薩底憂鬱CD將菩薩情懷及禪宗公案寫成新詞，並製作成超越意境的優美歌曲。1.主題曲〈菩薩底憂鬱〉，描述地後菩薩能離三界生死而迴向繼續生在人間，但因尚未斷盡習氣種子而有極深沈之憂鬱，非三賢位菩薩及二乘聖者所知，此憂鬱在七地滿心位方才斷盡；本曲之詞中所說義理極深，昔來所未曾見；此曲係以優美的情歌風格寫詞及作曲，聞者得以激發嚮往諸地菩薩境界之大心，詞、曲都非常優美，難得一見；其中勝妙義理之解說，已印在附贈之彩色小冊中。2.以各輯公案拈提之優美歌曲直示禪門入處之頌文，作成各種不同曲風之超意境歌曲，值得玩味、參究；聆聽公案拈提之優美歌曲時，請同時閱讀內附之印刷精美說明小冊，可以領會超越三界的證悟境界；未悟者可以因此引發求悟之意向及疑情，眞發菩提心而邁向求悟之途，乃至因此眞實悟入般若，成眞菩薩。3.正覺總持咒新曲，總持佛法大意；總持咒之義理，已加以解說並印在隨附之小冊中。本CD共有十首歌曲，長達63分鐘，附贈二張購書優惠券。每片280元。

禪意無限CD平實導師以公案拈提書中偈頌寫成不同風格曲子，與他人所寫不同風格曲子共同錄製出版，幫助參禪人進入禪門超越意識之境界。盒中附贈彩色印製的精美解說小冊，以供聆聽時閱讀，令參禪人得以發起參禪之疑情，即有機會證悟本來面目，實證大乘菩提般若。本CD共有十首歌曲，長達69分鐘，每盒各附贈二張購書優惠券。每片280元。

金剛經宗通：三界唯心，萬法唯識，是成佛之修證內容，是諸地菩薩之所修；般若則是成佛之道（實證三界唯心、萬法唯識）的入門，若未證悟實相般若，即無成佛之可能，必將永在外門廣行菩薩六度，永在凡夫位中。然而實相般若的發起，全賴實證萬法的實相；若欲證知萬法的眞相，則必須探究萬法之所從來，則須實證自心如來—金剛心如來藏，然後現觀這個金剛心的金剛性、眞實性、如如性、清淨性、涅槃性、能生萬法的自性性、本住性，名爲證眞如；進而現觀三界六道唯是此金剛心所成，人間萬法須藉八識心王和合運作方能現起。如是實證《華嚴經》的「三界唯心、萬法唯識」以後，由此等現觀而發起實相般若智慧，繼續進修第十住位的如幻觀、第十行位的陽焰觀、第十迴向位的如夢觀，再生起增上意樂而勇發十無盡願，方能滿足三賢位的實證，轉入初地；自知成佛之道而無偏倚，從此按部就班、次第進修乃至成佛。第八識自心如來是般若智慧之所依，般若智慧的修證則要從實證金剛心自心如來開始；《金剛經》則是解說自心如來之經典，是一切三賢位菩薩所應進修之實相般若經典。這一套書，是將平實導師宣講的《金剛經宗通》內容，整理成文字而流通之；書中所說義理，迥異古今諸家依文解義之說，指出大乘見道方向與理路，有益於禪宗學人求開悟見道，及轉入內門廣修六度萬行。講述完畢後結集出版，總共9輯，每輯約三百餘頁，售價各250元。

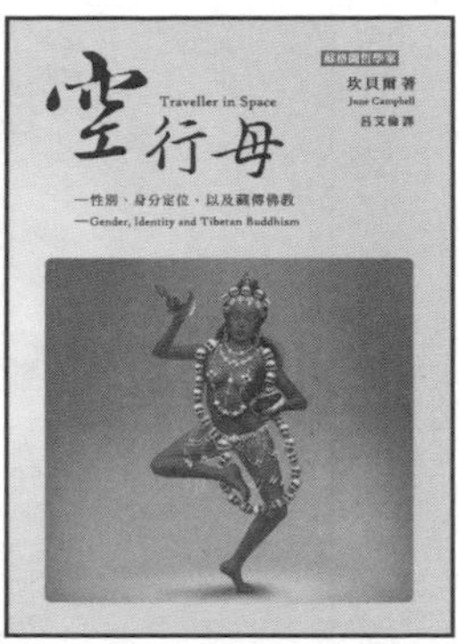

空行母—性別、身分定位，以及藏傳佛教：本書作者爲蘇格蘭哲學家，因爲嚮往佛教深妙的哲學內涵，於是進入當年盛行於歐美的假藏傳佛教密宗，擔任卡盧仁波切的翻譯工作多年以後，被邀請成爲卡盧的空行母（又名佛母、明妃），開始了她在密宗裡的實修過程；後來發覺在密宗雙身法中的修行，其實無法使自己成佛，也發覺密宗對女性岐視而處處貶抑，並剝奪女性在雙身法中擔任一半角色時應有的身分定位。當她發覺自己只是雙身法中被喇嘛利用的工具，沒有獲得絲毫應有的尊重與基本定位時，發現了密宗的父權社會控制女性的本質；於是作者傷心地離開了卡盧仁波切與密宗，但是卻被恐嚇不許講出她在密宗裡的經歷，也不許她說出自己對密宗的教義與教制下對女性剝削的本質，否則將被咒殺死亡。後來她去加拿大定居，十餘年後方才擺脫這個恐嚇陰影，下定決心將親身經歷的實情及觀察到的事實寫下來並且出版，公諸於世。出版之後，她被流亡的達賴集團人士大力攻訐，誣指她爲精神狀態失常、說謊……等。但有智之士並未被達賴集團的政治操作及各國政府政治運作吹捧達賴的表相所欺，使她的書銷售無阻而又再版。正智出版社鑑於作者此書是親身經歷的事實，所說具有針對「藏傳佛教」而作學術研究的價值，也有使人認清假藏傳佛教剝削佛母、明妃的男性本位實質，因此洽請作者同意中譯而出版於華人地區。珍妮·坎貝爾女士著，呂艾倫 中譯，每冊250元。

霧峰無霧—給哥哥的信：本書作者藉兄弟之間信件往來論義，略述佛法大義；並以多篇短文辨義，舉出釋印順對佛法的無量誤解證據，並一一給予簡單而清晰的辨正，令人一讀即知。久讀、多讀之後即能認清楚釋印順的六識論見解，與眞實佛法之牴觸是多麼嚴重；於是在久讀、多讀之後，於不知不覺之間提升了對佛法的極深入理解，正知正見就在不知不覺間建立起來了。當三乘佛法的正知見建立起來之後，對於三乘菩提的見道條件便將隨之具足，於是聲聞解脫道的見道也就水到渠成；接著大乘見道的因緣也將次第成熟，未來自然也會有親見大乘菩提之道的因緣，悟入大乘實相般若也將自然成功，自能通達般若系列諸經而成實義菩薩。作者居住於南投縣霧峰鄉，自喻見道之後不復再見霧峰之霧，故鄉原野美景一一明見，於是立此書名爲《霧峰無霧》；讀者若欲撥霧見月，可以此書爲緣。游宗明 老師著 售價250元。

假藏傳佛教的神話—性、謊言、喇嘛教：本書編著者是由一首名叫「阿姊鼓」的歌曲爲緣起，展開了序幕，揭開假藏傳佛教—喇嘛教—的神祕面紗。其重點是蒐集、摘錄網路上質疑「喇嘛教」的帖子，以揭穿「假藏傳佛教的神話」爲主題，串聯成書，並附加彩色插圖以及說明，讓讀者們瞭解西藏密宗及相關人事如何被操作爲「神話」的過程，以及神話背後的眞相。作者：張正玄教授。售價200元。

達賴真面目—玩盡天下女人：假使您不想戴綠帽子，請記得詳細閱讀此書；假使您不想讓好朋友戴綠帽子，請您將此書介紹給您的好朋友。假使您想保護家中的女性，也想要保護好朋友的女眷，請記得將此書送給家中的女性和好友的女眷都來閱讀。本書爲印刷精美的大本彩色中英對照精裝本，爲您揭開達賴喇嘛的眞面目，內容精彩不容錯過，爲利益社會大眾，特別以優惠價格嘉惠所有讀者。編著者：白志偉等。大開版雪銅紙彩色精裝本。售價800元。

喇嘛性世界—揭開假藏傳佛教譚崔瑜伽的面紗：這個世界中的喇嘛，號稱來自世外桃源的香格里拉，穿著或紅或黃的喇嘛長袍，散布於我們的身邊傳教灌頂，吸引了無數的人嚮往學習；這些喇嘛虔誠地爲大眾祈福，手中拿著寶杵（金剛）與寶鈴（蓮花），口中唸著咒語：「唵．嘛呢．叭咪．吽……」，咒語的意思是說：「我至誠歸命金剛杵上的寶珠伸向蓮花寶穴之中」！「喇嘛性世界」是什麼樣的「世界」呢？本書將爲您呈現喇嘛世界的面貌。當您發現眞相以後，您將會唸：「噢！喇嘛．性．世界，譚崔性交嘛！」作者：張善思、呂艾倫。售價200元。

末代達賴——性交教主的悲歌：簡介從藏傳僞佛教（喇嘛教）的修行核心——性力派男女雙修，探討達賴喇嘛及藏傳僞佛教的修行內涵。書中引用外國知名學者著作、世界各地新聞報導，包含：歷代達賴喇嘛的祕史、達賴六世修雙身法的事蹟，以及《時輪續》中的性交灌頂儀式……等；達賴喇嘛書中開示的雙修法、達賴喇嘛的黑暗政治手段；達賴喇嘛所領導的寺院爆發喇嘛性侵兒童；新聞報導《西藏生死書》作者索甲仁波切性侵女信徒、澳洲喇嘛秋達公開道歉、美國最大假藏傳佛教組織領導人邱陽創巴仁波切的性氾濫；等等事件背後眞相的揭露。作者：張善思、呂艾倫、辛燕。售價250元。

第七意識與第八意識？——穿越時空「超意識」：「三界唯心，萬法唯識」是佛教中應該實證的聖教，也是《華嚴經》中明載而可以實證的法界實相。唯心者，三界一切境界、一切諸法唯是一心所成就，即是每一個有情的第八識如來藏，不是意識心。唯識者，即是人類各各都具足的八識心王——眼識、耳鼻舌身意識、意根、阿賴耶識，第八阿賴耶識又名如來藏，人類五陰相應的萬法，莫不由八識心王共同運作而成就，故說萬法唯識。依聖教量及現量、比量，都可以證明意識是二法因緣生，是由第八識藉意根與法塵二法爲因緣而出生，又是夜夜斷滅不存之生滅心，即無可能反過來出生第七識意根、第八識如來藏，當知不可能從生滅性的意識心中，細分出恆審思量的第七識意根，更無可能細分出恆而不審的第八識如來藏。本書是將演講內容整理成文字，細說如是內容，並已在〈正覺電子報〉連載完畢，今彙集成書以廣流通，欲幫助佛門有緣人斷除意識我見，跳脫於識陰之外而取證聲聞初果；嗣後修學禪宗時即得不墮外道神我之中，得以求證第八識金剛心而發起般若實智。平實導師 述，每冊300元。

黯淡的達賴—失去光彩的諾貝爾和平獎：本書舉出很多證據與論述，詳述達賴喇嘛不爲世人所知的一面，顯示達賴喇嘛並不是眞正的和平使者，而是假借諾貝爾和平獎的光環來欺騙世人；透過本書的說明與舉證，讀者可以更清楚的瞭解，達賴喇嘛是結合暴力、黑暗、淫欲於喇嘛教裡的集團首領，其政治行爲與宗教主張，早已讓諾貝爾和平獎的光環染污了。 本書由財團法人正覺教育基金會寫作、編輯，由正覺出版社印行，每冊250元。

童女迦葉考—論呂凱文〈佛教輪迴思想的論述分析〉之謬：童女迦葉是佛世率領五百大比丘遊行於人間的歷史事實，是以童貞行而依止菩薩戒弘化於人間的大菩薩，不依別解脫戒（聲聞戒）來弘化於人間。這是大乘佛教與聲聞佛教同時存在於佛世的歷史明證，證明大乘佛教不是從聲聞法中分裂出來的部派佛教的產物，卻是聲聞佛教分裂出來的部派佛教聲聞凡夫僧所不樂見的史實；於是古今聲聞法中的凡夫都欲加以扭曲而作詭說，更是末法時代高聲大呼「大乘非佛說」的六識論聲聞凡夫極力想要扭曲的佛教史實之一，於是想方設法扭曲迦葉菩薩爲聲聞僧，以及扭曲迦葉童女爲比丘僧等荒謬不實之論著便陸續出現，古時聲聞僧寫作的《分別功德論》是最具體之事例，現代之代表作則是呂凱文先生的〈佛教輪迴思想的論述分析〉論文。鑑於如是假藉學術考證以籠罩大眾之不實謬論，未來仍將繼續造作及流竄於佛教界，繼續扼殺大乘佛教學人法身慧命，必須舉證辨正之，遂成此書。平實導師 著，每冊180元。

人間佛教——實證者必定不悖三乘菩提：「大乘非佛說」的講法似乎流傳已久，卻只是日本人企圖擺脫中國正統佛教的影響，而在明治維新時期才開始提出來的說法；台灣佛教、大陸佛教的淺學無智之人，由於未曾實證佛法而迷信日本人錯誤的學術考證，錯認爲這些別有用心的日本佛學考證的講法爲天竺佛教的眞實歷史；甚至還有更激進的反對佛教者提出「釋迦牟尼佛並非眞實存在，只是後人捏造的假歷史人物」，竟然也有少數人願意跟著「學術」的假光環而信受不疑，於是開始有一些佛教界人士造作了反對中國佛教而推崇南洋小乘佛教的行爲，使佛教的信仰者難以檢擇，導致一般大陸人士開始轉入基督教的盲目迷信中。在這些佛教及外教人士之中，也就有一分人根據此邪說而大聲主張「大乘非佛說」的謬論，這些人以「人間佛教」的名義來抵制中國正統佛教，公然宣稱中國的大乘佛教是由聲聞部派佛教的凡夫僧所創造出來的。這樣的說法流傳於台灣及大陸佛教界凡夫僧之中已久，卻非眞正的佛教歷史中曾經發生過的事，只是繼承六識論的聲聞法中凡夫僧依自己的意識境界立場，純憑臆想而編造出來的妄想說法，卻已經影響許多無智之凡夫僧俗信受不移。本書則是從佛教的經藏法義實質及實證的現量內涵本質立論，證明大乘佛法本是佛說，是從《阿含正義》尚未說過的不同面向來討論「人間佛教」的議題，證明「大乘眞佛說」。閱讀本書可以斷除六識論邪見，迴入三乘菩提正道發起實證的因緣；也能斷除禪宗學人學禪時普遍存在之錯誤知見，對於建立參禪時的正知見有很深的著墨。平實導師　述，內文488頁，全書528頁，定價400元。

見性與看話頭：黃正倖老師的《見性與看話頭》於《正覺電子報》連載完畢，今集結出版。書中詳說禪宗看話頭的詳細方法，並細說看話頭與眼見佛性的關係，以及眼見佛性者求見佛性前必須具備的條件。本書是禪宗實修者追求明心開悟時參禪的方法書，也是求見佛性者作功夫時必讀的方法書，內容兼顧眼見佛性的理論與實修之方法，是依實修之體驗配合理論而詳述，條理分明而且極爲詳實、周全、深入。本書內文375頁，全書416頁，售價300元。

中觀金鑑—詳述應成派中觀的起源與其破法本質：學佛人往往迷於中觀學派之不同學說，被應成派與自續派所迷惑；修學般若中觀二十年後自以爲實證般若中觀了，卻仍不曾入門，甫聞實證般若中觀者之所說，則茫無所知，迷惑不解；隨後信心盡失，不知如何實證佛法；凡此，皆因惑於這二派中觀學說所致。自續派中觀所說同於常見，以意識境界立爲第八識如來藏之境界，應成派所說則同於斷見，但又同立意識爲常住法，故亦具足斷常二見。今者孫正德老師有鑑於此，乃將起源於密宗的應成派中觀學說，追本溯源，詳考其來源之外，亦一一舉證其立論內容，詳加辨正，令密宗雙身法祖師以識陰境界而造之應成派中觀學說本質，詳細呈現於學人眼前，令其維護雙身法之目的無所遁形。若欲遠離密宗此二大派中觀謬說，欲於三乘菩提有所進道者，允宜具足閱讀並細加思惟，反覆讀之以後將可捨棄邪道返歸正道，則於般若之實證即有可能，證後自能現觀如來藏之中道境界而成就中觀。本書分上、中、下三冊，每冊250元，已全部出版完畢。

真心告訴您(一)—達賴喇嘛在幹什麼？這是一本報導篇章的選集，更是「破邪顯正」的暮鼓晨鐘。「破邪」是戳破假象，說明達賴喇嘛及其所率領的密宗四大派法王、喇嘛們，弘傳的佛法是仿冒的佛法；他們是假藏傳佛教，是坦特羅(譚崔性交)外道法和藏地崇奉鬼神的苯教混合成的「喇嘛教」，推廣的是以所謂「無上瑜伽」的男女雙身法冒充佛法的假佛教，詐財騙色誤導眾生，常常造成信徒家庭破碎、家中兒少失怙的嚴重後果。「顯正」是揭櫫眞相，指出眞正的藏傳佛教只有一個，就是覺囊巴，傳的是 釋迦牟尼佛演繹的第八識如來藏妙法，稱爲他空見大中觀。正覺教育基金會即以此古今輝映的如來藏正法正知見，在眞心新聞網中逐次報導出來，將箇中原委「眞心告訴您」，如今結集成書，與想要知道密宗眞相的您分享。售價250元。

實相經宗通：學佛之目的在於實證一切法界背後之實相，禪宗稱之為本來面目或本地風光，佛菩提道中稱之為實相法界；此實相法界即是金剛藏，又名佛法之祕密藏，即是能生有情五陰、十八界及宇宙萬有（山河大地、諸天、三惡道世間）的第八識如來藏，又名阿賴耶識心，即是禪宗祖師所說的眞如心，此心即是三界萬有背後的實相。證得此第八識心時，自能瞭解般若諸經中隱說的種種密意，即得發起實相般若——實相智慧。每見學佛人修學佛法二十年後仍對實相般若茫然無知，亦不知如何入門，茫無所趣；更因不知三乘菩提的互異互同，是故越是久學者對佛法越覺茫然，都肇因於尚未瞭解佛法的全貌，亦未瞭解佛法的修證內容即是第八識心所致。本書對於修學佛法者所應實證的實相境界提出明確解析，並提示趣入佛菩提道的入手處，有心親證實相般若的佛法實修者，宜詳讀之，於佛菩提道之實證即有下手處。平實導師述著，共八輯，全部出版完畢，每輯成本價250元。

法華經講義：此書為平實導師始從2009/7/21演述至2014/1/14之講經錄音整理所成。世尊一代時教，總分五時三教，即是華嚴時、聲聞緣覺教、般若教、種智唯識教、法華時；依此五時三教區分為藏、通、別、圓四教。本經是最後一時的圓教經典，圓滿收攝一切法教於本經中，是故最後的圓教聖訓中，特地指出無有三乘菩提，其實唯有一佛乘；皆因眾生愚迷故，方便區分為三乘菩提以助眾生證道。世尊於此經中特地說明如來示現於人間的唯一大事因緣，便是為有緣眾生「開、示、悟、入」諸佛的所知所見——第八識如來藏妙眞如心，並於諸品中隱說「妙法蓮花」如來藏心的密意。然因此經所說甚深難解，眞義隱晦，古來難得有人能窺堂奧；平實導師以知如是密意故，特為末法佛門四眾演述《妙法蓮華經》中各品蘊含之密意，使古來未曾被古德註解出來的「此經」密意，如實顯示於當代學人眼前。乃至〈藥王菩薩本事品〉、〈妙音菩薩品〉、〈觀世音菩薩普門品〉、〈普賢菩薩勸發品〉中的微細密意，亦皆一併詳述之，開前人所未曾言之密意，示前人所未見之妙法。最後乃至以〈法華大意〉而總其成，全經妙旨貫通始終，而依佛旨圓攝於一心如來藏妙心，厥為曠古未有之大說也。平實導師述　已於2015/5/31起出版第一輯，每兩個月出版一輯，共有25輯。每輯300元。

西藏「活佛轉世」制度—附佛、造神、世俗法：歷來關於喇嘛教活佛轉世的研究，多針對歷史及文化兩部分，於其所以成立的理論基礎，較少系統化的探討。尤其是此制度是否依據「佛法」而施設？是否合乎佛法眞實義？現有的文獻大多含糊其詞，或人云亦云，不曾有明確的闡釋與如實的見解。因此本文先從活佛轉世的由來，探索此制度的起源、背景與功能，並進而從活佛的尋訪與認證之過程，發掘活佛轉世的特徵，以確認「活佛轉世」在佛法中應具足何種果德。定價150元。

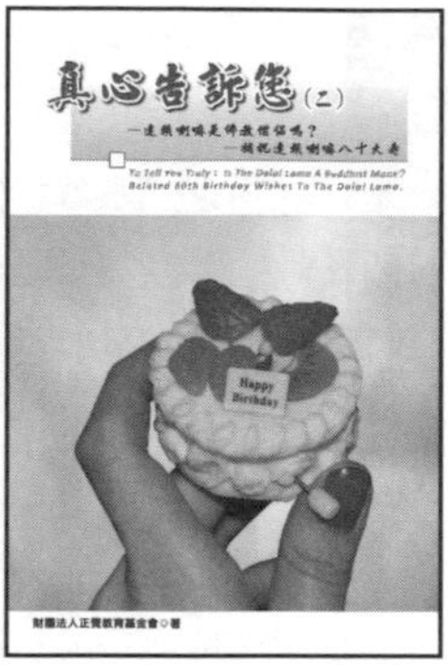

真心告訴您（二）—達賴喇嘛是佛教僧侶嗎？補祝達賴喇嘛八十大壽：這是一本針對當今達賴喇嘛所領導的喇嘛教，冒用佛教名相、於師徒間或師兄姊間，實修男女邪淫，而從佛法三乘菩提的現量與聖教量，揭發其謊言與邪術，證明達賴及其喇嘛教是仿冒佛教的外道，是「假藏傳佛教」。藏密四大派教義雖有「八識論」與「六識論」的表面差異，然其實修之內容，皆共許「無上瑜伽」四部灌頂爲究竟「成佛」之法門，也就是共以男女雙修之邪淫法爲「即身成佛」之密要，雖美其名曰「欲貪爲道」之「金剛乘」，並誇稱其成就超越於（應身佛）釋迦牟尼佛所傳之顯教般若乘之上；然詳考其理論，則或以意識離念時之粗細心爲第八識如來藏，或以中脈裡的明點爲第八識如來藏，或如宗喀巴與達賴堅決主張第六意識爲常恆不變之眞心者，分別墮於外道之常見與斷見中；全然違背　佛說能生五蘊之如來藏的實質。售價300元。

涅槃：眞正學佛之人，首要即是見道，由見道故方有涅槃之實證，證涅槃者方能出生死，但涅槃有四種：二乘聖者的有餘涅槃、無餘涅槃，以及大乘聖者的本來自性清淨涅槃、佛地的無住處涅槃。大乘聖者實證本來自性清淨涅槃，入地前再取證二乘涅槃，然後起惑潤生捨離二乘涅槃，繼續進修而在七地心前斷盡三界愛之習氣種子，依七地無生法忍之具足而證得念念入滅盡定；八地後進斷異熟生死，直至妙覺地下生人間成佛，具足四種涅槃，方是眞正成佛。此理古來少人言，以致誤會涅槃正理者比比皆是，今於此書中廣說四種涅槃、如何實證之理、實證前應有之條件，實屬本世紀佛教界極重要之著作，令人對涅槃有正確無訛之認識，然後可以依之實行而得實證。本書共有上下二冊，每冊各四百餘頁，對涅槃詳加解說，每冊各350元。預定2018/9出版上冊，2018/11出版下冊。

解深密經講記：本經係 世尊晚年第三轉法輪，宣說地上菩薩所應熏修之唯識正義經典，經中所說義理乃是大乘一切種智增上慧學，以阿陀那識—如來藏—阿賴耶識爲主體。禪宗之證悟者，若欲修證初地無生法忍乃至八地無生法忍者，必須修學《楞伽經、解深密經》所說之八識心王一切種智；此二經所說正法，方是眞正成佛之道；印順法師否定如來藏之後所說萬法緣起性空之法，是以誤會後之二乘解脫道取代大乘眞正成佛之道，亦已墮於斷滅見中，不可謂爲成佛之道也。平實導師曾於本會郭故理事長往生時，於喪宅中從初七至第十七，宣講圓滿，作爲郭老之往生佛事功德，迴向郭老早證八地、速返娑婆住持正法；茲爲今時後世學人故，將擇期重講《解深密經》，以淺顯之語句講畢後將會整理成文，用供證悟者進道；亦令諸方未悟者，據此經中佛語正義，修正邪見，依之速能入道。平實導師述著，全書輯數未定，每輯三百餘頁，將於未來重講完畢後逐輯出版。

修習止觀坐禪法要講記：修學四禪八定之人，往往錯會禪定之修學知見，欲以無止盡之坐禪而證禪定境界，卻不知修除性障之行門才是修證四禪八定不可或缺之要素，故智者大師云「性障初禪」；性障不除，初禪永不現前，云何修證二禪等？又：行者學定，若唯知數息，而不解六妙門之方便善巧者，欲求一心入定，未到地定極難可得，智者大師名之為「事障未來」：障礙未到地定之修證。又禪定之修證，不可違背二乘菩提及第一義法，否則縱使具足四禪八定，亦不能實證涅槃而出三界。此諸知見，智者大師於《修習止觀坐禪法要》中皆有闡釋。作者平實導師以其第一義之見地及禪定之實證證量，曾加以詳細解析。將俟正覺寺竣工啓用後重講，不限制聽講者資格；講後將以語體文整理出版。欲修習世間定及增上定之學者，宜細讀之。平實導師述著。

阿含經講記—小乘解脫道之修證：數百年來，南傳佛法所說證果之不實，所說解脫道之虛妄，所弘解脫道法義之世俗化，皆已少人知之；從南洋傳入台灣與大陸之後，所說法義虛謬之事，亦復少人知之；今時台灣全島印順系統之法師居士，多不知南傳佛法數百年來所說解脫道之義理已然偏斜、已然世俗化、已非眞正之二乘解脫正道，猶極力推崇與弘揚。彼等南傳佛法近代所謂之證果者多非眞實證果者，譬如阿迦曼、葛印卡、帕奧禪師、一行禪師……等人，悉皆未斷我見故。近年更有台灣南部大願法師，高抬南傳佛法之二乘修證行門爲「捷徑究竟解脫之道」者，然而南傳佛法縱使眞修實證，得成阿羅漢，至高唯是二乘菩提解脫之道，絕非究竟解脫，無餘涅槃中之實際尚未得證故，法界之實相尚未了知故，習氣種子待除故，一切種智未實證故，焉得謂爲「究竟解脫」？即使南傳佛法近代眞有實證之阿羅漢，尚且不及三賢位中之七住明心菩薩本來自性清淨涅槃智慧境界，則不能知此賢位菩薩所證之無餘涅槃實際，仍非大乘佛法中之見道者，何況普未實證聲聞果乃至未斷我見之人？謬充證果已屬逾越，更何況是誤會二乘菩提之後，以未斷我見之凡夫知見所說之二乘菩提解脫偏斜法道，焉可高抬爲「究竟解脫」？而且自稱「捷徑之道」？又妄言解脫之道即是成佛之道，完全否定般若實智、否定三乘菩提所依之如來藏心體，此理大大不通也！平實導師爲令修學二乘菩提欲證解脫果者，普得迴入二乘菩提正見、正道中，是故選錄四阿含諸經中，對於二乘解脫道法義有具足圓滿說明之經典，預定未來十年內將會加以詳細講解，令學佛人得以了知二乘解脫道之修證理路與行門，庶免被人誤導之後，未證言證，干犯道禁，成大妄語，欲升反墮。本書首重斷除我見，以助行者斷除我見而實證初果爲著眼之目標，若能根據此書內容，配合平實導師所著《識蘊眞義》《阿含正義》內涵而作實地觀行，實證初果非爲難事，行者可以藉此三書自行確認聲聞初果爲實際可得現觀成就之事。此書中除依二乘經典所說加以宣示外，亦依斷除我見等之證量，及大乘法中道種智之證量，對於意識心之體性加以細述，令諸二乘學人必定得斷我見、常見，免除三縛結之繫縛。次則宣示斷除我執之理，欲令升進而得薄貪瞋痴，乃至斷五下分結…等。平實導師述，共二冊，每冊三百餘頁。每輯300元。

＊喇嘛教修外道雙身法、墮識陰境界，非佛教＊

＊弘揚如來藏他空見的覺囊派才是真正藏傳佛教＊

總經銷： 飛鴻 國際行銷股份有限公司
231 新北市新店市中正路 501 之 9 號 2 樓
Tel.02－82186688（五線代表號） Fax.02-82186458、82186459

零售：1.**全台連鎖經銷書局：**
三民書局、誠品書局、何嘉仁書店
敦煌書店、紀伊國屋、金石堂書局、建宏書局
諾貝爾圖書城、墊腳石圖書文化廣場

2.**台北市：**佛化人生 **大安區**羅斯福路 3 段 325 號 6 樓之 4　台電大樓對面
3.**新北市：**春大地書店 **蘆洲區**中正路 117 號
4.**桃園市：**御書堂 **龍潭區**中正路 123 號
5.**新竹市：**大學書局 **東區**建功路 10 號
6.**台中市：**瑞成書局 **東區**雙十路 1 段 4 之 33 號
佛教詠春書局 **南屯區**永春東路 884 號
文春書店 **霧峰區**中正路 1087 號
7.**彰化市：**心泉佛教文化中心 南瑤路 286 號
8.**高雄市：**政大書城 **苓雅區**光華路 148-83 號
明儀書局 **三民區**明福街 2 號\
青年書局 **苓雅區**青年一路 141 號
9.**宜蘭市：**金隆書局　中山路 3 段 43 號
10.**台東市：**東普佛教文物流通處 博愛路 282 號
11.**其餘鄉鎮市經銷書局：**請電詢總經銷**飛鴻**公司。
12.**大陸地區請洽：**

香港：樂文書店
旺角店 :香港九龍旺角西洋菜街 62 號 3 樓
電話 : (852) 2390 3723　email: luckwinbooks@gmail.com
銅鑼灣店 :香港銅鑼灣駱克道 506 號 2 樓
電話 : (852) 2881 1150　email: luckwinbs@gmail.com

廈門：廈門外圖臺灣書店有限公司
地址：廈門市思明區湖濱南路809 號 廈門外圖書城3 樓 郵編：361004
電話：0592-5061658（臺灣地區請撥打 86-592-5061658）
E-mail：JKB118＠188.COM

13.**美國：世界日報圖書部：**紐約圖書部　電話 7187468889#6262
洛杉磯圖書部　電話 3232616972#202

14.**國內外地區網路購書：**

正智出版社 書香園地　http://books.enlighten.org.tw/
（書籍簡介、經銷書局可直接聯結下列網路書局購書）

三民 網路書局　http://www.sanmin.com.tw
誠品 網路書局　http://www.eslitebooks.com

博客來 網路書局　http://www.books.com.tw
金石堂 網路書局　http://www.kingstone.com.tw
飛鴻 網路書局　http://fh6688.com.tw

附註：1.請儘量向各經銷書局購買：郵政劃撥需要八天才能寄到（本公司在您劃撥後第四天才能接到劃撥單，次日寄出後第二天您才能收到書籍，此六天中可能會遇到週休二日，是故共需八天才能收到書籍）若想要早日收到書籍者，請劃撥完畢後，將劃撥收據貼在紙上，旁邊寫上您的姓名、住址、郵區、電話、買書詳細內容，直接傳真到本公司 02-28344822，並來電 02-28316727、28327495 確認是否已收到您的傳真，即可提前收到書籍。 2.因台灣每月皆有五十餘種宗教類書籍上架，書局書架空間有限，故唯有新書方有機會上架，通常每次只能有一本新書上架；本公司出版新書，大多上架不久便已售出，若書局未再叫貨補充者，書架上即無新書陳列，則請直接向書局櫃台訂購。 3.若書局不便代購時，可於晚上共修時間向正覺同修會各共修處請購（共修時間及地點，詳閱**共修現況表**。每年例行年假期間請勿前往請書，年假期間請見共修現況表）。 4.郵購：郵政劃撥帳號 19068241。 5.正覺同修會會員購書都以八折計價（戶籍台北市者為一般會員，外縣市為護持會員）都可獲得優待，欲一次購買全部書籍者，可以考慮入會，節省書費。入會費一千元（第一年初加入時才需要繳），年費二千元。 **6.尚未出版之書籍，請勿預先郵寄書款與本公司，謝謝您！** 7.若欲一次購齊本公司書籍，或同時取得正覺同修會贈閱之全部書籍者，請於正覺同修會共修時間，親到各共修處請購及索取；**台北市讀者**請洽：103 台北市承德路三段 267 號 10 樓（捷運淡水線 圓山站旁）請書時間：週一至週五為 18.00~21.00，第一、三、五週週六為 10.00~21.00，雙週之週六為 10.00~18.00 請購處專線電話：25957295-分機 14（於請書時間方有人接聽）。

敬告大陸讀者：

大陸讀者購書、索書捷徑（尚未在大陸出版的書籍，以下二個途徑都可以購得，電子書另包括結緣書籍）：

1.廈門外國圖書公司：廈門市思明區湖濱南路 809 號 廈門外圖書城 3F
　郵編：361004　電話：0592-5061658　網址：http://www.xibc.com.cn/

2.電子書：正智出版社有限公司及正覺同修會在台灣印行的各種局版書、結緣書，已有『**正覺電子書**』陸續上線中，提供讀者於手機、平板電腦上購書、下載、閱讀正智出版社、正覺同修會及正覺教育基金會所出版之電子書，詳細訊息敬請參閱『正覺電子書』專頁：http://books.enlighten.org.tw/ebook

關於平實導師的書訊，請上網查閱：

成佛之道　http://www.a202.idv.tw

正智出版社 書香園地　http://books.enlighten.org.tw/

中國網採訪佛教正覺同修會、正覺教育基金會訊息：

http://big5.china.com.cn/gate/big5/fangtan.china.com.cn/2014-06/19/content_32714638.htm

http://pinpai.china.com.cn/

★ 正智出版社有限公司售書之稅後盈餘，全部捐助財團法人正覺寺籌備處、佛教正覺同修會、正覺教育基金會，供作弘法及購建道場之用；懇請諸方大德支持，功德無量。

★ 聲　明 ★

本社於 2015/01/01 開始調整本目錄中部分書籍之售價，以因應各項成本的持續增加。

＊ 喇嘛教修外道雙身法、墮識陰境界，非佛教 ＊

＊ 弘揚如來藏他空見的覺囊派才是真正藏傳佛教 ＊

換書及道歉公告

《法華經講義》第十三輯，因謄稿、印製等相關人員作業疏失，導致該書中的經文及內文用字將「**親近**」誤植成「清淨」。茲爲顧及讀者權益，自 2017/8/30 開始免費調換新書；敬請所有讀者將以前所購第十三輯初版首刷及二刷本，攜回或寄回本社免費換新，或請自行更正其中的錯誤之處；郵寄者之回郵由本社負擔，不需寄來郵票。同時對因此而造成讀者閱讀、以及換書的困擾及不便，在此向所有讀者致上最誠懇的歉意，祈請讀者大眾見諒！錯誤更正說明如下：

一、第 256 頁第 10 行~第 14 行：【就是先要具備「**法親近處**」、「**眾生親近處**」；法**親近**處就是在實相之法有所實證，如果在實相法上有所實證，他在二乘菩提中自然也能有所實證，以這個作爲第一個**親近**處——第一個基礎。然後還要有第二個基礎，就是瞭解應該如何善待眾生；對於眾生不要有排斥或者是貪取之心，平等觀待而攝受、親近一切有情。以這兩個**親近**處作爲基礎，來實行其他三個安樂行法。】。

二、第 268 頁第 13 行：【具足了那兩個「**親近處**」，使你能夠在末法時代，如實而圓滿的演述《法華經》時，那麼你作這個夢，它就是如理作意的，完全符合邏輯去完成這個過程，就表示你那個晚上，在那短短的一場夢中，已經度了不少眾生了。】

正智出版社有限公司 敬啓

國家圖書館出版品預行編目(CIP)資料

金剛經宗通／平實導師述. -- 初版. -- 臺北市：
正智，2013.01
冊；　公分
ISBN 978-986-6431-33-3（第 1 輯：平裝）
ISBN 978-986-6431-37-1（第 2 輯：平裝）
ISBN 978-986-6431-38-8（第 3 輯：平裝）
ISBN 978-986-6431-39-5（第 4 輯：平裝）
ISBN 978-986-6431-48-7（第 5 輯：平裝）
ISBN 978-986-6431-49-4（第 6 輯：平裝）
ISBN 978-986-6431-50-0（第 7 輯：平裝）
ISBN 978-986-6431-51-7（第 8 輯：平裝）
ISBN 978-986-6431-60-9（第 9 輯：平裝）
1.般若部
221.44　　101007242

金剛經宗通——第七輯

著述者：平實導師
音文轉換：劉惠莉
校　對：章乃鈞 陳介源 孫淑貞 傅素嫻 王美伶
出版者：正覺出版社有限公司
電話：○二 28327495　28316727（白天）
傳眞：○二 28344822
111 台北郵政 73-151 號信箱
郵政劃撥帳號：一九○六八二四一
正覺講堂：總機○二 25957295（夜間）
總經銷：飛鴻國際行銷股份有限公司
231 新北市新店區中正路 501-9 號 2 樓
電話：○二 82186688（五線代表號）
傳眞：○二 82186458　82186459
初版首刷：二○一三年五月三十一日　二千冊
初版七刷：二○一八年六月　二千冊
定　價：二五○元